16.80 / C461

Barca, Berlinguer, Gruppi,
Luporini, Napolitano, Peggio u. a.
SOZIALISMUS FÜR ITALIEN

Zu den Autoren:

Luciano Barca ist Mitglied der Parteileitung des PCI, Verantwortlicher der Arbeitssektion »Reformen und Programmierung« und Koordinator der wirtschafts- und sozialpolitischen Initiativen der Partei.

Enrico Berlinguer ist Generalsekretär des PCI.

Napoleone Colajanni ist Mitglied des Zentralkomitees des PCI und stellvertretender Vorsitzender der Senatorengruppe der Partei.

Luciano Gruppi ist Mitglied des Zentralkomitees des PCI und stellvertretender Direktor der Zeitschrift »Critica marxista«.

Cesare Luporini ist Mitglied des Zentralkomitees des PCI.

Giorgio Napolitano ist Mitglied des Sekretariats und der Parteileitung des PCI und Verantwortlicher für die Arbeitssektion »Probleme der Arbeit«.

Eugenio Peggio ist Mitglied des Zentralkomitees des PCI und Direktor der Zeitschrift »Politica ed economia« des Studienzentrums für Wirtschaftspolitik des PCI.

Bei den nicht namentlich gekennzeichneten Beiträgen handelt es sich um Dokumente, die von den zuständigen Gremien des PCI ausgearbeitet bzw. verabschiedet wurden.

Barca, Berlinguer, Gruppi, Luporini, Napolitano, Peggio u. a.
Sozialismus für Italien

Programm einer gesellschaftlichen Umgestaltung

Herausgegeben von Joachim Bischoff und Jochen Kreimer

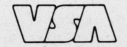

Die Originaltitel der Beiträge lauten:

Programma elettorale del PCI: Per un governo unitario di salvezza e di ri-
nascita del paese.

Enrico Berlinguer: Iniziativa e impegno sui problemi del paese nella
nuova e più avanzata fase politica.

Luciano Barca, Gianni Manghetti: Il sistema bancario all'interno della
programmazione.

Eugenio Peggio: Inflazione e crisi dell'economia internazionale.

Luciano Barca: La lotta all'inflazione dopo le prime misure del governo.

Amos Cecchi: Come far fronte alla disoccupazione giovanile.

Luciano Barca: (Beitrag ohne eigene Überschrift in:) Una nuova agricol-
tura.

Napoleone Colajanni: Il Mezzogiorno nella crisi italiana.

Luciano Gruppi: A proposito di democrazia e socialismo.

*L. Berlinguer, F. Galgano, C. Luporini, S. Merlini, G. Napolitano, C. Sal-
vi:* Gestione dell'economia e pluralismo sociale.

Comitato di coordinamento dei pubblici dipendenti comunisti: Per la riforma della publica amministrazione.

L'Unità, inserto dedicato alla giornata delle Forze Armate:
– Aperta la strada alla riforma della polizia.
– Bozza di proposta del PCI per la pubblica sicurezza.

Rappresentanti del PCI nelle commissioni parlamentari della difesa: La
rappresentanza democratica nelle forze armate.

Enrico Berlinguer: Austerità – occasione per trasformare l'Italia. Conclu-
sioni al convegno degli intellettuali.

Aus dem Italienischen von
Helmut Drüke, Christel Schenker, Thomas Schmidt, Angela Thaller,
Edith Zettel.

© für alle deutschsprachigen Länder (mit Ausnahme der DDR)
VSA (Verlag für das Studium der Arbeiterbewegung GmbH)
Hamburg/Westberlin 1977
© Editori Riuniti, Rom 1977
Alle Rechte vorbehalten
Satz: Arnholdt-Satz, Hamburg
Druck und Buchbindearbeiten: Evert-Druck, Neumünster
ISBN 3-87975-114-5

Inhalt

Einleitung

Ein neuer Typ ökonomischer, sozialer und politischer Entwicklung für Italien

In Italien hat die Zerrüttung der kapitalistischen Produktionsverhältnisse ein fortgeschrittenes Stadium erreicht. Die herrschende Klasse kann nicht mehr wie früher wirtschaften und regieren; die Mehrheit der Lohnabhängigen will nicht mehr wie früher leben. Die kommunistische Partei weiß, daß ihr in dieser Situation eine entscheidende Rolle zukommt. Die Lösung der revolutionären Krise des Landes ist kein über Nacht abzumachendes Ding, sondern ein langwieriger Entwicklungsprozeß der Massen unter sich beschleunigenden Umständen. Das gesamte Handeln und Denken des PCI ist von diesem Bewußtsein einer historischen Situation geprägt: »Wir erleben einen jener Augenblicke, in dem – wie das kommunistische Manifest sagt – es sich entscheidet, ob einige Länder und in jedem Fall auch wir, eine ›revolutionäre Umgestaltung der Gesellschaft‹ einleiten, oder möglicherweise ›dem gemeinsamen Ruin der kämpfenden Klassen‹ entgegengehen, d. h. uns dem Untergang einer Kultur, dem Ruin eines Landes nähern«[1]. »Diese Lage scheint uns unvergleichbar mit anderen Momenten unserer eigenen Vergangenheit oder mit der Situation anderer kommunistischer Parteien. Unserer Meinung nach befand sich keine kommunistische Partei – außerhalb der Regierung – je in einer so starken Position und übte einen so starken Einfluß auf das politische Leben des Landes aus. Es gibt keine andere italienische Partei, auf die so viele Erwartungen und Hoffnungen gesetzt werden, wie auf die unsere. Die Position des PCI in Italien ist also neu; neu sind die Bedingungen, unter denen die Partei ihre Funktion zu erfüllen hat.«[2] Der Einfluß der kommunistischen Partei beschränkt sich nicht nur auf Italien; der PCI ist zu einem Faktor der Politik für alle Metropolen des Kapitals geworden.

Der qualitativ gewachsene Einfluß der Kommunisten in Italien ruft die Abwehrreaktion jener Kreise hervor, denen die Grundlage ihrer ökonomischen und politischen Herrschaft zerschlagen werden soll. Die reaktionäre Sammlungsbewegung zur Bewahrung bestehender Privilegien ist nicht auf Italien beschränkt. Reaktionäre Kräfte, personifiziert in Strauß, Chirac und Fanfani, suchen ein Bündnis zur Rettung ihrer respektiven Vaterländer und des gesamten ›Abendlandes‹ zu schmieden.

Ist einem Teil der herrschenden Klasse der westeuropäischen Metropolen des Kapitals die Mobilisierung gegen die Emanzipationsbewegung der arbeitenden Klassen nicht ernsthaft genug, so hofft die westeuropäische Sozialdemokratie auf das Beschreiten eines Weges in Richtung »Bad-Godesberg« vonseiten des PCI, um dadurch um eine Entscheidung zugunsten einer konservativ-reaktionären Kapitalherrschaft oder zugunsten einer Politik grundlegender gesellschaftlicher Reformen herumzukommen.

Was die westeuropäische Bourgeoisie als bloße Tarnung des roten Terrors anprangert, die sozialen Demokraten hoffen, wird von den Linkskommunisten zum Punkt des Zweifels stilisiert: die Tendenz zur Sozialdemokratisierung des PCI. Läutet die Politik der italienischen kommunistischen Partei eine erneute Restaurationsphase der kapitalistischen Gesellschaft ein? Daß der vom PCI beschrittene Kurs nicht ohne Risiken ist, wird gerade von den führenden Repräsentanten dieser Massenpartei immer wieder unterstrichen: »Aber wir erschrecken nicht vor den aktuellen Schwierigkeiten und Verantwortlichkeiten. Sicher ist unsere jetzige Position gefährlich, aber wir können uns deswegen nicht zurückziehen und die Nostalgie vergangener Konstellationen kultivieren… Wir müssen diese Gefahren sehen, aber wir müssen uns auch mit diesen Gefahren auseinandersetzen und sie überwinden«[3]. So falsch die vorschnelle Unterstellung ist, der PCI habe kein Bewußtsein von den Gefahren und Risiken seines politischen Kurses, so falsch sind auch die angebotenen Formeln zur Beurteilung dieser Politik und des gesellschaftlichen Zusammenhanges, dessen Ausdruck sie ist und auf den sie sich bezieht. In der Befürchtung einer Rückkehr zu einer systemimmanenten Reformpolitik und damit einer Reintegration der Arbeiterklasse in das historisch überlebte Herrschaftsverhältnis des Kapitals drückt sich die Unkenntnis über zwei wesentliche Momente der PCI-Politik aus: zum einen über die inhaltliche Ausgestaltung einer Alternative zu den bestehenden ökonomischen, sozialen, politischen etc. Verhältnissen und zum anderen über die vom PCI erreichte Verbindung mit den lohnabhängigen Massen.

Die angebotenen Formeln zur Charakterisierung der Politik des PCI – Sozialdemokratisierung oder taktische Raffinesse zur Übertölpelung der Bourgeoisie – erweisen sich bei näherer Betrachtung seiner Politik sowie ihrer ökonomischen und sozialen Basis als oberflächliche Projektionen: Eine »höhere Gesellschaftsform« errichten, einen »neuen Typus ökonomischer Entwicklung« etablieren, den »Rahmen der Logik des Kapitalismus sprengen« durch Regelung von Produktion und Konsumtion nach gemeinschaftlich gesetzten Zielen anstatt nach den Gesetzen des Profits; Beteiligung der gesellschaftlich entwickelten Individuen an den ökonomischen und politischen Entscheidungen und Kontrolle ihrer Verwirklichung, ausgehend von der Basisdemokratie in Betrieb, Stadtteil, Gemeinde und Branche; Umstrukturierung des Staates, Herstellung der Verwaltungstransparenz usw. – diese offen formulierten und immer wiederholten Forderungen des PCI sind alles andere als sozialdemokratische

Maßnahmen, mit denen man bei den noch in Illusionen befangenen Teilen des Proletariats oder der Mittelklassen auf »Stimmenfang« gehen oder die Bourgeoisie »einlullen« könnte.

Dieses Festhalten am Ziel der vollständigen sozialen Emanzipation der arbeitenden Klasse, an der Abschaffung der kapitalistischen Produktionsweise, ist der eine Grundzug der PCI-Politik. Der andere ergibt sich aus der Methodik der Verwirklichung des politischen Handelns: »Wir wollen etwas machen, was in Italien im Hinblick auf Inhalt und Methode noch nie gemacht worden ist: Wir wollen zu einem Projekt der Umgestaltung gelangen, das von den Leuten und mit den Leuten diskutiert ist. Wir können unsere Gesellschaft nur dann verändern, wenn wir, wie schon oft gesagt, keine Doktrinen oder Schemata anwenden und keine schon existierenden Modelle von anderen kopieren, sondern nur, wenn wir unerforschte Wege gehen. Wir müssen etwas Neues erfinden, das unter der Haut der Geschichte jedoch vorhanden ist, das also reif, notwendig und daher machbar ist.«[4] Diese reife, realistische Lösung läßt sich nicht allein aus einer Reflektion eines wissenschaftlichen Parteiinstitutes, einer Serie von Debatten innerhalb des Zentralkomitees der Partei oder der ganzen Partei entwickeln. Die Partei muß sich mit den Massen verbinden; sich in ihren Dienst stellen; ihr Bestreben und ihre Widersprüche studieren, um auf dieser Basis ihren Erfindungs- und Ideenreichtum anzuregen und zu nutzen. »Nochmals: Bedingung des Erfolgs sind eine organisierte Massenbewegung, eine Reihe mit langem Atem durchgeführter, aber an das Erreichen konkreter Ergebnisse ausgerichteter demokratischer Kämpfe. Diese Art, sich den Problemen mit einer solchen Perspektive und einer solchen Konkretheit zu stellen, daß die breiten Massen dafür gewonnen werden, sich am Kampf für ihre Lösung zu beteiligen, gilt und muß beibehalten werden – auch in bezug auf jene wesentliche Komponente eines neuen ökonomischen Kurses und einer neuen Entwicklung, d. h. in bezug auf die Schlacht gegen die Korruption und gegen die Klientelwirtschaft im öffentlichen Bereich.«[5]

Das »Geheimnis« der enormen Erfolge des PCI liegt in einer spezifischen Ausprägung nicht-sektiererischer Taktik: *in der Verbindung des permanenten Impulses für die Veränderung der Gesellschaft mit nationaler Verantwortung.* »Vor allem weil wir dieser Linie gefolgt sind, haben wir 34,4% der Stimmen erreicht. Wenn wir einer Linie gefolgt wären, die diese beiden Momente nicht enthalten hätte – den Sinn für nationale Verantwortung und den permanenten Impuls für die Veränderung der Gesellschaft und der politischen Leitung des Landes –, hätte unsere Partei ihre Positionen nicht erweitert, oder hätte sie sogar an Zustimmung verloren.«[6]

Permanenter Impuls für die Veränderung der Gesellschaft – das heißt: in jedem, aber auch jedem ökonomischen, sozialen und politischen Konflikt die fortschrittliche Seite herausarbeiten und weitertreiben, betreffe dies die Lebens- und Arbeitsbedingungen der arbeitenden Klassen, die Wirtschafts- oder Außenpolitik der Regierung, die Staatsreform, die Parteien, die Strömungen und Aktionen kleinerer oder größerer gesellschaftlicher Gruppen und ihrer spezifischen Widersprüche (von der gewerkschaftlichen bis zur feministischen Bewegung, von den linksradikalen Gruppen bis zur christlich-demokratischen Partei); jede sich bietende Möglichkeit der Steigerung des Einflusses der arbeitenden Klasse und ihrer Organisationen sowie der Beteiligung der Bürger an der Regelung gesellschaftlicher Angelegenheiten ausnutzen und auf eine gesetzliche Befestigung dieser Möglichkeiten drängen – sei es in den Unternehmen oder in den lokalen, regionalen und zentralen Staatsorganen.

Je krisenhafter die kapitalistische Entwicklung sich vollzieht, desto weniger kann denjenigen Kräften, die bis jetzt die Einsicht in den Gang der Entwicklung gewonnen haben, daran gelegen sein, die Krise durch ökonomische Aktionen oder durch politische Blockaden künstlich zu verschärfen – was unweigerlich zu frontalen Gegensätzen innerhalb der Volksbewegung selbst führen und die Versuche zur Aktivierung von Klassenvorurteilen durch die reaktionären Kräfte begünstigen würde. Vielmehr muß der Impuls für die soziale Veränderung in einer Situation, in der es sich entscheidet, »ob wir eine ›revolutionäre Umgestaltung der Gesellschaft einleiten‹, oder möglicherweise ›dem gemeinschaftlichen Ruin der kämpfenden Klassen‹ entgegengehen«, in der *Konkretisierung* der Politik des Auswegs aus der Krise bestehen, in der Ausarbeitung des Programms der Sofortmaßnahmen und grundlegenden Veränderungen, die den neuen, höheren Typ der gesellschaftlichen Entwicklung, die Etablierung der bewußt-gemeinschaftlichen Form der Produktion einleiten sollen:» Wir können nicht warten, bis wir an der Regierung sind, um einen Plan zur Erneuerung der Gesellschaft vorzulegen: wir müssen sofort handeln!«[7]

Offene und öffentliche Debatte, Freiheit und Rücksichtslosigkeit der Kritik bedeuten keinesfalls eine politische Lähmung der Partei oder eine Paralysierung ihrer Aktion: »Wenn eine Linie erst einmal beschlossen ist, nachdem sie mit dem Beitrag aller diskutiert und bereichert wurde, so ist es Aufgabe jedes Kommunisten, sie ohne Personalisierung zu verwirklichen«.[8] Der demokratische Zentralismus zeigt in dieser Form erneut seine Fruchtbarkeit bei der Beschleunigung des Entwicklungsprozesses der Massen. Die drei Elemente – permanenter Veränderungsimpuls, nationale Verantwortung und Offenheit der Diskussion – ohne die der PCI in den letzten Jahren nicht so erfolgreich hätte wirken können, sind selbst aber das Ergebnis von Entwicklungen, die aus der Tradition des PCI allein nicht erklärt werden können, sondern größtenteils vom Wollen der Partei unabhängig sind.

In der kapitalistischen Nachkriegsentwicklung haben sich – trotz des »Wirtschaftswunders« von 1959–1963 – die Lebens- und Arbeitsbedingungen der Arbeiterklasse nicht in dem Ausmaß verbessert, daß das Bewußtsein der Ausbeutung und Abhängigkeit zu einem völlig untergeordneten Moment der Anschauung der Arbeiterklasse hätte herabsinken können. Zwar ließen die aus dem oberflächlichen Schein des Kapitalverhältnisses stammenden Illusionen die Mitgliederzahlen des PCI in den fünfziger Jahren rapide sinken und dann stagnieren (und die Repression tat ihr übriges dazu), dennoch hielt sich bzw. wuchs der Anteil derjenigen, die durch Stimmabgabe für die Kommunisten ihr Mißtrauen in die kapitalistische Weise der Entwicklung bekundeten.

Der Niedergang der Prosperitätsphase des internationalen Kapitals seit Ende der sechziger Jahre, der sich aufgrund spezifischer Bedingungen des italienischen Kapitals und seiner Stellung auf dem Weltmarkt in Italien bereits seit 1971 in scharfen Krisen äußert, löste einen beschleunigten Abbau antikommunistischer Vorurteile bei der Arbeiterklasse wie auch bei Teilen der Mittelklassen aus. Dies ganz im Gegensatz zur BRD, wo die Krise 1975 auf der Folie der während der langen Prosperität tief verankerten Befangenheit in die bürgerlichen Verhältnisse zunächst eine Aktivierung von bürgerlichen Vorurteilen begünstigt.

Die sich verschärfenden Widersprüche der Kapitalverwertung auf dem Weltmarkt, in deren Gefolge eine weitere Zuspitzung der ökonomischen und politischen Krise in Italien unvermeidbar ist, relativieren die Gefahr einer Sozialdemokratisierung der PCI-Politik. Solange sich die ökonomischen Verhältnisse nicht grundlegend innerhalb ihrer bürgerlichen Form verbessern, innerhalb des kapitalistischen Horizontes sich kein Weg zu einer gründlichen Sanierung der italienischen Produktionsverhältnisse abzeichnet, solange erscheint es undenkbar, daß die Illusionen in die Entwicklungsfähigkeit der bürgerlichen Gesellschaft bei den Lohnabhängigen neue Resonanz finden könnten – im Gegenteil, die absehbare Verschlechterung der Krise in Italien läßt einen weiteren Verlust ihrer Wirksamkeit als begründeter erscheinen. Der Massencharakter der kommunistischen Partei in Italien und die durch beständigen Kampf und offene Diskussion erreichte Verknüpfung mit breiten lohnabhängigen Schichten sind die besten Garanten für eine Kontinuität der Politik, die auf grundlegende ökonomische, soziale und politische Umstaltungen ausgerichtet ist.

So unsinnig die innerhalb der politischen Linken dieses Landes verbreitete Manier ist, die PCI-Politik – rsp. eine schlechte theoretische Abstraktion von diesem bestimmten Bewußtsein historisch spezifischer Lebensverhältnisse – von der wirklichen sozialen Bewegung abzutrennen und in einen willkürlichen theoretischen Zusammenhang zu stellen, so unsinnig ist auch die Manier, das in eine theoretische Fiktion verwandelte Produkt einer bestimmten sozialen Bewegung der kommunistischen Partei unseres Landes als Ideal vorzuhalten. Auch ohne die Unterschiedlichkeit der ökonomischen und politischen Verhältnisse im einzelnen aufzuzeigen, kann festgestellt werden, daß weder die ökonomische Entwicklung noch die politische Situation der BRD mit der Italiens gleichzusetzen ist. Die BRD befindet sich noch keineswegs in einer revolutionären Krise, so sehr auch dieses Nationalkapital von den übergreifenden Weltmarktprozessen betroffen ist. Es ist absurd, die Elle der italienischen kommunistischen Partei an die DKP-Politik anzulegen. Beidemal ist die Politik Ausdruck und Produkt der praktischen Bedürfnisse der arbeitenden Klasse, denen die ganzen Lebensverhältnisse dieser Klasse in zwei verschiedenen Ländern zugrunde liegen. Jedoch: schematische Übertragung ist eine Sache, kritisches Lernen aus einer weiter fortgeschrittenen politischen Konjunktur eine ganz andere. Sowohl die vom PCI propagierten Wege des Übergangs zu einem neuen Typ ökonomischer und politischer Entwicklung, als auch die Methode der Erarbeitung dieser realistischen Alternativen durch breite, vorurteilslose Diskussionen mit allen an einer grundlegenden Änderung der gesellschaftlichen Verhältnisse Interessierten kann für eine Politik von Nutzen sein, durch die eine schrittweise Veränderung und Öffnung des politischen Kräfteverhältnisses der BRD eingeleitet wird.

Die folgenden Texte sind eine Dokumentation des Diskussionsstandes. Die Beiträge des PCI sollen einen Einblick sowohl in die aktuellen ökonomischen und politischen Verhältnisse Italiens vermitteln, als auch den bisher erreichten Grad der Konkretheit eines Programmes zur grundlegenden Umstaltung Italiens zeigen. Die programmatischen Vorschläge beinhalten zum Teil Forderungen nach *unmittelbaren Verbesserungen*, die an die bestehende Regierung gerichtet sind, zum Teil *Sofortmaßnahmen* zur Einleitung eines neuen Typs ökonomischer Entwicklung und schließlich auch die Richtung der *grundlegenden Neuorganisation* der gesellschaftlichen Arbeit und der politischen Form des Gemeinwesens, die den ersten großen Schritt auf dem Wege zur sozialen Emanzipation der Arbeiterklasse und aller Werktätigen bildet.

Weder konnte die gesamte Breite der Auffassungen publiziert werden, noch handelt es sich bei diesen Texten um abschließende Aussagen. Proletarische Revolutionen kritisieren beständig sich selbst – das gilt heute mehr denn je für die Mehrheitspartei der italienischen Arbeiterklasse.

Wir danken den italienischen Genossen für ihre weitreichende Unterstützung bei der Vorbereitung dieser Publikation!

März 1977   *Joachim Bischoff, Jochen Kreimer*

Anmerkungen:

[1] Berlinguer, E.: Schlußbetrachtungen auf der Konferenz der Intellektuellen, Januar 1977; im folgenden veröffentlicht.

[2] Berlinguer, E.: Bericht an das Zentralkomitee…, In: Beiträge zum wissenschaftlichen Sozialismus, 1/77, S. 147

[3] ebenda, S. 148

[4] Berlinguer, E.: Schlußbetrachtungen…

[5] Berlinguer, E.: Bericht an das Zentralkomitee…, a.a.O., S. 142

[6] ebenda, S. 124

[7] Berlinguer, E.: Austerità, occasione per transformare l'Italia. Roma 1977, Editori Riuniti, S. 17 f.

[8] Berlinguer, E.: Festigkeit in der Linie und Flexibilität, in: Beiträge zum wissenschaftlichen Sozialismus, 1/77, S. 158

Kapitel 1
Die politische Konzeption
der Kommunisten

Das Wahlprogramm des PCI
Für eine Einheitsregierung zur
Rettung und Erneuerung Italiens*

1 Die Notwendigkeit einer neuen politischen und geistigen Führung

Italien braucht eine neue politische und geistige Führung, die sich auf die Übereinkunft zwischen allen demokratischen und Volkskräften und auf die maßgebliche Beteiligung aller Teile der Arbeiterbewegung an der Führung des Lebens der Nation gründet. Das ist eine Notwendigkeit, die sich aus der Erfahrung der vergangenen Jahre zwingend ergibt. Das ist die wichtigste Voraussetzung zur Überwindung der ökonomischen, gesellschaftlichen, politischen und moralischen Krise, die das Land erschüttert.

Es handelt sich dabei um eine tiefgreifende Krise, die heute bereits so weit fortgeschritten ist, daß sie zur Zerrüttung des Staates, zur Zersetzung des Gesellschaftsgefüges und zum Zusammenbruch der Wirtschaft zu führen droht. Der Democrazia cristiana und den alten Führungsgruppen fällt die Verantwortung dafür zu, daß schon vorher kritische Zustände sich in den letzten Jahren weiter verschärften und zu einem faulenden Geschwür werden konnten, daß sie den Antrieb der Volksbewegung, die auf eine neuartige Entwicklung des Landes hindrängte, nicht aufzugreifen vermochten und nicht in der Lage waren, mit der Wirtschaftskrise fertig zu werden, die sich bereits im Herbst 1973 abzeichnete. Die von den christdemokratischen Regierungskräften an den Tag gelegte Unfähigkeit und ihr hartnäckiges Festhalten an einem kleinlichen, erbärmlichen Machtsystem hat die Demokratie schwerwiegenden Gefahren ausgesetzt.

*Aus: Politica ed economia, Heft 1/2 Rom 1976. Übers. von Christel Schenker.

Die reaktionärsten Gruppen, die Feinde der Republik, die schon seit langem einen wahnwitzigen Plan zum Umsturz des Staates verfolgen, haben neue, verbrecherische Angriffe geführt, die darauf abzielen, das friedliche Zusammenleben zu zerrütten und die Institutionen zu erschüttern; sie haben sich dabei nicht gescheut, zu den unterschiedlichsten und selbst den äußersten Mitteln zu greifen, von blutigen Terroranschlägen über die wirtschaftliche Sabotage bis hin zu der schlimmsten Stimmungsmache.

Wenn die Gefahr einer verhängnisvollen Schwächung des demokratischen Systems gebannt und den Umsturzversuchen in diesen Jahren wirksam entgegengetreten wurde, so verdanken wir das der entschiedenen, kampfbereiten und geschlossenen Mobilisierung der Arbeiterklasse und der antifaschistischen und Volkskräfte zur Verteidigung der demokratischen Institutionen und der weiteren Entfaltung des demokratischen Lebens. Einen unbestreitbaren und entscheidenden Beitrag zur Entwicklung dieses demokratischen Prozesses hat die Kommunistische Partei und ihre Politik der Einheit geleistet.

Im Verlauf der letzten Legislaturperiode – von 1972 bis 1976 – ist im Parlament der antifaschistische Kampf, das Erneuerungswerk auf dem Gebiet der Bügerrechte und der demokratischen Beteiligung fortgesetzt worden. Auf der Grundlage einer fruchtbaren Zusammenarbeit – zu der die Kommunistische Partei entscheidend beigetragen hat – sind Gesetze ausgearbeitet und verabschiedet worden, die zweifellos wichtig und bedeutsam sind: hierzu gehören u. a. die Gesetze, die das neue Familienrecht regeln und die das Stimmrecht ab 18 Jahren einführen, die Gesetze zur Wahl der Organe der demokratischen Leitung der Schule und über die Wehrdienstverweigerung aus Gewissensgründen, über die Abfassung der neuen Strafprozeßordnung und über die Wahl der Stadtteilräte, für die Reform des Strafvollzugs und für das neue Arbeitsrecht. Als die Zusammenarbeit zwischen den demokratischen Parteien – aufgrund der von der Democrazia cristiana erhobenen Vorbedingungen – wegfiel, ist es gerade auf dem Gebiet der Überwindung der faschistischen Gesetzgebung zu einem ernsthaften Stillstand gekommen: so wurden weder die rassistischen Bestimmungen des Gesetzbuches Rocco aufgehoben, noch ist eine neue gesetzliche Regelung der Schwangerschaftsunterbrechung verabschiedet worden.

Die auf dem Gebiet der Gesetzgebung und des demokratischen Lebens erzielten Fortschritte reichten jedoch nicht aus, um die Gefahren, die unsere Institutionen und unser friedliches Zusammenleben bedrohen, zu bannen. Diese Gefahren werden erst dann endgültig abgewendet werden können, wenn die vielschichtigen und ernsten Probleme gelöst sind, die die Ursache der Krise der italienischen Gesellschaft sind. Die Lösung dieser Probleme erfordert, daß unverzüglich eine tiefgreifende Sanierung und Erneuerung der Wirtschaft und des Staates in Angriff genommen wird, die bereits in den letzten Jahren hätte eingeleitet werden können und müssen. Der Widerstand, die Unschlüssigkeit und die Doppelzüngigkeit der DC und der von ihr geführten Regierungen haben ein Vorgehen in dieser Richtung verhindert und haben das Parlament auf diesem Gebiet lahmgelegt.

An Gelegenheiten fehlte es nicht: unmittelbar nach der plötzlichen Verteuerung des Erdöls, als auch für die Öffentlichkeit die Notwendigkeit klar zutage trat, ein »neues Entwicklungsmodell« ins Leben zu rufen, wie auch von den Regierungspolitikern rhetorisch postuliert wurde; dann im Herbst vergangenen Jahres, als zwischen Regierung, Gewerkschaften und Parteien die Debatte über die Notwendigkeit eines »mittelfristigen Wirtschaftsprogramms« ausgetragen wurde, und schließlich, als von verschiedenen Seiten und in verschiedenen Formen und insbesondere von uns Kommunisten der Vorschlag einer Einigung über das Ende der Legislaturperiode unterbreitet wurde. Diese Gelegenheiten wurden verpaßt. Die Regierungen, die gebildet wurden, waren immer regierungsunfähiger. Die konservative Borniertheit und politische Blindheit der Democrazia cristiana sowie die Tatsache, daß in ihren Führungsgruppen – ungeachtet der Erneuerungstendenzen, die sich auf dem jüngsten Parteitag dieser Partei durchgesetzt hatten – das Gefühl der Verantwortung für die Nation durch kleinliches politisches Kalkül und wahltaktische Überlegungen verdrängt wurde, führten dazu, daß die Legislaturperiode überstürzt mit vorzeitigen Wahlen beendet wurde.

So sind weitere vier Jahre vergangen, ohne daß seit langem überfällige und unbedingt notwendige Reformen durchgeführt wurden: so die Umwandlung der Halb- und Teilpacht (»mezzadria« und »colonia«) in normale Mietverträge, das Gesetz über die städtebaulichen Auflagen und über eine gerechte Miete, das Gesetz zur Reform des Staatshaushaltes und des öffentlichen Rechnungswesens, die Reformen der lokalen Finanzen, der öffentlichen Verwaltung und des Gesundheitswesens, die Reform der höheren Schule und des Hochschulbereichs sowie die Koordinierung der wissenschaftlichen und technologischen Forschung. Weitere vier Jahre sind vergangen, ohne daß – trotz des Drucks, mit dem die Bewegung der Werktätigen im Bewußtsein ihrer Verantwortung auf diese Reformen hingedrängt hat – die Grundlagen für eine Wirtschaftspolitik gelegt worden sind, die über die Konjunktur hinauszuweisen vermag, und ohne daß es in irgendeiner Weise zur Reaktivierung einer Politik der Wirtschaftsplanung gekommen ist.

Die Folge davon ist eine weitere Verschärfung der Ungleichgewichte und Schwächen unserer Wirtschaft, des Parasitismus und der Vergeudung, des sowieso schon verzerrten Verhältnisses zwischen produktiven Investitionen und staatlichen Subventionen, des Chaos der öffentlichen Finanzen und des Außenhandelsdefizits. Der Widerstand dagegen, auf dem Wege der Reformen, der Autonomien und der vollen Entfaltung der Regionen und der Kommunen voranzuschreiten, hat die im Staatsapparat auftretenden Funktionsstörungen derart verschärft, daß die Durchführung von Ausgabe- und Reformgesetzen, die vom Parlament verabschiedet worden sind, fraglich und bisweilen unmöglich wurde. Aber während die Werktätigen eine außergewöhnliche Kampfentschlossenheit und

Reife bewiesen und erfolgreich harte Kämpfe ausgetragen haben, während die Gewerkschaften wichtige Erfolge errungen haben, die das Parlament in Gesetzen verankert hat, so in bezug auf die Lohngarantie, auf den Schutz der Arbeitsplätze in den von der Krise betroffenen Betrieben und hinsichtlich der Verbesserung der Altersrenten, sind die grundlegenden Fragen der Vollbeschäftigung und einer krisensicheren Entwicklung der Volkswirtschaft immer noch in ihrer ganzen Schärfe ungelöst. Und die Krise grundlegender Einrichtungen der bürgerlichen Gesellschaft wie der Schule und Universität und der Rechtspflege hat sich inzwischen noch weiter zugespitzt. Überall häufen sich die Mißstände: vom Gesundheitswesen bis zu den öffentlichen Diensten. Das Steuersystem ist unerträglich ineffizient und ungerecht. Die Situation auf dem Gebiet der öffentlichen Ordnung hat sich weiter verschärft, und neue Formen organisierten Verbrechertums haben in Italien Wurzel gefaßt. Aufsehenerregende Bestechungsaffären wurden aufgedeckt, die gezeigt haben, zu welchen Entartungserscheinungen es in den öffentlichen Körperschaften, im System der Staatsbeteiligungen und im Regierungsapparat gekommen ist. Diese äußerst schwerwiegenden Vorfälle und die Protektion, die die in diese Affären verwickelten Persönlichkeiten genossen, haben eine schon vorher akute moralische Krise noch verstärkt, die eng mit dem Verfall der politischen Führung, mit dem Verlust ihrer Autorität und ihrer Führungsfähigkeiten zusammenhängt.

Der seit Januar zu verzeichnende Kurssturz der italienischen Lira und die besorgniserregende Zunahme der Inflationsrate zeigten, wie ernst die innen- und außenpolitische Situation Italiens inzwischen geworden ist und vermitteln einen Eindruck davon, wie schwer das Erbe ist, das das neugewählte Parlament und eine neue politische Führung des Landes anzutreten haben. Es ist notwendig, daß Italien zumindestens einige Jahre lang von einer breiten und einheitlichen Koalition regiert wird, die allen demokratischen Kräften offensteht, um eine außergewöhnliche Mobilisierung von Kräften und Energien zu ermöglichen. Die Wahl vom 20. Juni 1976 muß dazu dienen, den Widerstand zu brechen, den vor allem die DC dieser großen nationalen Notwendigkeit entgegensetzt, für die der PCI dagegen überzeugt und konsequent eintritt; sie muß dazu dienen, noch einmal die – bereits durch die Wahlen vom 15. Juni 1975 besiegelte – endgültige, historische Überwindung eines politischen Systems zu bekräftigen, das sich auf den Ausschluß der Kommunistischen Partei von der Führung des Landes und auf die politische Vorherrschaft der DC gründet; der Ausgang dieser Wahl muß dazu dienen, jenes einheitliche Programm der Erneuerung voranzutreiben, das wir Kommunisten den Wählern zur Rettung und für den Fortschritt der Nation unterbreiten.

2   Die Überwindung der Wirtschaftskrise

Besonders tiefgreifend und schwerwiegend ist die Wirtschaftskrise. Allenthalben fragt man sich beklommen, welche Zukunftsperspektiven es für Italien gibt. Alle, die von ihrer Hände Arbeit leben, die Tag für Tag den Lebensunterhalt ihrer Familie zu bestreiten haben, fragen sich bange, wie sie mit dem unaufhörlichen Preisanstieg fertig werden sollen. Man fragt sich, ob die Inflation inzwischen schon unkontrollierbar geworden ist und wohin sie uns führen mag, und ob zu ihrer Bekämpfung eine erneute und noch stärkere Rezession in Kauf genommen werden muß. Es sind die ärmsten Schichten, die unter den Auswirkungen dieser Situation am schwersten zu leiden haben: die Rentner, die Arbeitslosen, alle, die nur eine vorübergehende und schlecht bezahlte Arbeit haben, und ein großer Teil der Bevölkerung des mezzogiorno. Hunderttausende von Werktätigen, die ihren Arbeitsplatz verloren haben oder keine Erstbeschäftigung finden können, Hunderttausende von Jugendlichen und Frauen, die vergeblich eine Beschäftigung suchen, fühlen heute, daß ihnen alle Zukunftsperspektiven verschlossen sind. Aber der Ernst der Situation und der Gefahren, die sie in sich birgt, lastet auf den ganzen werktätigen Massen und auf dem gesamten Volk: Unsicherheit und Unruhe breiten sich in allen Gesellschaftsschichten aus.

Festigkeit und Vertrauen

Auf die Fragen und Sorgen, von denen die Italiener heute bedrängt werden, antworten wir Kommunisten mit der ungeschminkten Wahrheit. Man muß der Wirklichkeit ins Auge blicken. Die Lage ist äußerst bedenklich. Es bedarf harter Anstrengungen, um aus dieser Situation herauszufinden. Niemand kann versprechen, daß uns leichte Zeiten bevorstehen, und wer es dennoch tut, um die Wählergunst zu gewinnen, ist ein Demagoge. Wer die Stellung der privilegierten Schichten und der Gruppen, die besondere Vorrechte genießen, legitimiert oder offen verteidigen will, ist verantwortungslos. Um die italienische Wirtschaft und Gesellschaft aus der Krise herauszuführen, in der sie stecken, muß es nicht nur zu einem Kurswechsel in der Regierungspolitik kommen, sondern es müssen sich ebenso jene Verhaltensweisen der einzelnen Bürger wie der verschiedenen Gesellschaftsgruppen wandeln, die der Notwendigkeit einer wirklichen Sanierung und Erneuerung des Lebens der Nation entgegenstehen. Um die Entwicklung des Landes auf neue, sicherere Grundlagen zu stellen, bedarf es einer Zeit der Festigkeit. Wenn aber dieser Weg eingeschlagen wird, so muß man in die Möglichkeiten eines Wiederaufschwungs unserer Wirtschaft und einer effektiven Lösung unserer Probleme volles Vertrauen setzen.

In einigen Jahren, im Verlauf der Legislaturperiode des aus den Wahlen vom 20. Juni hervorgehenden Parlaments, wird es möglich sein, Italien aus der tiefsten Krise herauszuführen und den Beginn einer Periode zu erkennen, die für das Volk und die ganze Nation einen neuen, wahren Fortschritt bringen wird.

Soziale Gerechtigkeit und demokratische Beteiligung

Noch größere Anstrengungen können von den Werktätigen und den Volksmassen nur dann verlangt werden, wenn bei der Durchführung der erforderlichen Maßnahmen und bei der Verteilung des Reichtums ein immer höheres Maß an Gerechtigkeit gewährleistet wird. Die soziale Ungerechtigkeit ist der Feind der Solidarität der ganzen Nation. Die Interessen der ärmsten Bevölkerungsschichten, der Massen, denen schon jetzt die härtesten Entbehrungen aufgezwungen sind, müssen gewahrt und ihre Lage muß entschieden verbessert werden. Entsprechende Opfer müssen in erster Linie den privilegierten Gesellschaftsgruppen auferlegt werden. Um von allen einen Beitrag zu der notwendigen gemeinsamen Anstrengung zu verlangen, gilt es, eine eindeutige Perspektive aufzuzeigen und breite Massen von Werktätigen und Bürgern an der Festlegung der Entscheidungen, die heute dringend erforderlich sind, teilnehmen zu lassen. Die von der DC geführten Regierungen haben keine dieser Garantien gegeben und keine dieser Bedingungen erfüllt. Opfer sind letzten Endes immer nur den arbeitenden Klassen abverlangt worden.

Auf welchen Gebieten ist Festigkeit erforderlich

Auf welchen Gebieten und in welcher Beziehung bedarf es heute großer Festigkeit? Festigkeit ist heute bei der Führung der Staatsgeschäfte, auf dem Gebiet der Nutzung der Ressourcen und bei der Haltung des Einzelnen und der Massen zu einigen grundlegenden Erfordernissen geboten. Strenge ist im Kampf gegen Vergeudung, Spekulation und Parasitismus und gegen die Korruption vonnöten, ebenso wie bei der Begrenzung der höchsten und dem Schutz der niedrigsten Einkommen. Der Festigkeit bedarf es bei der Einleitung und Fortführung einer schrittweisen Überwindung des »Gehalt–Dschungels«, d. h. der gravierenden und ungerechtfertigten Ungleichheiten in der Besoldung, zu denen es – vor allem aufgrund der Klientelwirtschaft der DC – zwischen den verschiedenen Kategorien von Werktätigen und innerhalb derselben, insbesondere bei der öffentlichen Hand, gekommen ist. Mit Entschiedenheit muß einer unkontrollierten Ausweitung des Privatverbrauchs entgegengetreten werden, die mit der gegenwärtigen Situation und den Erfordernissen des Landes unvereinbar ist. Es ist eine strenge Verpflichtung der Unternehmer erforderlich, ihre Gewinne in Italien zu reinvestieren und alle verfügbaren Mittel und unternehmerischen Fähigkeiten im produktiven Bereich zu konzentrieren. Von allen müssen große Anstrengungen bei der Arbeit unternommen werden, und die Jugend muß sich intensiv dem Studium widmen, um eine neue und höhere kulturelle und berufliche Qualifizierung zu erlangen.

Die großen Ziele, die angestrebt werden müssen, sind folgende: es gilt, *die Inflation zu stoppen, die produktive Basjs und die Beschäftigung auszubauen und zu erneuern, Italien in einem System internationaler Zusammenarbeit eine neue Rolle zu erkämpfen und die Bedingungen für eine neue, höhere Lebensweise und Form des gesellschaftlichen Zusammenlebens zu schaffen.*

Die großen Zielsetzungen

Wir Kommunisten sind der Ansicht, daß von der dringenden, ja dramatischen Notwendigkeit, die Inflation zu stoppen, ausgegangen werden muß. Bei der Verfolgung dieses Ziels kann nicht länger der in der Vergangenheit beschrittene Weg eingeschlagen werden, nämlich eine plötzliche und allgemeine Kreditverknappung und Drosselung der öffentljchen Ausgaben, die zu einem neuen, ernsten Produktions- und Beschäftigungsrückgang führen würden. Es gilt vielmehr, entschlossen an einige wichtige Probleme der Sanierung und Reorganisierung des öffentlichen Sektors und der Wirtschaft heranzugehen, um auf die Ursachen einzuwirken, die zu einer Inflationsrate geführt haben, die in Italien höher liegt als in allen anderen europäischen Ländern. Parasitismus, Verzerrungen und strukturelle Schwächen, die das Produktionssystem und die internationale Position Italiens belasten, müssen überwunden werden. Der Kredit und die öffentlichen Ausgaben müssen im Hinblick auf eine neuartige Entwicklung Italiens gezielt eingesetzt und gesteuert werden. Es müssen besondere Initiativen beschlossen werden, um die Preise der Rohstoffe, der Halbfertigwaren und der Nahrungsmittel – auch im Wege einer entsprechenden Versorungspolitik staatlicher Organismen, die auf den Weltmarkt zurückgreifen – zu stoppen.

Maßnahmen zur Sanierung der öffentlichen Finanzen

Die ersten, nach den Wahlen zu ergreifenden Maßnahmen müssen folgende Ziele verfolgen: 1. *Die Sanierung der öffentlichen Finanzen.* Was die *Staatseinnahmen* betrifft, so gilt es, sie mit Hilfe durchgreifender Maßnahmen der Eintreibung auf dem Gebiet der Steuerhinterziehung zu erhöhen. Dies ist einer der ersten Bereiche, in denen Gerechtigkeit gewährleistet und konkrete Beweise einer neuen Effizienz geliefert werden müssen. Der Staat muß den Werktätigen und allen Italienern, die ihrer Staatsbürgerpflicht nachkommen und Steuern entrichten, zeigen, daß er willens und in der Lage ist, gegen die Steuerflucht zu kämpfen. Ein wichtiges Instrument zu diesem Zweck ist die stichprobenartige Veranlagung der Einkommen, die nicht aus unselbständiger Arbeit herrühren. Entscheidend ist die Mitwirkung der Gemeinden bei den Bemühungen um eine immer wirksamere Anwendung von Steuern, die bisher weitgehend hinterzogen wurden: wichtig ist beispielsweise der Beitrag, den die Gemeinden dabei leisten können, die Katastereintragungen des städtischen Wohnungsbaus auf den jeweils letzten Stand zu bringen.

Was die *Ausgaben* betrifft, so gilt es in erster Linie unverzüglich die Formen offenkundiger Vergeudung zu beseitigen – indem beispielsweise das Gesetz zur Auflösung der unnützen Körperschaften voll Anwendung findet, indem die Reform der öffentlichen Fürsorge in Angriff genommen wird und Privilegien und Mißbräuche beseitigt werden, wie die übermäßige Benutzung von staatlichen Autos. Anhand einer korrekten und erschöpfenden Auskunft, die die Regierung dem Parlament bisher verweigert hat, muß gleichzeitig ernsthaft geprüft werden, welche finanziellen Verpflichtungen durch vom Parlament verabschiedete Gesetze übernommen worden sind und wieweit diese Verpflichtungen eingelöst wurden, und wie hoch der Kassenbedarf des Staates, der Gebietskörperschaften und der Sozialversicherung für die nächsten vier Jahre sein wird. Von dieser Auskunft und Prüfung muß ausgegangen werden, wenn man die notwendigen Korrekturen und Entscheidungen vornimmt.

Vor diesem Hintergrund ist auch die Notwendigkeit zu sehen, eine unkontrollierte Zunahme der Personalausgaben zu vermeiden, Ordnung in den regelrechten »Gehalts-Dschungel«, der Gegenstand einer parlamentarischen Untersuchung ist, zu bringen, die Planstellen rigoros zu regeln und die erforderliche Mobilität des Personals im gesamten öffentlichen Sektor bei gleicher rechtlicher und wirtschaftlicher Behandlung zu verwirklichen. Ein solcher Ansatz kann jedoch nur im Rahmen einer Reform der öffentlichen Verwaltung, der Requalifizierung und Aufwertung der Funktion der Bediensteten der öffentlichen Hand verfolgt werden, die heute in einem entwürdigenden Arbeitsverhältnis stehen, das ihnen jegliche Selbständigkeit und Verantwortung vorenthält und sie häufig zur Zielscheibe ungerechter und undifferenzierter Kritik macht.

Es ist unbedingt notwendig, der Erhöhung der Staatsverschuldung zur Finanzierung laufender Ausgaben Einhalt zu gebieten und einige bedeutende Sanierungs- und Neuordnungsaufgaben in Angriff zu nehmen. Die erste dieser Maßnahmen – die auch aufgrund der starken Zunahme der für 1976 vorgesehenen Steuereinnahmen sofort nach den Wahlen eingeleitet werden muß – betrifft die *Gebietskörperschaften*: sie muß in einer Konsolidierung der Schuldenlast der Gemeinden und in der Verabschiedung einer Reform der Gemeindefinanzen bestehen, die den Gemeinden sichere Einnahmen garantiert und ihnen eine Ausgabengrenze auferlegt, wobei Maßstäbe zugrundezulegen sind, die insbesondere den Bedürfnissen der rückständigsten Gebiete Rechnung tragen.

Ein weiteres unbedingt notwendiges Sanierungs- und Reformwerk muß auf dem Gebiet des *Gesundheitswesens* durchgeführt werden. Es ist unverzüglich ein Gesetz zu verabschieden, das – durch die Abschaffung des Krankenkassensystems, dessen Fortbestand eine ungeheure Vergeudung mit sich bringt – zum Aufbau eines neuen nationalen Gesundheitssystems führt, zu einem zweckmäßigeren und wirtschaftlicheren System des Gesundheitsschutzes der Bürger, das dem Bemühen um die Krankheitsverhütung Vorrang einräumt, an die Probleme der gesundheitsschädigenden Bedingungen in der Fabrik und in der Umwelt herangeht, eine angemessene und umfassende Kinder- und Mutterfürsorge leistet, für die Alten und Behinderten wirksame Maßnahmen, auch zu Hause, vorsieht und das besorgniserregende Phänomen des Rauschgifts im Wege einer organischen Politik der Vorbeugung und der Wiedereingliederung in die Gesellschaft anpackt. Auf diese Weise kann und muß die Anzahl und die Dauer der Krankenhausaufenthalte verringert werden, während das Netz und der Aufgabenbereich der Poliambulatorien ausgebaut werden kann und muß. Gleichzeitig müssen die Aufwendungen für Medikamente mittels einer Überprüfung der Arzneimittelliste und der Streichung aller Produkte ohne tatsächliche Heilwirkung dringend gekürzt werden.

Schließlich müssen Maßnahmen ergriffen werden, um eine Erhöhung des Defizits auf dem Gebiet der *Sozialversicherung* zu vermeiden. Zu diesem Zweck ist es vor allem notwendig, zu einer vereinheitlichten Einziehung der Beiträge überzugehen. Darüber hinaus muß die Angleichung und Vereinheitlichung des Rentensystems energisch vorangetrieben und die gesamte Verwaltung des Sozialversicherungssystems saniert werden, um zu verhüten, daß es zu den beiden Extremen steigender und untragbarer Finanzierungslücken und einer ungeheuren Vermögensbildung kommt.

Maßnahmen zum Abbau des außenwirtschaftlichen Defizits

2. *Die Verringerung des Zahlungsbilanzdefizits und des Abhängigkeitsgrades Italiens vom Ausland.* Wir Kommunisten bekräftigen erneut, daß wir jegliche Versuchung einer wirtschaftspolitischen Abriegelung Italiens und einer Rückkehr zu protektionistischen und autarkischen Vorstellungen eindeutig ablehnen. Wir befürworten nach wie vor ein System des »offenen Marktes«, d. h. ein System des freien Wettbewerbs auf internationaler Ebene; wir befürworten weiterhin eine harmonische Entwicklung der Wirtschafts- und Handelsbeziehungen zwischen den Ländern der Europäischen Wirtschaftsgemeinschaft und die Errichtung eines neuen Systems der weltweiten wirtschaftlichen Zusammenarbeit. In diesem Rahmen gilt es, die nationalen Interessen Italiens zu wahren und auf die Änderung der Politik der Europäischen Gemeinschaft auf bestimmten Gebieten hinzuwirken, angefangen bei der Agrarpolitik, d. h. bei den protektionistischen Praktiken anderer Mitgliedsländer der Gemeinschaft; und in diesem Rahmen können auch vorübergehende Maßnahmen zum Schutz unserer Währung und unserer Wirtschaft ergriffen werden.

Diese Entscheidung steht keineswegs im Widerspruch zu einer – unter Wahrung der Interessen der einkommensschwachen Schichten durchgeführten – Politik der Beschränkung des Verbrauchs von Gütern, die mit hohen Importen verbunden sind, wie Erdöl und Rindfleisch. Die Ablehnung einer protektionistischen Politik steht auch nicht im Gegensatz zur Einleitung einer Investitionspolitik, die darauf abzielt, die Produktion von Agrar– und Industrieerzeugnissen zu Wettbewerbspreisen zu steigern, die in den vergangenen Jahren in großen Mengen und zu immer höhren Preisen importiert worden sind, was schwerwiegende Auswirkungen auf die Zahlungsbilanz gehabt hat. Schließlich bedeutet das Eintreten für eine aktive Beteiligung Italiens am Weltmarkt keine endgültige Anerkennung der in der Vergangenheit von unserem Land wahrgenommenen Rolle, die darin bestand, vor allem Erzeugnisse von niedrigem oder mäßigem technologischen Niveau zu exportieren, zumal diese Rolle heute der starken Konkurrenz von Ländern ausgesetzt ist, die sich auf dem Wege der Industrialisierung befinden. Es gilt, eine Investitionspolitik zu betreiben, die auch das Ziel verfolgt, Italien den Zugang zu technologisch höher qualifizierten Produktionszweigen zu verschaffen, die Export– und internationale Wettbewerbsfähigkeit unseres Landes zu stärken und zu erneuern und vor allem den Produktionsapparat Italiens für die Produktion und den Export von Gütern auszurüsten, die für die Entwicklung der Länder der Dritten Welt notwendig sind.

Erhöhung der produktiven Investitionen und der Produktivität

Beschränkung der Vergeudung und des Defizits der öffentlichen Haushalte sowie Abbau der Auslandsverschuldung und des Zahlungsbilanzdefizits: das ist der Weg, um die Inflation – soweit sie von binnenwirtschaftlichen Ursachen herrührt und Italien härter trifft als andere Länder – an ihren Wurzeln zu treffen und die Position der Lira auf dem Devisenmarkt zu stärken. Gleichzeitig liegt auf der Hand, daß die Politik zur Eindämmung der Inflation und zur Verringerung der Auslandsabhängigkeit Italiens Hand in Hand geht mit den Maßnahmen für eine neue Entwicklung und Orientierung der produktiven Investitionen. Von grundlegender Bedeutung ist schließlich das Problem, die Produktivität und Wettbewerbsfähigkeit der italienischen Wirtschaft insgesamt und der einzelnen Unternehmen zu erhöhen, ein Problem, das unter allen seinen Aspekten energisch angegangen werden muß, auch unter dem Gesichtspunkt, daß Italien – auch mit Hilfe der verstärkten europäischen Zusammenarbeit – eine zunehmende Unabhängigkeit auf technologischem und wissenschaftlichem Gebiet erlangen muß. Das sind die grundlegenden Fragen, die in Angriff genommen werden müssen.

Die Lohnpolitik

Es ist absolut falsch, die Lohnerhöhungen der letzten Jahre – mit denen lediglich eine Annäherung an das Lohnniveau der anderen europäischen Länder erzielt worden ist – als Ursache für die gegenwärtigen Schwierigkeiten der italienischen Wirtschaft anzuprangern und eine Beschränkung der Lohnerhöhungen als Ausweg aus der Krise zu bezeichnen. Nur wenn Maßnahmen zur Beseitigung der wahren Ursachen der Inflation und unseres außenwirtschaftlichen Defizits ergriffen werden, um die strukturellen Schwächen der italienischen Wirtschaft zu beseitigen und eine neuartige ökonomische und gesellschaftliche Entwicklung in Gang zu setzen, werden die Bedingungen dafür geschaffen, daß die Gewerkschaftsbewegung ihre bisherige Politik weiterbringen kann, in deren Mittelpunkt nicht die Forderung nach höheren Nominallöhnen steht, sondern Ziele einer Ausweitung der Investitionen und der Beschäftigung sowie der Durchsetzung neuer sozialer Reformen; und nur dann sind auch die Voraussetzungen dafür gegeben, daß die Gewerkschaftsbewegung dazu aufgefordert werden kann, bei der Durchführung von Notstandsmaßnahmen mitzuwirken. Um die Bedürfnisse zu befriedigen, die sich andernfalls in einem zunehmenden Lohndruck niederschlagen, ist es besonders wichtig, eine Politik einzuleiten, die den Werktätigen lebensnotwendige Güter zu niedrigen Preisen, gut funktionierende öffentliche Dienste, Wohnungen zu gesetzlich geregelten Mieten und eine gerechte Besteuerung zusichert. Unverrückbar halten wir Kommunisten allerdings an der Autonomie der Gewerkschaften fest: ihnen steht es zu, die Erfordernisse der arbeitenden Massen und des Landes und die Zielsetzungen der Regierungspolitik zu beurteilen – um welche Regierung es sich auch immer handelt – und danach die Linien der eigenen Lohnpolitik festzusetzen. Es ist sehr wichtig, daß die Gewerkschaften sich entschlossen haben, ihre Lohnpolitik an Kriterien der Einkommensangleichung zu orientieren, indem sie der Sicherung der Verbesserung der niedrigsten Einkommen Vorrang gaben, ohne es andererseits zu einer gefährlichen Nivellierung kommen zu lassen. Diese Haltung müßte ihre Entsprechung in einer kohärenten Verhaltensweise der Regierung und in erster Linie in einer Initiative finden, die darauf zielt, die Erhöhung der Spitzengehälter zu blockieren oder zu beschränken und in abnorme Mechanismen einzugreifen, die beispielsweise zu empörend hohen Abfindungssummen führen (jede Rückstellung von Mitteln für die Abfindung, die sich auf mehr als ein Monatsgehalt pro Dienstjahr beläuft, müßte gesetzlich verboten werden).

Für eine erhöhte Wettbewerbsfähigkeit der italienischen Wirtschaft

Von großer Wichtigkeit sind die Bemühungen um die Steigerung der Produktivität und der Wettbewerbsfähigkeit der italienischen Wirtschaft, zu denen die Arbeiterklasse und ihre Organisationen im Bewußtsein ihrer

Verantwortung einen Beitrag leisten wollen und schon geleistet haben. Das Problem muß in seiner ganzen Tragweite erfaßt und sowohl auf betriebswirtschaftlicher als auch auf volkswirtschaftlicher Ebene betrachtet werden. Zur Lösung dieses Problems bedarf es ernsthafter Anstrengungen auf dem Gebiet der wissenschaftlichen und technologischen Forschung, der Ausweitung der Investitionen, der rationelleren Organisation der Produktionsfaktoren, der Qualifizierung der Arbeitskräfte und der vollen Entfaltung des fachlichen Könnens aller Werktätigen. In diesem Zusammenhang ist es auch erforderlich, sich für einen Rückgang der Praxis des »Krankfeierns« einzusetzen, indem die Ursachen dieses Phänomens – in erster Linie im Wege der Verbesserung der Arbeitsbedingungen und des Arbeitsmilieus – beseitigt und die Entartungserscheinungen bekämpft werden.

Von verschiedenen Seiten wird auf die Belastung durch die Arbeitskosten hingewiesen. Das Gewicht der Arbeitskosten läßt sich in der Tat senken, insbesondere durch eine volle Auslastung der Anlagen; darüber hinaus ist es möglich, die Sozialabgaben zu reduzieren, sofern die Sanierung des Gesundheitssystems und der Sozialversicherung in Angriff genommen wird; und schließlich kann der Aufbau einer leistungsfähigen Finanzverwaltung es in Zukunft ermöglichen, bei der Finanzierung des Gesundheitssystems von der Beitragszahlung zur Erhebung einer Steuer überzugehen. Auf dem Produktionssystem und dem Wirtschaftsleben Italiens lasten jedoch andere, wirklich abnorme Kosten. So müssen unter anderem die Zinsen, die Kosten der Dienstleistungen der Banken und der Finanzmärkte gesenkt werden. Reduziert werden müssen unter anderem auch die durch den Zwischenhandel entstehenden Kosten, indem die große Spekulation getroffen und eine Reform des Verteilernetzes vorgenommen wird, die den Zusammenschluß der Einzelhändler in Verbänden begünstigt.

Für eine umfassende Umstellung (riconversione) des Produktionsapparates

Wenn hiermit einige der Bedingungen genannt sind, die zur Steigerung der Produktivität und der Wettbewerbsfähigkeit der italienischen Wirtschaft notwendig sind, und wenn zur Korrektur der Verzerrungen der Gesamtentwicklung des Landes durch Parasitismus und Subventionsfreudigkeit eine wesentliche Zunahme der produktiven Investitionen erforderlich ist, so sind die Bemühungen, diese Investitionen in die Richtung einer umfassenden Umstellung unseres Produktionsapparates zu lenken, von entscheidener Bedeutung. Nur so ist die notwendige Gewähr dafür gegeben, daß unsere landwirtschaftliche und industrielle Produktion den veränderten Anforderungen des Binnen- und Auslandsmarktes – wie sie sich aus unseren Zahlungsbilanzschwierigkeiten ergeben – und der neuen Nachfrage der Kollektivität, der öffentlichen Hand, immer besser entspricht, die sich unserer Ansicht nach so entwickeln muß, daß sie die Tendenz zu einer ungeordneten und gleichzeitig fragwürdigen Zunahme des Privatverbrauchs berichtigt und eindämmt. Zu diesen Fragen haben wir Kommunisten in den vergangenen Monaten ausführlich Stellung bezogen und festumrissene Vorschläge formuliert, so daß wir uns hier darauf beschränken, nur auf einige wesentliche Aspekte und einige Punkte dieser Vorschläge hinzuweisen, von denen sofort nach den Wahlen ausgegangen werden muß.

Orientierung der Investitionen

a) Landwirtschaft

Es gilt, in kurzer Zeit die in der Vergangenheit praktizierte Subventionierungspolitik zu beenden und auf eine neue, moderne und hochentwickelte Landwirtschaft hinzuarbeiten, die sich auf ein breit angelegtes System freier und freiwilliger Verbände und Genossenschaften stützt. Daraus ergibt sich in erster Linie die Notwendigkeit einer gründlichen Überprüfung der Agrarpolitik der EG im Hinblick auf eine beträchtliche Umverteilung der Mittel zugunsten der Landwirtschaft, die Reform des Agrarkredits und eine grundlegende Änderung der Politik der öffentlichen Investitionen, die außschließlich von den Regionen gesteuert werden müssen, und zwar im Rahmen von schleunigst zu erstellenden Gesamtplänen für die Viehzucht, die Bewässerung, die Aufforstung und den Zuckerrübenanbau, sowie unter Zugrundelegung von Entwicklungsplänen der Regionen und der einzelnen Interventionsgebiete.

Eine unerläßliche Voraussetzung für eine neuartige Entwicklung der Landwirtschaft, die angemessene Arbeitsbedingungen und ein angemessenes Einkommen auf dem Land gewährleistet, ist, daß die Industrie mit staatlicher Beteiligung die eindeutigen Verpflichtungen übernimmt, die technische Ausrüstung zu kontrollierten Preisen zu liefern und die Agrarerzeugnisse auf der Grundlage mehrjähriger Verträge und mit der Garantie angemessener Preise aufzunehmen und zu verarbeiten; unerläßliche Voraussetzungen sind außerdem die Umstrukturierung der AIMA und eine tiefgreifende Reform der Federconsorzi.

Um der Landflucht zu begegnen und den landwirtschaftlichen Betrieb lebensfähig und rentabel zu machen, ist es zudem unbedingt notwendig, die Halb- und Teilpacht und jeden anderen Vertrag kraft Gesetz in Miete umzuwandeln; gleichzeitig müssen Maßnahmen zugunsten der kleinen Landbesitzer ergriffen werden, die positiv zu nutzenden brachliegenden und schlecht bewirtschafteten Flächen wieder zu produktiven Zwecken nutzbar gemacht und in den ländlichen Gebieten alle notwendigen Infrastruktureinrichtungen geschaffen werden.

In enger Verbindung mit einer neuen Agrarpolitik müssen die Probleme der Berggebiete und des Boden- und Umweltschutzes geprüft und organisch gelöst werden.

b) Industrie

Vordringliche Aufgabe ist die Verabschiedung eines Gesetzes, mit dem ein Fonds für die Umstellung der Industrie eingerichtet wird und das an die Stelle aller gegenwärtig geltenden Gesetze zur Förderung der Industrie tritt. Die Verwaltung des Fonds muß einem engen Ministerausschuß übertragen werden, dem ein hochqualifizierter technischer Apparat an die Seite gestellt ist, und sie muß sich an klaren Leitlinien programmatischen Charakters, an Prioritäten und sektoralen Programmen orientieren, die so bald wie möglich erarbeitet werden müssen. Wichtig ist in diesem Rahmen die Erstellung neuer sektoraler und intersektoraler Programme der staatlichen Beteiligungen, die den allgemeinen Erfordernissen der Umstellung der Industrie Rechnung tragen: an diese Programme muß die Erhöhung der Dotierungsfonds der Unternehmen mit staatlicher Beteiligung geknüpft sein.

Kreditpolitik und Kleinunternehmen

Die Maßnahmen des Staates zugunsten einer wesentlichen Erhöhung der produktiven Investitionen erfordern eine Politik der Förderung und des Schutzes der Spartätigkeit der privaten Haushalte (in diesem Zusammenhang sind besondere Erleichterungen für die Überweisungen der Arbeitsemigranten zu gewähren) sowie eine strenge, selektive Politik der mittelfristigen Kredite. Mit Entschiedenheit muß an die Aufgabe herangegangen werden, außer dem »Dschungel« der Kreditvergünstigungen auch den »Dschungel« der Spezialkreditinstitute abzuholzen und neu zu ordnen. Besondere Maßnahmen müssen zugunsten der mittelständischen Industrie-, Handels- und Fremdenverkehrsbetriebe ergriffen werden: zugunsten der 1 300 000 Handwerksbetriebe mit ihren 4 Millionen Beschäftigten, zugunsten der 90 000 mittelständischen Industrieunternehmen, die 3 Millionen Beschäftigten Arbeit geben, und zugunsten des Genossenschaftswesens, dessen ökonomische Rolle und spezifische gesellschaftliche Funktion sich in zunehmendem Maße durchsetzen.

Baugewerbe, Verkehrswesen und Energie

Die volle Auslastung der Produktionskapazitäten der italienischen Wirtschaft und ein nachhaltiger Wiederaufschwung der produktiven Investitionen hängen heute weitgehend von den Rahmenbedingungen ab, die die öffentliche Hand aufstellen kann und muß, indem sie eine allgemeine Entwicklungsperspektive für Italien aufzeigt und insbesondere einige Reform- und Ausgabenprogramme für das Baugewerbe, das Verkehrswesen und die Energiewirtschaft aufstellt. Mit Hilfe dieser Programme – deren Finanzierung für die nächsten Jahre im allgemeinen Rahmen der von uns

Kommunisten geforderten Neuordnung der öffentlichen Finanzen geprüft werden muß – muß in erster Linie eine neue öffentliche Nachfrage geschaffen werden, die in der Lage ist, einige grundlegende Verzerrungen und Mängel der wirtschaftlichen und gesellschaftlichen Entwicklung unseres Landes zu beheben. Auf dem Gebiet des *Bauwesens* müssen mit den nötigen Abänderungen zunächst der bereits vorliegende Gesetzentwurf über die Bodenordnung, der bereits aufgestellte Zehnjahresplan für den Wohnungsbau sowie Maßnahmen verabschiedet werden, die eine »gerechte Miete« gewährleisten, eine gesetzliche Regelung der Mieten auf der Grundlage objektiver und gerechter Kriterien. Auf dem Gebiet des *Verkehrswesens* gilt es in erster Linie, die Pläne für die Häfen und für die Eisenbahn neu zu definieren, wobei den Erfordernissen des Gütertransports Vorrang einzuräumen ist; darüber hinaus müssen die Regionen endlich einen planmäßigen Ausbau des öffentlichen Stadt- und Nahverkehrs in Angriff nehmen. Auf dem Gebiet der *Energiewirtschaft* muß mit dem Bau der ersten vier Kernkraftwerke begonnen werden, wobei das Standortproblem im Einvernehmen mit den Regionen gelöst werden muß, und der bereits ausgearbeitete Energieplan muß dem Parlament zur Diskussion und Überprüfung vorgelegt werden.

Ziel der staatlichen Interventionsprogramme auf diesen Gebieten muß es sein, eine absurde und inzwischen untragbar gewordene Vergeudung einzudämmen, die Kosten für die Miete, die Verkehrsmittel und die Energie zu senken, einer neuen, moderneren und wirtschaftlicheren Konzeption und Verwaltung dieser Dienste zum Durchbruch zu verhelfen und unsere Städte bewohnbarer und unsere ländlichen Gebiete menschenwürdiger zu machen.

Besondere Dringlichkeit kommt heute den Interventionsprogrammen für den Wiederaufbau des Belice-Tals und des vom Erdbeben zerstörten Friaul zu. Die hauptsächlichen Träger dieses Aufbauwerks müssen die Regionen und Kommunen sein: die direkte Mitwirkung der Bevölkerung an den zu treffenden Entscheidungen, die Dezentralisierung der Ausgaben und die Möglichkeit für die Gemeinden, die nationalen Forschungsinstitute und den notwendigen technischen Apparat in Anspruch zu nehmen, müssen dabei einen neuen Stil der Politik der öffentlichen Ausgaben und der Resourcen offenbaren.

Zwei große nationale Aufgaben

Bei der Planung und Durchführung dieser neuen Entwicklungspolitik unseres Landes, die als Ganzes betrachtet wird, sind zwei bedeutende nationale und gesellschaftliche Probleme als grundlegende Bezugspunkte zu nehmen, die auch in den günstigeren Zeiten ungelöst geblieben sind und die heute äußerst gefährliche Formen angenommen haben, ja unter einigen Gesichtspunkten und in einigen Gebieten sogar explosiv geworden sind: das Problem des Mezzogiorno und das Beschäftigungsproblem. Die

Festigung der Demokratie in unserem Land hängt in nicht unerheblichem
Maße von der Lösung dieser Probleme ab. Die Verpflichtung der Organisationen der Werktätigen für ihre Lösung zu kämpfen, ist eine für die Einheit der Arbeiter- und Volksbewegung immer notwendigere Voraussset-
zung.

Eine konsequente Süditalien-Politik

Alle positiven Bestimmungen des neuen Gesetzes, das die außerordentlichen Maßnahmen im Mezzogiorno regelt, sind voll in Anwendung zu
bringen; damit ist es allerdings nicht getan. Die ganze Regierungspolitik
muß sich vielmehr endlich konsequent an dem Süditalien-Problem orientieren. Für eine neue politische Führung des Landes ist dies nach wie vor
eine Verpflichtung und ein eminent wichtiger Prüfstein. Es ist notwendig,
alle Mittel einzusetzen, über die die öffentliche Hand verfügt, um die produktive Basis in Süditalien auszubauen und zu modernisieren. Die Entscheidung für eine neue Expansion der italienischen Landwirtschaft ist
unter besonderer Berücksichtigung der Bedingungen der süditalienischen
Landwirtschaft voranzutreiben. Die Politik der industriellen Umstellung
muß zu einer wesentlichen Steigerung des Anteils des Mezzogiorno an der
gesamten Industrieproduktion und -beschäftigung führen. Die Anstrengungen des Staates, der Regionen und der Gemeinden, um die Städte und
die ländlichen Siedlungen mit den nötigen Gemeinschaftseinrichtungen
zu versehen, müssen so koordiniert werden, daß eine Vertiefung der Kluft
zwischen dem Mezzogiorno und den fortgeschrittensten Regionen vermieden wird.

Beschäftigung der Frauen und der Jugendlichen

Auf den Mezzogiorno entfällt der größte Anteil an der Gesamtzahl der
Arbeitslosen und Unterbeschäftigten des Landes. Der weitaus größte Teil
der Arbeitsemigranten, die nach Italien zurückkehren und denen ein Arbeitsplatz beschafft werden muß, sind Süditaliener. Das Problem der Beschäftigung fällt also weitgehend mit dem Mezzogiorno-Problem zusammen. Es weist allerdings einige Aspekte von allgemeiner Bedeutung auf:
zum einen den Aspekt der Frauen, die großenteils geradezu vom Arbeitsmarkt ausgeschlossen sind, und zum anderen den der Jugendlichen,
die eine erste Stelle suchen. Diese beiden sowohl unter ökonomischen als
auch unter gesellschaftlichen und moralischen Gesichtspunkten äußerst
wichtigen Aspekte, deren Bedeutung allgemein anerkannt wird, können
auf lange Sicht nur im Rahmen einer gerechteren Verteilung der Ar-
beitsmöglichkeiten gelöst werden. Eine moderne Beschäftigungspolitik
erfordert heutzutage eine genaue Erfassung und schrittweise Beseitigung
der Schwarzarbeit, der zeitweiligen Arbeit sowie der Arbeit, die nicht re-

gistriert und ohne Versicherungsschutz ist. Zur Sicherung und Erhöhung der Frauenarbeit gilt es, unverzüglich die Krisensituation von Betrieben mit vorwiegend weiblichen Arbeitskräften zu prüfen und Maßnahmen zur Senkung der Kosten der weiblichen Arbeitskraft, die durch die Aufwendungen für die Mutterschaft bedingt sind, zu ergreifen und eine Politik der sozialen Infrastruktur zu verfolgen, die – angefangen bei der Finanzierung des Programms für die Kinderkrippen – besonders darauf angelegt ist, bessere Voraussetzungen für die Beschäftigung der Frauen in der Produktion zu schaffen.

Die Bemühungen der öffentlichen Gewalten auf diesem Gebiet dürfen sich nicht auf die Sicherung der bereits bestehenden Arbeitsplätze beschränken, sondern müssen mit allen Mitteln die Eingliederung neuer, qualifizierter weiblicher Arbeitskräfte auch in neuen Sektoren der Industrie, der Landwirtschaft und der Dienstleistungen gewährleisten.

Schule, Berufsausbildung und Universität

Eine der ersten Maßnahmen, die für die Jugend zu ergreifen sind, ist die Durchführung des Programms für den Berufsvorbereitungsdienst. Dieses Programm, mit dem beabsichtigt wird, eine große Anzahl von Jugendlichen zu gemeinnützigen Arbeiten heranzuziehen, wobei ihnen für die abgeleisteten Arbeitsstunden ein vereinbarter Lohn zuerkannt wird und sie verpflichtet werden, Berufsbildungs- und Umschulungskurse zu besuchen, muß Hand in Hand gehen mit einer unfassenden Reform des Bildungs- und Ausbildungssektors.

Sowohl die Reform der höheren Schule als auch die des Berufsbildungssystems sind inzwischen spruchreif und unaufschiebbar; diese Reformen müssen auf der Grundlage eines nationalen Rahmengesetzes und im Wege der tiefgreifenden Neuordnung der überkommenen Strukturen und Aktivitäten von seiten der Regionen durchgeführt werden. Eines der schwerwiegendsten Hindernisse für die ökonomische und soziale Entwicklung sowie für den kulturellen Fortschritt unseres Landes ist heute eine Schule, die kein solides Wissen vermittelt und nicht auf die notwendige Berufswahl vorbereitet, ein Besuch der höheren Schule und der Universität, der oft nur wegen der ungewissen Aussicht auf eine sofortige Anstellung oder in der vagen Hoffnung auf eine bessere Anstellung fortgesetzt wird, und ein völlig unzureichendes, brüchiges und weitgehend anachronistisches Berufsbildungssystem, das sich auf Klassen- und Geschlechtsdiskriminierungen stützt und keinerlei Bezug zu den realen Erfordernissen und Tendenzen des Arbeitsmarktes hat. Hochschulen und Forschungsinstitute, die nicht in der Lage sind, den Lehrern, Technikern und Wissenschaftlern eine Ausbildung zu vermitteln, die den Anforderungen eines Landes entspricht, das sich um seine Erneuerung, seinen Fortschritt und seine internationale Wettbewerbsfähigkeit bemüht, stellen eine große Belastung für die Nation dar. Die Hochschulreform und die

Reform der höheren Schule und des Berufsbildungssystems sowie die Steigerung und Entfaltung der geistigen und technischen Fähigkeiten gehören auch zu den entscheidenden Voraussetzungen, um Italien aus der Krise herauszuführen.

Unerläßliche Grundlage dieser Reformen ist die Verpflichtung, die noch bestehenden schwerwiegenden Mißstände und Störungen zu beheben und eine leistungsfähige und qualifizierte Grundschule zu schaffen, die allen Jugendlichen und allen Bürgern ohne Unterschied jenes Bildungsniveau und jenes Wissen vermittelt, die zur Beteiligung am demokratischen Leben, zur Fortführung der Studien, ja für jegliche Berufsausbildung unbedingt erforderlich sind. Die zunehmende Verbreitung der Vorschule, die Überwindung des Bruchs zwischen Grund- und Mittelschule durch eine entsprechende Erneuerung der schulischen Strukturen und der Lehrpläne, der Ausbau der Ganztagsschule, die Erweiterung der Schulpflicht auf die ersten beiden Jahre der Mittelschule, um allen eine gemeinsame Bildungsgrundlage zu garantieren, und der Aufbau eines leistungsfähigen Systems der Erwachsenenbildung, das von den Erfahrungen der »150 Stunden« (Bildungsurlaub) ausgeht und das Recht der Werktätigen auf Weiterbildung geltend macht, diese Maßnahmen sind daher notwendig, um eine Umkehrung der Tendenz zur Zerrüttung und Krise des Schulsystems zu bewirken, um sicherzustellen, daß die Ausgaben im Bildungs- und Ausbildungssektor nutzbringend angelegt werden, und um den neuen gesellschaftlichen und kulturellen Anforderungen gerecht zu werden, die heute an die Schule gestellt werden. Einen wichtigen Beitrag bei der Verwirklichung dieser Ziele muß die volle Entfaltung der Demokratie im Bildungs- und Ausbildungsbereich leisten, die allerdings im ersten Jahr dieser neuen Erfahrung durch die zentralistische und bürokratische Ministerialpolitik behindert und lahmgelegt worden ist.

Auf dieser Grundlage muß eine reformierte Mittelschule aufbauen, die die gegenwärtige Zersplitterung der Fachrichtungen durch eine einheitliche Struktur überwindet, das Ziel einer höheren Bildung mit der Vorbereitung auf die Arbeit verbindet, und den Jugendlichen eine moderne kritisch-historische und wissenschaftlich-technologische Bildung vermittelt, als ein Berufsbildungssystem, das nicht eine zweitrangige Schule, sondern ein aktives Instrument der Beschäftigungspolitik ist, und den Jugendlichen nach Abschluß der Pflichtschule oder der höheren Schule eine Qualifikation gibt, die mit den Zielen der Produktionsumstrukturierung und -ausweitung in Einklang steht. Die eingehende Auseinandersetzung mit diesen Themen, die bereits stattgefunden hat, kann und muß als Ausgangspunkt für die baldige Inangriffnahme sowohl der Reform der höheren Schule als auch des Rahmengesetzes der Berufsausbildung dienen.

Auf dem Gebiet der Hochschulpolitik gilt es, eine Neuauflage der endlosen Diskussionen über abstrakte Globalkonzepte zu vermeiden und rasch zur Verabschiedung eines Gesetzes zu gelangen, das – wie der Gesetzentwurf des PCI – unverzüglich einen Reformprozeß in Gang setzt und die Fähigkeiten der Erneuerung zum Tragen bringt, deren Protagonisten die lebendigen Kräfte des Hochschulbereichs sein müssen, die ihre Beziehung zur demokratischen Wirklichkeit unseres Landes neu gestalten müssen.

Darüber hinaus muß ein mehrjähriges Programm der wissenschaftlichen und technologischen Forschung aufgestellt werden, das die unbedingt erforderliche Koordinierung und eine unter kulturellen, wirtschaftlichen und sozialen Gesichtspunkten fruchtbare Entfaltung der Forschungstätigkeit gewährleistet; vor allen Dingen muß so schnell wie möglich das Gesetz über die wissenschaftliche und technologische Forschung formuliert und verabschiedet werden, das vom Parlament in seinen Grundzügen bereits in gegenseitigem Einvernehmen ausgearbeitet worden ist.

Die Rettung und Reform des Schul- und Hochschulbereichs und die Gewährleistung einer einheitlichen und fruchtbaren Entfaltung der Forschungstätigkeit ist eine dringende und notwendige Aufgabe, um Italien eine wissenschaftliche und kulturelle Entwicklung zu ermöglichen, die zu einem umfassenderen gesellschaftlichen Fortschritt beiträgt.

3 Leitung der Wirtschaft und Beteiligung der Werktätigen

Um eine neue Entwicklungspolitik des Landes auf dem Kurs zu steuern, den nicht nur wir Kommunisten, sondern verschiedene politische und gesellschaftliche Kräfte demokratischer Gesinnung vorgeschlagen haben, sind Veränderungen in der Struktur und im Arbeitsstil der Regierung, im Aufbau der öffentlichen Verwaltung und in der Funktionsweise der wirtschaftspolitischen Instrumente vonnöten. Zu den ersten Maßnahmen, die zu diesem Zweck ergriffen werden müssen, gehören nach Ansicht von uns Kommunisten die folgenden:

Eine wirksame Leitung der Wirtschaftspolitik

1. Vereinfachung und Umstrukturierung der Wirtschaftsressorts, wobei notfalls die erforderlichen Zusammenlegungen und Umverteilungen derjenigen Zuständigkeiten vorgenommen werden müssen, die ihnen nach der Übertragung der Kompetenzen an die Regionen aufgrund des Gesetzes Nr. 382 noch verblieben sind, um jene Kompetenzstreitigkeiten, Widersprüche und Partikularismen zu vermeiden, die in der Regierungspraxis der DC zu einer absurden Zersplitterung und Verwirrung und häufig zur Lähmung geführt haben. Es muß sichergestellt sein, daß die Leitung der Wirtschaftspolitik der Regierung wirklich einer einheitlichen Ausrichtung folgt. 2. Reform des Haushalts und der volkswirtschaftlichen Ge-

samtrechnung. Es muß beschlossen und gewährleistet werden, daß das Schatzministerium den jährlichen Haushaltsvoranschlag und die diesbezüglichen vierteljährlichen Änderungen rechtzeitig ausarbeitet und dem Parlament vorlegt. 3. Weitere Verstärkung der Initiativen zur Vorbereitung des neu anzulegenden Steuerregisters und zur Gewährleistung einer raschen und reibungslosen Arbeit der gesamten Finanzverwaltung. Von wesentlicher Bedeutung hierfür ist die Mitwirkung und Kontrolle der Gemeinden, denen in aller Form die entsprechenden Befugnisse übertragen werden müssen, um bei den örtlichen Finanzämtern einschreiten zu können. 4. Reform der Staatsbeteiligungen unter Zugrundelegung der jüngsten Ergebnisse, zu denen der vom Ministerium eigens dazu eingesetzte Arbeitsausschuß gelangt ist, und der Korrekturen und Klärungen, die das Parlament daran vornehmen muß; gesetzlich zu verankern sind in erster Linie der Grundsatz, daß die Aufstockung der Dotierungsfonds dieser Körperschaften an die Durchführung bestimmter Entwicklungspläne geknüpft ist und daß dem Parlament effektive Orientierungs- und Kontrollbefugnisse über die Tätigkeit der Staatsbeteiligungen zuerkannt werden, die ein besonderer, aus Mitgliedern beider Kammern bestehender Ausschuß wahrzunehmen hat. Außerdem müssen die Kriterien für die Wahl der Vorsitzenden dieser Körperschaften gesetzlich festgelegt werden, und jede von der Regierung geplante Ernennung, für die das Parlament direkt oder indirekt zuständig ist, muß ihm unterbreitet werden.

Diese Maßnahmen sind die Voraussetzung dafür, daß eine Politik der demokratischen Wirtschaftsplanung auf neuen Grundlagen in Angriff genommen werden kann. Um zu verhindern, daß diese Politik – wie zur Zeit der Mitte-Links-Regierungen – scheitert, bedarf es bestimmter Garantien, wie wir sie aufgezeigt haben für eine effiziente Leitung der Wirtschaftspolitik, und darüber hinaus eines klaren Konzepts für die Beziehungen zu den gesellschaftlichen Kräften und den demokratischen Institutionen sowie einer breiten Beteiligung der Basis.

Staatswirtschaft und private Unternehmen

Wie wir Kommunisten schon wiederholt erklärt haben, kann es unserer Ansicht nach heute nicht das Ziel sein, den staatlichen Wirtschaftssektor weiter auszubauen, sondern es geht darum, diesen Sektor – der heute schon umfassend genug ist – zu reorganisieren und ihn zu verpflichten, auf die Verwirklichung der wesentlichen Ziele der wirtschaftlichen und sozialen Entwicklung, die im Wege der demokratischen Programmierung festgelegt worden sind, hinzuarbeiten. Gleichzeitig muß angestrebt werden, mit Hilfe der Wirtschaftsplanung einen Bezugsrahmen für die Entscheidungen der Privatunternehmen abzustecken und ihre Entwicklung in die Richtungen zu lenken, denen Vorrang zuerkannt wurde. Nicht nur die besondere soziale Funktion der mittelständischen Unternehmen muß anerkannt werden, sondern auch die freie Unternehmerinitiative aller privaten Unternehmen. Diese neigen selbstverständlich dazu, ihre Entscheidungen an den vom Markt ausgehenden Impulsen und an dem Ziel der Erwirtschaftung eines Gewinns auszurichten. Die Planungspolitik muß – unter Berücksichtigung des Spiels der Marktmechanismen – das Ziel verfolgen, für die Unternehmenspolitik neue Rentabilitätsmaßstäbe zu schaffen und die größeren Unternehmen und die Unternehmerverbände durch geeignete Methoden auf die Verwirklichung bestimmter Ziele von gesamtgesellschaftlichem·Interesse zu verpflichten. Worauf es in erster Linie ankommt, ist, daß die Entwicklung des Landes nicht länger von den Interessen und Entscheidungen der großen Konzerne bestimmt und gesteuert wird, wie es in der Vergangenheit infolge einer Politik, die Italien in die gegenwärtige tiefe Krise getrieben hat, der Fall war.

Parlament und Regionen

Alle grundlegenden Entscheidungen der Wirtschaftsplanung – einschließlich der sektoralen Pläne für die industrielle Umstellung – müssen dem Parlament vorgelegt werden. Unsere Vorschläge zielen in ihrer Gesamtheit darauf ab, bei der Leitung der Wirtschaftspolitik ein korrektes Verhältnis zwischen Parlament und Regierung herzustellen, indem dem Parlament umfassendere Orientierungs- und Kontrollbefugnisse zuerkannt werden und es ihm ermöglicht wird, sie effektiv wahrzunehmen. Den Regionen muß eine wesentliche Rolle bei der Aufstellung der Ziele der Wirtschaftsplanung zukommen, zu der sie sowohl durch die Erstellung von Regionalplänen als auch im Wege einer direkten Mitwirkung an den verschiedenen Phasen der Ausarbeitung der Programme und Zielsetzungen auf nationaler Ebene herangezogen werden müssen. Entscheidend ist die Funktion der Regionen insbesondere im Hinblick auf die rasche Durchführung einer Politik der öffentlichen Ausgaben, die den vom Parlament beschlossenen programmatischen Richtlinien und Prioritäten Rechnung trägt. Auf der Grundlage dieser Prioritäten können die Regionen jedes Jahr ihre Ausgabenpolitik festlegen, zu deren Durchführung es ihnen ohne absurde, langwierige Prozeduren ermöglicht werden muß, unter Rückgriff auf einen gemeinsamen Kontokorrentfonds Zahlungsanweisungen auszustellen.

Beteiligung der Werktätigen

Die Tragfähigkeit und der Erfolg einer neuen Wirtschaftsplanung hängen ab von der umfassenderen Entfaltung des demokratischen Lebens auf allen Ebenen und folglich von der Beteiligung aller Bürger am Prozeß der Entscheidungsbildung, insbesondere auf dem Gebiet der Wirtschaftspolitik. Eine außergewöhnliche Bedeutung gewinnt jedoch im Rahmen der Wirtschaftsplanung die Frage des Verhältnisses zu den Gewerkschaften und der Beteiligung der Arbeiter. Die Autonomie der Gewerkschaften muß auch auf dem Gebiet der Methoden der Wirtschaftsplanung voll anerkannt werden: Es ist Sache der Gewerkschaften, die Formen ihres Beitrags zur Ausarbeitung der einzelnen Programme und der Gesamtzielsetzungen der Wirtschaftsplanung zu beschließen und dann anhand der Einschätzung, zu der sie gelangt sind, die Formen ihres Beitrags zu einer positiven Durchführung der Wirtschaftsplanung festzulegen. Die Frage, die heute – nach Abschluß der neuen Tarifverträge für einige Schlüsselbereiche der Industrie – auf der Tagesordnung steht, ist die Frage der vollen Anerkennung der nationalen Funktion der Arbeiterklasse, des Rechts der Werktätigen und ihrer Vertretungen, in den größeren Unternehmen Zugang zu den Daten der Betriebsführung zu haben, an einer ernsthaften Auseinandersetzung über die Investitionsprogramme beteiligt zu werden und eine Kontrolle bei ihrer Durchführung auszuüben. Die Anerkennung und Wahrnehmung dieses neuen Rechts der Arbeiterklasse auf Beteiligung und Kontrolle – auf der Ebene des Großunternehmens wie auch auf lokaler und nationaler Ebene – markiert den Beginn einer neuen Phase in der Wirtschaftsplanung, in den Arbeitsbeziehungen in der Industrie und in der Leitung der Volkswirtschaft.

4 Für die Demokratische Erneuerung des Staates

Die von uns Kommunisten unterbreiteten Vorschläge für eine effiziente Leitung der Wirtschaftspolitik und eine Reaktivierung der demokratischen Programmierung auf neuen Grundlagen fügen sich in jene Perspektive der vollen Verwirklichung der Grundsätze der republikanischen Verfassung und der tiefgreifenden Reform des Staates ein, für die wir schon seit langem kämpfen. Es gilt, das Leben des Staates und die Organisation der Gesellschaft auf allen Gebieten mit dem Verfassungsauftrag in Übereinstimmung zu bringen. Das ist der Weg, um den Forderungen nach Freiheit, Partizipation, Effizienz und demokratischer Ordnung, die vom Land so nachdrücklich erhoben werden, gerecht zu werden.

Wenn der Geist und die Grundzüge der Verfassung zur Grundlage einer gemeinsamen Anstrengung und einer Begegnung aller antifaschistischen Kräfte gemacht werden, ist es möglich, ein Problem zu lösen, das in den letzten Jahren immer dringlicher und akuter geworden ist, nämlich das Problem einer Stärkung der effektiven Befugnisse der Institutionen der repräsentativen Demokratie, denen die höchste nationale Verantwortung zufällt, einer Bereicherung des Gefüges der Basisdemokratie und einer Weiterentwicklung des organisierten Eingriffs der Massen auf allen Gebieten des gesellschaftlichen und politischen Lebens.

Volle Ausnutzung des Parlaments

Angesichts der zunehmenden Verschärfung der Krise unseres Landes und angesichts gefährlicher auseinanderstrebender Kräfte und korporativer Tendenzen ergibt sich vor allem die Notwendigkeit, das Parlament – gegen die Pflichtverletzungen der christdemokratischen Partei und der von ihr geführten Regierungen – als wesentlichen Ort der Synthese des demokratischen Entscheidungsbildungsprozesses der nationalen Politik wieder voll zur Geltung zu bringen. Damit es dieser Aufgabe gerecht werden kann, sind tiefgreifende Veränderungen in der Struktur und in der Arbeitsweise des Parlaments erforderlich. Vordringlich ist eine ständige und umfassende Koordinierung der Arbeit der beiden Kammern, um eine unnütze Wiederholung der Debatten zu vermeiden und das Gesetzgebungsverfahren zu vereinfachen und zu beschleunigen. Die Kammern müssen durch entsprechende Maßnahmen in den Stand gesetzt werden, ihre Kontroll- und Orientierungsbefugnisse sowohl auf dem Gebiet der staatlichen Eingriffe in die Wirtschaft als auch im Hinblick auf die gesamte Regierungspolitik wahrzunehmen und auch die Arbeit der öffentlichen Verwaltung und der Staatsorgane zu untersuchen.

Entfaltung der Selbständigkeit auf regionaler und lokaler Ebene

Die volle Entfaltung der Funktion des Parlaments muß Hand in Hand gehen mit der Dezentralisierung der Aufgaben und Strukturen des Staates. Mit Entschiedenheit voranzutreiben ist insbesondere der Aufbau der Regionen als autonome politische Einrichtungen, als demokratische Gliederung des Staates, als Organe der Förderung und Synthese des ganzen breitgefächerten Systems der örtlichen Autonomien und der neuen Formen der Beteiligung, die auf der Grundlage der demokratischen Instanzen an der Basis und auf mittlerer Ebene entstanden sind und noch weiter entstehen müssen, wie Kreis- und Schulräte, »comprensori« (Gebiete, in denen Bauarbeiten der öffentlichen Hand durchgeführt werden, d. Übers.) und Berggemeinschaften. In den nächsten Monaten muß die Übertragung der Kompetenzen und Aufgaben an die Regionen zum Abschluß gebracht werden, wobei ihnen auch die Aufgaben zu übertragen sind, die der Staat gegenwärtig durch seine örtlichen Behörden wahrnimmt. Infolgedessen müssen die Behörden und staatlichen Strukturen, die ihre Daseinsberechtigung eingebüßt haben, aufgelöst werden. Diese Anerkennung und Übertragung von normativen Befugnissen an die Regionen muß in einer effektiven Finanzautonomie ihre Entsprechung finden. Aus diesem Grund ist eine Überprüfung der ganzen geltenden Gesetzgebung auf dem Gebiet der Regionalfinanzen erforderlich.

Was die Gebietskörperschaften anbetrifft, so müssen – wie wir bereits ausgeführt haben – nicht nur unverzüglich und dringend Maßnahmen zur Sanierung und Reform der Gemeindefinanzen ergriffen werden, sondern es gilt auch, in der kommenden Legislaturperiode ein neues Gesetz für Gemeinden und Provinzen auszuarbeiten und zu verabschieden, in dem die autonome Rolle, die die Kommunen bei der Entfaltung unseres demokratischen Lebens tatsächlich übernommen haben, ihren Niederschlag findet und sanktioniert wird, eine Rolle, die in dem Maße neue Impulse erhält, wie die Regionen selbst auf dem Wege der Dezentralisierung, der Übertragung wichtiger Funktionen und Aufgaben an die Gemeinden und an andere Vertretungsorgane fortschreiten.

Für eine leistungsfähigere Exekutive

Die Übernahme und Ausübung umfassenderer Orientierungs- und Kontrollbefugnisse von seiten des Parlaments und die Entfaltung der regionalen und kommunalen Autonomien schließen eine effizientere Exekutive keineswegs aus, sondern brauchen sie geradezu zu ihrer positiven Entwicklung. Zu diesem Zweck ist es notwendig, daß auf die Umstrukturierung der Wirtschaftsressorts in dem von uns dargelegten Sinn so bald wie möglich die rasche Verabschiedung des Gesetzes über das Amt des Ministerpräsidenten folgt, um die Beziehungen zwischen dem Ministerrat, den einzelnen Ministern und dem Ministerpräsidenten festzulegen und letzterem die Möglichkeit und Verantwortung zu geben, die Tätigkeit der Minister anzuregen und zu koordinieren, um eine einheitliche politische und administrative Ausrichtung beizubehalten.

Ebenso ist es für eine reibungslose Arbeit des Staates auf allen Gebieten wichtig, – im Rahmen der demokratischen Reform der öffentlichen Verwaltung – alle Verfahren zu vereinfachen, das Verantwortungsbewußtsein der Beamten zu wecken, die bürokratischen Zwischenstufen abzubauen, die nur auf einer vom Mißtrauen diktierten zentralistischen Auffassung beruhen, die Kontrollen zu überprüfen und insbesondere den Rechnungshof umzugestalten und die zügige Erledigung und zugleich die Transparenz der Arbeit aller Behörden zu gewährleisten.

Die dringende Notwendigkeit einer Erneuerung der Parteien

Im Rahmen des Parlaments und der ganzen demokratischen Gliederung des Staates ebenso wie im Leben unseres Landes fällt den Parteien eine wesentliche Rolle zu, um eine Auswahl zwischen den vielfältigen Impulsen, die von der Gesellschaft ausgehen, zu treffen und zur notwendigen politischen Synthese beizutragen. Besonders dringend ist jedoch eine Erneuerung jener Parteien, die – angefangen bei der DC – allzu oft aus bloßen Wahlmaschinen und Machtinstrumenten zu bestehen scheinen, aus Konglomeraten politisch zweideutiger Richtungen, die Träger korporativer Interessen sind und politische und moralische Entartungserscheinungen zeigen. Der Verfall des demokratischen Lebens dieser Parteien stellt ein ernstes Problem für die Entwicklung der italienischen Demokratie dar, und wir Kommunisten sehen das Problem unter diesem Gesichtspunkt, ohne uns hinter der stolzen Feststellung zu verschanzen, von diesen Übeln nicht befallen zu sein, sondern indem wir vielmehr erneut unseren festen Willen bekräftigen, uns für die Erhaltung und die ständige Erweiterung der positiven Aspekte der Erfahrung unserer Partei einsetzen zu wollen. Als wichtiger und konkreter Bezugspunkt für alle muß in der nächsten Legislaturperiode die »Absichtserklärung« betrachtet werden, die gleichzeitig mit der Vorlage des Gesetzentwurfs für die Finanzierung der Parteien aus Staatsmitteln abgegeben wurde und mit der ein breitangelegtes Programm zur Neuordnung der politischen Tätigkeit, zur Befreiung der Parteien von äußeren Einflußnahmen und unheilvollen Entartungen des Wahlkampfs und zur Moralisierung des öffentlichen Lebens angekündigt wurde.

Die Notwendigkeit konkreter Initiativen zur Moralisierung

Wenn man in Italien eine neue, positive Reaktion des Vertrauens in die Demokratie und der verantwortungsbewußten Bemühungen zur Überwindung der Krise der italienischen Gesellschaft herbeiführen will, so müssen bedeutungsvolle Zeichen gesetzt und konkrete Schritte auf dem Wege der Moralisierung des öffentlichen Lebens unternommen werden. In diesem Zusammenhang halten wir es für notwendig, die Nachforschungen, die der Untersuchungsausschuß gegenwärtig vornimmt, rasch zum Abschluß zu bringen und ihre Ergebnisse dem Parlament zu einer verantwortungsvollen Entscheidung vorzulegen; in den Bestimmungen, die die Tätigkeit des Untersuchungsausschusses regeln, die notwendigen Abänderungen vorzunehmen, um zu gewährleisten, daß der Ausschuß berichterstattenden Charakter hat und das Urteil dem Parlament vorbehalten bleibt, und um willkürliche Übernahmen und Zusammenfassungen von Rechtsfällen zu vermeiden, die zu Verzögerungen und Vertuschungen führen; das Parlament mit der Aufgabe zu betrauen, über die empörenden Vorkommnisse, die vor kurzem an die Öffentlichkeit gelangten, wie die Affäre der Rüstungsaufträge, Nachforschungen anzustellen und schließlich die parlamentarische Untersuchung über den »Gehaltsdschungel« zügig voranzutreiben.

Bei der Moralisierung des öffentlichen Lebens kommt es jedoch auch und ganz besonders darauf an, – im Wege von Reformen wie den von uns für die Staatsbeteiligungen vorgeschlagenen – eine effektive demokratische Kontrolle über die Instrumente des öffentlichen Eingriffs in die Wirtschaft durchzusetzen und das ganze Gebiet der Ernennungen in den öffentlichen Körperschaften und der Beziehungen zwischen den öffentlichen Körperschaften und der Regierung neu zu regeln. Bei den Ernennungen dürfen nicht länger die üblen Praktiken der »Aufteilung der Pfründe« zwischen den Regierungsparteien angewendet werden, sondern es müssen objektive Kriterien der Nutzung der Sachkenntnisse zugrunde gelegt werden, ebenso wie sich die Verwaltung der öffentlichen Körperschaften von der Logik des »sottogoverno« (Unter- oder Nebenregierung durch Verfilzungen, d. Übers.) und von dem Druck der Klientelen und der Wahlbeeinflussung lossagen muß, die von der DC zum regelrechten Machtsystem erhoben worden sind.

Eine umfassende Lösung für die Krise der Rechtspflege

Zur Krise des italienischen Staates und den äußerst schwerwiegenden Mißständen, die heute von allen Seiten eingestanden werden, haben die Entartungen des Regierungsstils der DC, die versäumte Erfüllung des Verfassungsauftrags in allen seinen Aspekten sowie die versäumte Anpassung der staatlichen Strukturen an die neuen, durch die Entwicklung und den Wandel der italienischen Gesellschaft bedingten Anforderungen beigetragen. Einer der Bereiche, die besonders hart von der Krise betroffen sind, ist die Rechtspflege. Zur Überwindung dieser Krise ist es unbedingt erforderlich, daß das Parlament an das Problem der Reform der Gerichtsverfassung herangeht, das seit langem ansteht und von den christdemokratisch geführten Regierungen bislang niemals in seinem Gesamtzusammenhang gestellt worden ist. Die eingehende Debatte über dieses Problem auch unter den Richtern erlaubt, als gemeinsame Ergebnisse die folgenden Grundsätze zu formulieren, an denen die Reform sich orientieren muß:

1. *Beteiligung des Volkes* an der richterlichen Funktion und an der Tätigkeit der Gerichte;

2. *Breitere Streuung der richterlichen Gewalt* im Sinne einer wahren Demokratisierung der Arbeit der Ämter, insbesondere im Hinblick auf die Befugnisse der Leiter dieser Ämter selbst, sowie im Sinne einer vollen Entfaltung des Verantwortungsbewußtseins der einzelnen Richter bei der Ausübung ihrer Funktionen, die eine grundlegende Änderung der geltenden Disziplinarordnung erforderlich macht;

3. *Festsetzung neuer Formen der Verbindung* zwischen Richterschaft, Consiglio Superiore della Magistratura [dem obersten Organ der Justiz, d.Übers.] und gewählten Versammlungen, um eine effektive, verantwortungsvolle Beziehung zwischen der richterlichen Gewalt – bei voller Wahrung ihrer Autonomie und Unabhängigkeit –, den repräsentativen Institutionen der Volkssouveränität und der Gesellschaft zu gewährleisten.

Eine Reform, die sich an diesen Grundsätzen orientiert, kann eine demokratischere Ausübung des Richteramts ermöglichen, die für die realen Probleme und die Erneuerungsbestrebungen der Gesellschaft aufgeschlossen ist, und kann die hierarchische und korporative Struktur der vom Faschismus ererbten Gerichtsverfassung endgültig überwinden. Hand in Hand mit der Reform der Gerichtsverfassung muß vor Ende der nächsten Legislaturperiode die von der DC bisher zum größten Teil nicht eingehaltene Verpflichtung eingelöst werden, eine Revision der aus faschistischer Zeit stammenden Gesetzbücher, angefangen beim Strafgesetzbuch, vorzunehmen.

Gleichzeitig damit muß dringend eine Modernisierung der Justizverwaltung unter allen ihren Aspekten (Unterbringung, Personal, Ausstattung) in Angriff genommen werden: die Mißstände in den bestehenden Strukturen sind in der Tat die Ursache für die unglaublich langwierige und schleppende Arbeit der Justiz und ein ernstes Hindernis sowohl bei der Durchführung positiver Gesetze, die vor kurzem vom Parlament verabschiedet wurden – wie die Reform des Familienrechts, des Arbeitsprozesses und der Strafvollzugsordnung –, als auch bei der Verwirklichung der neuen Strafprozessordnung, wie sie aufgrund der vom Parlament verabschiedeten Vollmacht in den nächsten Monaten ausgearbeitet werden wird. Die Modernisierung der Strukturen und der Mittel der Justizverwaltung muß sich in ernsthafte Bemühungen der Ausgabenprogrammierung und -realisierung einordnen, die sich auf eine richtige Bestimmung der Maßnahmen gründet, denen absoluter Vorrang zu geben ist.

Eine neue Politik gegenüber den Streitkräften

Eine neue Politik erscheint auch gegenüber den Streitkräften notwendig, um im Interesse der Sicherheit und der Unabhängigkeit der Nation ihre Schlagkraft zu erhöhen und die Einrichtungen der Republik zu schützen. Jede Reform auf diesem Gebiet muß von demokratischem Geist getragen sein. Ausgangspunkt muß der Grundsatz sein, daß der Soldat und der Offizier Staatsbürger sind, die eine ihnen aufgetragene Pflicht erfüllen, und daß sie als solche geachtet werden und alle Rechte genießen müssen, die dem Staatsbürger zustehen. Die Streitkräfte dürfen sich der Gesellschaft nicht entfremden, sondern müssen in enger Gemeinschaft mit dem Volk und den demokratischen Einrichtungen leben.

Unsere Vorschläge zielen u. a. darauf ab, den positiven Charakter der Wehrpflicht zu bekräftigen, die allerdings nicht nur als Ausbildung für den Umgang mit den Waffen, sondern auch zur Hebung des Bildungsniveaus und zur Berufsvorbereitung der Soldaten und Offiziere dienen und dazu beitragen soll, ihr staatsbürgerliches Bewußtsein zu stärken, unter Einhaltung einer bewußten Disziplin die Wahrnehmung der politischen und Bürgerrechte aller Angehörigen der Streitkräfte zu garantieren und eine direkte Verbindung zwischen den Streitkräften und dem Parlament herzustellen.

Reform der Nachrichtendienste

Besonders wichtig und dringend erscheint im Lichte der gravierenden und beunruhigenden Vorgänge, die starke Beachtung unter der Öffentlichkeit gefunden haben, die Verwirklichung der Reform der Nachrichtendienste, zu der sich die Regierung bei Abschluß der Untersuchung über den SI-FAR verpflichtet hatte. Grundlage der Reform muß es sein, die Aufgaben des SID strikt auf das Gebiet der Spionageabwehr und auf die Verteidigungsprobleme zu beschränken und die parlamentarische Kontrolle entsprechend zu verstärken.

Kampf gegen die Kriminalität und Umstrukturierung der Ordnungskräfte

Die in den letzten Jahren zu beobachtende Zunahme der Kriminalität, auch und gerade in ihren organisierten und besonders grausamen Formen, hat die Bevölkerung in zunehmendem Maße beunruhigt. Es handelt sich dabei offensichtlich nicht um ein Problem, das nur unter dem Gesichtspunkt der Repression gesehen und gelöst werden kann, sondern um ein vielschichtiges und dramatisches Phänomen, das in der stürmischen, von Widersprüchen, Ungerechtigkeit und Gewalttätigkeit geprägten Entwicklung unseres Landes wurzelt und dem der Anblick der öffentlichen Unmoral und Korruption Vorschub leistet und zum Vorwand dient. In erster Linie ist es deshalb notwendig, eine gerechte Gesellschaftsordnung zu schaffen und ein neues Klima der Sittenstrenge und des staatsbürgerlichen Engagements herbeizuführen, um das Ausmaß des Phänomens einzugrenzen und der Zunahme des organisierten Verbrechens entgegenzuwirken.

Gleichzeitig damit müssen jedoch die Ordnungskräfte wirklich in Stand gesetzt werden, die gemeinen wie auch politischen Verbrechen zu verhüten und zu bekämpfen. Die Polizei muß die erforderliche technische Schulung und Bildung erhalten, sie muß zur Einhaltung der demokratischen Verfassungsgrundsätze erzogen werden und sich bewußt sein, im Dienste aller Staatsbürger zu stehen. Der Polizist, der seine schwierige und harte Arbeit im Interesse der Sicherheit der Bürger leistet, muß selbst im vollen Besitz aller bürgerlichen und politischen Rechte sein. Ihm müssen eine befriedigende finanzielle Behandlung und angemessene Arbeitsbedingungen garantiert werden. Die Polizei muß (wie schon früher einmal) als ein ziviles Korps betrachtet werden. Die Polizisten und Offiziere müssen das Recht haben, sich gewerkschaftlich zu organisieren, und zwar in Formen, die die ganz spezifischen Merkmale des Bereichs berücksichtigen.

Zur Lösung des Problems der öffentlichen Sicherheit und des Kampfs gegen die Kriminalität wird die Kommunistische Partei vorschlagen, für die Aufgaben der Verbrechensverhütung und -bekämpfung dringend Kräfte der Polizei und der Carabinieri abzustellen, die heute für administrative und bürokratische Aufgaben eingesetzt sind, und diese bürokratischen Aufgaben selbst, mit denen gegenwärtig die Polizei betraut ist, drastisch einzuschränken, indem sie zivilen Behörden und in erster Linie den Regionen und Gemeinden übertragen werden. Wenn man bedenkt, daß heute nur ein sehr geringer Teil der Polizei im Polizeivollzug eingesetzt wird, dann könnten durch eine derartige Übertragung der Funktionen die in der Verbrechensbekämpfung eingesetzten Kräfte rasch auf das Zwei- oder Dreifache anwachsen.

Effizienz der Ordnungskräfte im Kampf gegen die gemeinen und politischen Verbrechen und eine absolute Achtung der Rechte und des Lebens der Bürger können und müssen bei der Entwicklung eines demokratischen Staates, für dessen Forderung und Unterstützung wir Kommunisten uns zusammen mit allen anderen antifaschistischen Kräften auch mit diesem Programm verpflichten, voll miteinander in Einklang stehen.

5 Gesellschaftlicher Fortschritt und eine neue Gesellschaft

Die Entwicklung der italienischen Gesellschaft in den letzten Jahren war dadurch gekennzeichnet, daß mit Macht neue Forderungen nach Freiheit und Erneuerung zum Durchbruch kamen, daß neue Kräfte als Protagonisten des politischen und gesellschaftlichen Lebens auf den Plan traten und die spezifische pluralistische Dialektik unseres Landes noch vielfältiger geworden ist. Die Bemühungen um politische Synthese, die von den demokratischen Parteien und den gewählten Organen ständig unternommen werden müssen, die Durchsetzung einer starken und mit Autorität ausgestatteten politischen Führung und die Verwirklichung eines neuen Klimas der Selbstdisziplin und des gemeinsamen Engagements – das angesichts der Schwere der nationalen Krise notwendig ist – setzen die volle Wahrung aller Persönlichkeitsrechte, den weiteren Ausbau aller Formen der demokratischen Beteiligung und die Entfaltung einer möglichst offenen politischen und kulturellen Auseinandersetzung voraus. Wir Kommunisten sind mehr denn je davon überzeugt, daß dieser Weg – der Weg des demokratischen Konsensus – eingeschlagen werden muß, um Italien aus der Krise herauszuführen und das Land – auf lange Sicht – auf dem Wege zum Sozialismus voranzubringen.

Recht der freien Meinungsäußerung und Informationsfreiheit

Die in der Verfassung verankerten Freiheiten werden auch heute noch nicht voll anerkannt und verwirklicht: wir Kommunisten sind der Ansicht, daß das Parlament vor allem so bald wie möglich Maßnahmen ergreifen muß, um das Recht auf freie Meinungsäußerung und künstlerische Ausdrucksfreiheit zu garantieren, indem endlich die Bestimmungen über die Gesinnungsdelikte aufgehoben, jede Form von administrativer Zensur beseitigt und die Eingriffe der Justiz streng geregelt werden; es gilt Maßnahmen zu ergreifen, um auf dem Gebiet der journalistischen Information eine effektive Freiheit und einen wahren Pluralismus zu gewährleisten und zu fördern und um – in Anwendung des Reformgesetzes der RAI-TV (staatlichen Rundfunk- und Fernsehanstalt, d.Übers), das in der vergangenen Legislaturperiode verabschiedet wurde und der »Pfründenwirtschaft« den Kampf ansagte und ein Ende setzte – eine korrekte demokratische Verwaltung der Rundfunk- und Fernsehanstalten zu gewährleisten, die sich an den Grundsätzen des Pluralismus, der Objektivität der Information und der beruflichen Unabhängigkeit orientiert.

Religionsfreiheit, Revision des Konkordats Trennung von Kirche und Staat

Die volle Anerkennung der Religionsfreiheit, der Autonomie aller religiösen Organisationen und der Kirchen und die eindeutige Bekräftigung der Souveränität und Unabhängigkeit des italienischen Staates und der Katholischen Kirche drängen auf die Lösung eines Problems, dem die von der DC geführten Regierungen auch in den letzten Jahren auf unzulässige Weise ausgewichen sind, nämlich des Problems, die Regelung der Beziehungen zwischen Kirche und Staat – die gegenwärtig auf dem Konkordat aus dem Jahre 1929 basiert – in beiderseitigem Einverständnis der neuen Wirklichkeit des Landes anzupassen.

Der weltlich-profane Charakter des Staates darf dabei nicht nur im Sinne der Unabhängigkeit der Kirche verstanden werden, sondern in dem allgemeineren Sinne, daß der Staat weder zum Träger irgendeiner parteiischen Weltanschauung werden noch diese oder jene kulturelle, philosophische, wissenschaftliche oder künstlerische Richtung bevorzugen darf.

Der Staat muß Garant des freien Vergleichs der Ideen sein. Von einer vollständigen, konsequenten Verwirklichung dieses Prinzips, dieser Konzeption, die für uns auch in der Perspektive des Sozialismus gültig ist, sind wir in Italien noch weit entfernt.

Für die Entfaltung der nationalen, ethnischen und sprachlichen Minderheiten

Im Rahmen einer vollständigen und fruchtbareren Entwicklung der Demokratie und des gesellschaftlichen Fortschritts unseres Landes ist es notwendig, die Verfassungsbestimmungen, die die Rechte und die freie Entfaltung der nationalen, ethnischen und sprachlichen Minderheiten regeln, voll zu verwirklichen. Was die slowenische nationale Minderheit anbelangt, die in Friaul-Julisch Venetien lebt, so müssen ihre legitimen Forderungen nach Gebrauch ihrer Sprache in den örtlichen Behörden und im Umgang mit der öffentlichen Verwaltung sowie die Forderung neuer Bestimmungen« für den umfassenden Schutz der Belange dieser Bevölkerung erfüllt werden.

Was die in Südtirol lebenden deutsch- und ladinischsprachigen Minderheiten betrifft, ist es notwendig, daß die Regierung – in Übereinstimmung mit den von den örtlichen gewählten Organen zum Ausdruck gebrachten Zielsetzungen – unverzüglich alle noch ausstehenden Maßnahmen, die in den diesbezüglichen Vereinbarungen vorgesehen sind, beschließt und veranlaßt, daß die noch nicht beschlossenen Durchführungsbestimmungen des neuen Autonomiestatuts verabschiedet werden.

Volle Anerkennung der Forderungen der Frauenbewegung

Unter dem zunehmenden Druck einer immer breiteren Öffentlichkeit sind in den letzten Jahren auf dem Wege der Erweiterung der Bürgerrechte und der demokratischen Beteiligung im großen und ganzen Fortschritte erzielt worden, zu denen die Kommunistische Partei einen eigenständigen und entscheidenden Beitrag geleistet hat. Aber neue, wesentliche Schritte müssen in erster Linie auf dem Gebiet der breitesten Anerkennung und Erfüllung der Forderungen der Bewegung, die für die Emanzipation und Befreiung der Frau kämpft, unternommen werden. Das beispiellose Anwachsen dieser Bewegung ist eines der wichtigsten und bedeutsamsten Ereignisse in der jüngsten Entwicklung der italienischen Gesellschaft.

In breiten Massen von Frauen ist ein neues Selbstbewußtsein herangereift: immer stärker wird heute der Wunsch der Frauen, selbständig am gesellschaftlichen, kulturellen und politischen Leben teilzunehmen und selbst die zwischenmenschlichen Beziehungen auf der Grundlage der großen Ideen der Gleichheit, der Würde und der vollen Entfaltung der Persönlichkeit des Einzelnen neu zu gestalten. Der Verlauf und der Erfolg des Kampfes gegen die Aufhebung des Scheidungsgesetzes haben dieses Erwachen und diese Bewußtwerdung breiter Schichten der weiblichen Massen anschaulich gezeigt. Alles das deutet auf die Entfaltung bedeutender und vielfältiger demokratischer Möglichkeiten hin und stellt einen mächtigen Impuls zur politischen, gesellschaftlichen und geistigen Erneuerung der italienischen Gesellschaft dar. Voraussetzung für die Konsolidierung und die Wiederbelebung der italienischen Demokratie ist auch, daß alle politischen Kräfte demokratischer Gesinnung wirklich fähig sind, auf diese neue Präsenz und diese neuen Bedürfnisse der Frauen mit neuen Initiativen zu reagieren.

Hand in Hand mit einer Politik, die in allen Bereichen alle Hindernisse zu beseitigen sucht, die der freien Entfaltung der Persönlichkeit der Frau im Wege stehen, muß alles getan werden, um aus den italienischen Gesetzen und aus der täglichen Praxis alle noch verbliebenen Formen der Diskriminierung der Frauen zu tilgen, sowohl auf dem Gebiet der Arbeitsvermittlung als auch im Hinblick auf die steuerliche Behandlung und die Sozialversicherung, hinsichtlich der Schulstrukturen ebenso wie auf dem Gebiet der Wahlen zu den bäuerlichen Krankenkassen. Unerläßlich sind die – bisher sehr unzulängliche – Wachsamkeit und Initiative der Regierung im Hinblick auf die vollständige Verwirklichung der wichtigen Ergebnisse, die in der Gesetzgebung schon erzielt worden sind, ebenso wie neue gesetzgeberische Eingriffe im Rahmen einer vielfältigen Gesamtaktion, die darauf zielt, der Frau volle Gleichberechtigung zu garantieren und ihre vollwertige Teilnahme am gesellschaftlichen, wirtschaftlichen und politischen Leben zu ermöglichen.

In diesem Zusammenhang weisen wir Kommunisten anhand der wichtigen Erfahrungen, die in Gemeinden und Regionen schon verwirklicht worden sind, auf die Notwendigkeit eines Systems hin, aufgrunddessen die Regierung und das Parlament bei der Entscheidung über alle Fragen, die für die weiblichen Massen von besonderer Bedeutung sind, die Frauenverbände und -bewegungen zu Rate ziehen.

Eine neue Jugendpolitik

Aufgrund der Kämpfe der Jugendlichen und des Einsatzes der Kommunisten und anderer demokratischer Kräfte im Parlament, in den Regionen und den Gebietskörperschaften ist es in den letzten Jahren gelungen, einige Erfolge zu erringen, die die demokratischen Rechte und die Möglichkeiten der Beteiligung der Jugend und andere, spezifischere Möglichkeiten erweitern und es erlauben, Maßnahmen gegen die Zerfallserscheinungen einzuleiten und insbesondere die Verbreitung und die Folgen des Rauschgifts zu bekämpfen. Die DC und die herrschenden Klassen tragen allerdings die Verantwortung dafür, daß in Italien niemals eine effektive und konsequente Politik durchgeführt worden ist, die sich mit den Problemen des Lebens der Jugendlichen auseinandersetzt. Auch auf diesem Gebiet erscheint eine tiefgreifende Wende notwendig.

Es ist erforderlich, daß das Parlament, das am 20. Juni gewählt werden wird, und die aus ihm hervorgehende Regierung sich mit den politischen und Massenorganisationen der Jugend regelmäßig beraten. Darüber hinaus könnte das Parlament als Grundlage für eine organische Gesetzgebungstätigkeit eine Untersuchung über die Situation der Jugendlichen anregen. Worauf es ankommt, ist, das Rauschgiftgesetz durch eine Aufwertung der Funktion der Regionen und der Gebietskörperschaften couragiert durchzusetzen und auf dem Gebiet der Jugendkriminalität eine Politik zu verfolgen, die auf Verhütung statt auf Verfolgung zielt und eine Reform des gegenwärtigen Systems der Umerziehung anstrebt, um die Wiedereingliederung der minderjährigen Straffälligen in die Gesellschaft zu gewährleisten. Die Jugend ist darüber hinaus an einer Politik der kulturellen Dezentralisierung, an einer breiten Streuung von Stätten der Begegnung und der gemeinsamen Freizeitgestaltung interessiert. Auf dem Gebiet des Sports, des Fremdenverkehrs und der Erholung gilt es, eine Reform durchzuführen, die nutzlose Organismen und Strukturen der Klientelwirtschaft auflöst und die Entfaltung der Initiative des Staates und der

Eigeninitiative der Jugendlichen und der demokratischen Bewegung ermöglicht.

Sitten und Gesetze:Regelung der Schwangerschaftsunterbrechung

Die jüngste Geschichte Italiens hat einen tiefgreifenden Wandel der Sitten offenbart. Die Vorgänge um das Referendum über das Scheidungsgesetz und um das Familienrecht sowie die jüngsten Ereignisse um das Abtreibungsgesetz beweisen, wie tief in Italien der Wunsch nach einer Neugestaltung der Beziehungen zwischen Sitten und Gesetzen ist und wie groß andererseits der Schaden für das Land, für seinen gesellschaftlichen Fortschritt und die Funktionsfähigkeit unseres demokratischen Systems ist, den die DC durch die Versäumnisse und ihre Weigerung, die Gesetze den Bedürfnissen einer sich wandelnden Gesellschaft anzupassen, verursacht. Große Massenkämpfe sind notwendig gewesen, um das Recht auf Ehescheidung durchzusetzen und zu sichern und ein neues Familienrecht einzuführen; erst jetzt werden staatliche Eingriffe auf dem Gebiet der Geburtenkontrolle in die Wege geleitet, während das Problem einer Neuregelung der Schwangerschaftsunterbrechung noch nicht gelöst ist, trotz des Drucks der aufgeklärtesten Teile der Öffentlichkeit und der beharrlichen Bemühungen von uns Kommunisten, um die Absprachen zu ermöglichen und herbeizuführen, die in jeder Hinsicht notwendig waren, um zur Verabschiedung eines positiven Gesetzes zu gelangen. Daß ein Gesetz, dessen wesentliche Grundlagen schon gelegt waren, aufgrund der ablehnenden Haltung, die in der DC überwog, dann doch nicht verabschiedet wurde, hat die Kluft zwischen den geltenden Bestimmungen, die nicht nur unerträglich repressiv, sondern auch unwirksam sind, und der realen Situation in Italien noch vertieft, einer Situation, die vor allem durch die weitverbreitete Praxis der illegalen Abtreibung gekennzeichnet ist, die unter Bedingungen vorgenommen wird, die die Frau entwürdigen und ihre Gesundheit und ihr Leben gefährden.

Bewältigung der Krise und Gewährleistung einer neuen Entwicklung der kulturellen und wissenschaftlichen Einrichtungen

Wir Kommunisten bekräftigen noch einmal, daß wir uns auf den zahlreichen Gebieten – Einführung der Sexualerziehung in den Schulen, Aufbau eines breiten Netzes von Familienberatungsstellen – einsetzen werden, auf denen Initiativen ergriffen werden müssen, wenn man die Misere der Abtreibung lindern und eine wirklich freie und verantwortungsbewußte Generation heranziehen möchte, und schlagen deshalb vor, die Frage der Schwangerschaftsunterbrechung als einen der ersten Punkte auf die Tagesordnung des neugewählten Parlaments zu setzen. Es gilt, sich um eine einheitliche Analyse und Konvergenz zu bemühen, um schnell ein Gesetz auszuarbeiten, das die Abtreibung legalisiert, ihr, sofern sie sich als notwendig erweist, die volle Solidarität und Unterstützung zusichert und der hauptsächlichen Verantwortlichkeit der Frau Geltung verschafft.

Hand in Hand mit den Veränderungen der Lebensgewohnheiten haben breite Schichten der italienischen Gesellschaft in den letzten Jahren auch eine sehr viel größere Aufgeschlossenheit gegenüber den kulturellen Problemen entwickelt, die in bedeutsamen Entwicklungen im kulturellen Leben Italiens ihren Niederschlag gefunden hat. So ist es einerseits zu einer Verbesserung des durchschnittlichen Bildungsniveaus des italienischen Volkes und zu einem wachsenden Interesse vor allem der Jugend am Theater und an den Kunst- und Geisteswerken gekommen, während sich andererseits die Tendenzen zur Dezentralisierung und zur kulturellen Massenorganisation verstärken, das gesellschaftliche und demokratische Engagement der immer zahlreicheren Intellektuellen, die sich dem Geschick des italienischen Staates und der italienischen Gesellschaft immer stärker verbunden fühlen, zunimmt und die Gebietskörperschaften – Regionen, Gemeinden und Provinzen – eine vielfältige und konkrete Aktivität des Schutzes, der Förderung und Leitung entfalten.

Die Rolle des Staates ist dagegen nach wie vor äußerst negativ gewesen, und die Verantwortung dafür fällt der DC und den von ihr geführten Regierungen zu. Die öffentlichen Bildungsausgaben sind allmählich zwar immer höher, aber gleichzeitig auch immer unproduktiver geworden. Man hat sich mal auf sektorale Eingriffe, mal auf reine Notstandsmaßnahmen und mal auf Hilfsmaßnahmen beschränkt: dabei fehlte gänzlich die Ausarbeitung einer neuen Idee, die Bestimmung der Stellung, die die Wissenschaft und Kultur einnehmen sollten, und der Rolle, die man den Intellektuellen im Leben und in der Entwicklung Italiens zuweisen will.

In Italien haben sich Versäumnisse und Widersprüche angesammelt. Ein ungeheurer Reichtum an Kulturgütern und Naturschätzen ist in sträflicher Weise der Verwahrlosung und der Zerstörung anheimgegeben worden, der Genuß des Kollektivbesitzes von Museen, Produkten und Zeugnissen der Kunst sowie der Bibliotheken ist der Öffentlichkeit verwehrt, das Netz von Theatern und Opernhäusern ist zur finanziellen Zerrüttung verurteilt worden, ohne daß die Forderungen nach der längst überfälligen Reform und Neuordnung erfüllt werden; die wissenschaftliche Forschung ist in zunehmendem Maße ihrem Schicksal überlassen worden. Die Einsetzung des Ministeriums für Kulturgüter schließlich hatte weder Hand noch Fuß und hat, zumindest in dem kurzen Zeitraum seiner bisherigen Erfahrung, kaum etwas Bedeutendes und Neues vollbracht. Einigen wichtigen Übereinkommen, die sich zwischen den demokratischen politischen Kräften abgezeichnet hatten – wie beispielsweise im Hinblick auf die Gesetze zur wissenschaftlichen Forschung und über die Opernhäuser – ist durch die vorzeitige Auflösung der Kammern ein jähes Ende gemacht worden. Diese negative Bilanz ist nicht zu trennen von der in den letzten Jahren zu verzeichnenden ernsten Zuspitzung der Krise der Strukturen und Zielsetzungen im Schul- und Hochschulbereich, auf die wir bereits hingewiesen haben, und von der auch im Verlauf der letzten Legislaturperiode versäumten Reform der höheren Schule und Universität.

Wir Kommunisten sind der Auffassung, daß der Krise, in die die kulturellen und wissenschaftlichen Einrichtungen geraten sind, unverzüglich begegnet werden muß, wenn verhindert werden soll, daß sich einer der Faktoren, die am stärksten zum Verfall der ganzen Gesellschaft beitragen, noch weiter verschlimmert. Das erfordert die Neugestaltung der Beziehungen zwischen den Organen der Zentralgewalt und denen der örtlichen Gewalt im Hinblick auf den Schutz und die Erschließung der Kulturgüter, die rasche Verabschiedung von Gesetzen zur Finanzierung und Reform ganzer Bereiche wie des Theaters, des Films und der Musik, sowie einen planmäßigen Einsatz der Mittel, der die Würde und den Fortbestand der großen Kulturinstitutionen von nationaler und internationaler Bedeutung sichert, durch die baldige Verabschiedung des Gesetzes zur Förderung der wissenschaftlichen Forschung, das schon in dem Text, der von den demokratischen Parteien im parlamentarischen Ausschuß vereinbart worden war, wesentliche Bestimmungen für eine Reform und Neugestaltung der wissenschaftlichen Grundlagenforschung und der angewandten Wissenschaften enthielt.

Diese Maßnahmen müssen darauf zielen, das Niveau der wissenschaftlichen Leistung der Kultureinrichtungen zu verbessern, eine umfassendere Beteiligung am kulturellen Leben herbeizuführen, insbesondere den demokratischen Zusammenschlüssen in kulturellen Massenverbänden eine spezifische Rolle und zunehmende Bedeutung zuzuerkennen und konkret dazu beizutragen, bei den Bemühungen um die Bewältigung der allgemeinen Krise der italienischen Gesellschaft neue Werte zur Geltung zu bringen. Denselben Zweck verfolgen die von uns vorgeschlagenen Reformen des Schul- und Hochschulbereichs, die in einem noch viel direkteren Zusammenhang zu der ganzen Problematik einer neuartigen Entwicklung und des Fortschritts unseres Landes stehen.

Die Grundzüge einer neuen Gesellschaft

Auf diese Weise ist es möglich, die Grundzüge der *neuen Gesellschaft*, des neuen Italien, das unserer Ansicht nach aus der gegenwärtigen Krise erstehen kann, in ihren Umrissen zu erahnen.

Neue Werte sind bereits aus den Erfahrungen hervorgegangen, die die italienische Gesellschaft in den letzten Jahren erlebt hat, aus den schwierigen, widerspruchsvollen Erfahrungen, die aber unvergleichlich reich an Fermenten und positiven Errungenschaften waren.

Sprechen wir vor allem von den moralischen Werten, da dies ein Gebiet ist, auf dem man Gefahr läuft, daß einmal entstandene Schäden nicht wiedergutzumachen sind. Von der in den sozialen Kämpfen gezeigten Solidarität bis hin zu den Forderungen nach Gleichberechtigung in der Schule und am Arbeitsplatz, von den Initiativen zur Wiedereingliederung der Randgruppen und der Ausgeschlossenen in das Leben der Gesellschaft bis hin zu dem Willen nach einer verbesserten Lebensqualität, der sich in der Forderung des Rechts auf Gesundheit und auf Bildung äußert, von dem Geist der Toleranz und der gesitteten Auseinandersetzung im Kampf der Ideen bis hin zum schöpferischen Pluralismus in der Kultur und in der Kunst, in all diesen Erfahrungen, die Millionen von Italienern erlebt haben, zeichnet sich schon die Tendenz zur Heranbildung einer neuen Moral ab, die dem Egoismus, den Privilegien, der Absonderung der Schwachen, dem psychischen und körperlichen Verfall der Menschen, der Anmaßung und dem Dogmatismus entgegenzutreten sucht.

Sprechen wir von den politischen Erfahrungen: im Gewerkschaftsleben, in den Erfahrungen der Lokal- und Regionalverwaltungen und in der parlamentarischen Arbeit der Vorbereitung der Gesetze reift gegenwärtig eine Situation heran, die es in Italien noch nie gegeben hatte und die in anderen Ländern kaum Entsprechung findet, nämlich die Möglichkeit einer Zusammenarbeit zwischen verschiedenen Kräften, die sich für gemeinsame politische und gesellschaftliche Ziele einsetzen, die im Interesse der Allgemeinheit verwirklicht werden müssen, wobei sie ihre eigene Ideologie keineswegs aufgeben, sondern sie vielmehr als eine fruchtbare Grundlage ihrer Analyse betrachten.

Auch auf dem Gebiet der Produktion, der möglichen Vermehrung der Ressourcen unseres Landes hat die Erfahrung der Zeiten des stärksten und stürmischsten Wirtschaftswachstums zwar auch die sehr schwerwiegenden Verzerrungen hervorgebracht, die durch die Entscheidungen der Regierung und der herrschenden Konzerne bedingt waren, aber hat vor allen Dingen den Unternehmergeist, den Fleiß und die Erfindungsgabe breiter Schichten von Unternehmern offenbart und gezeigt, daß die Werktätigen, die sich zu Recht darum bemühen, sich Formen unerträglicher Ausbeutung zu widersetzen und eine wesentliche Verbesserung ihrer Situation zu erkämpfen, bereit sind, zu einem Sprung nach vorn der italienischen Wirtschaft auf dem Gebiet der Produktion und der Technologie beizutragen: Eigenschaften, die heute durch die Mißregierung zunichte gemacht werden, die sich aber im Hinblick auf eine Entwicklung der Landwirtschaft und der Industrie, die auch einen Fortschritt der ganzen Gesellschaft darstellt, als wertvoll erweisen könnten.

Es gilt, diesen Entwicklungen, denen sich starke Widerstände entgegenstellen und die sich in vieler Hinsicht erst in den Anfängen befinden, Kontinuität und festumrissene Zielsetzungen zu geben. Aus der Gesamtheit unserer Vorschläge – die zum großen Teil die Ergebnisse einer gemeinsamen und dieselben Ziele verfolgenden Arbeit verschiedener politischer und gesellschaftlicher Kräfte darstellen – ergeben sich einige wesentliche Merkmale der neuen italienischen Gesellschaft, wie sie aus der gegenwärtigen Krise hervorgehen und sich allmählich dank des Beitrags verschiedener geistiger, politischer und kultureller Kräfte und Tendenzen entwickeln kann:

– eine Situation größerer Gerechtigkeit und höheren Wohlstands für die ganze Bevölkerung, nicht in dem Sinne, daß alle nach überflüssigen Gütern streben und die Möglichkeit haben, sie zu kaufen, nicht im Sinne einer mechanischen und verschwenderischen Expansion des Privatverbrauchs, sondern in dem Sinne der Befriedigung der Grundbedürfnisse (Ernährung, Wohnung, Gesundheit, Bildung) aller, als freie Entfaltung der Persönlichkeit und des Lebens des Einzelnen und als Anregung zu höheren Bedürfnissen, die den kulturellen und gesellschaftlichen Fortschritt der Bürger und der Nation begünstigen;

– eine wachsende Anzahl von Arbeitenden und Technikern, die unmittelbar in der Produktion tätig sind, zu deren Gunsten die heute bestehende Lohnskala und das gegenwärtige System der Sonderzulagen verändert werden müssen, um die Ressourcen des Landes zu nutzen und zu mehren;

– die schrittweise, aber planmäßige Beseitigung der geschichtlich gewachsenen Ungleichgewichte und der neuen Widersprüche der italienischen Gesellschaft: hierzu gehören die Arbeitslosigkeit und der niedrige Anteil der Erwerbspersonen an der Gesamtbevölkerung, das Gefälle zwischen Nord- und Süditalien im Hinblick auf Produktion, Einkommen, Infrastrukturen und Bildungsniveau, die Rückständigkeit und der Verfall der ländlichen Gebiete und der kleineren Städte und die Zusammenballung in den großstädtischen Ballungsräumen, die Misere der ständigen Emigration ins Ausland und der Zwangswanderungen innerhalb Italiens, die Benachteiligung der Frau am Arbeitsplatz und im gesellschaftlichen Leben, die Zerrüttung des Landes und der Verfall der Kunst- und Geschichtsdenkmäler und der natürlichen Umwelt, die technisch-wissenschaftliche Rückständigkeit und der Fortbestand obskurantistischer Bereiche in der Kultur;

– ein in demokratischem Sinne umstrukturierter Staat, in dem die Schwerfälligkeit der bürokratischen Prozeduren abgebaut und alle Erfahrungen der kommunalen und infrakommunalen Selbstverwaltung, der Beteiligung an der Leitung der Wirtschaft und der sozialen Einrichtungen, der regionalen Dezentralisierung und der Modernisierung und Transparenz des zentralen Staatsapparates im Rahmen einer neuen nationalen und wirklich einheitlichen politischen Führung ausgewertet werden;

– eine möglichst vielfältige Öffnung und Zunahme der Beziehungen zu den kapitalistischen Ländern, in erster Linie im Rahmen der Europäischen Gemeinschaft, sowie mit den sozialistischen Ländern und den Entwicklungsländern auf der Grundlage einer vollen Ausnutzung der besonderen geographischen Lage Italiens, seiner Produktions- und technischen Möglichkeiten und seiner internationalistischen Traditionen und Erfahrungen.

In dieser neuen italienischen Gesellschaft, die als fernes Ziel angestrebt werden muß, werden nicht alle unter denselben Bedingungen leben wie heute. Es bestehen gegenwärtig Positionen unerhörten Privilegs oder ungerechtfertigter Vorteile, die aufgegeben werden müssen, nicht nur zugunsten einer Erhöhung des Einkommens und des Lebensstandards der Schichten, die bisher in der gesellschaftlichen Rangordnung die untersten Plätze einnahmen, sondern auch zugunsten einer Verbesserung der Lebensqualität, eines echten gesellschaftlichen Fortschritts für alle.

Unter Berufung auf diese Perspektive können wir uns vertrauensvoll an alle gesunden Kräfte des Landes und vor allem an die jungen Generationen wenden, die die Gefahren und Erscheinungen der geistigen und moralischen Krise, denen sie ausgesetzt sind, nur dann überwinden und dazu herangezogen werden können, einen entscheidenden Beitrag zur Rettung Italiens zu leisten, wenn sich das Ziel und das Bild einer von Grund auf erneuerten Gesellschaft klar vor ihnen abzeichnet.

6 Italiens Stellung in der Welt

Das Werk der Sanierung und Erneuerung der italienischen Gesellschaft, der Wirtschaft und des Staates, – auf das wir Kommunisten hindrängen und das wir in seinen großen Linien aufgezeigt haben – ist die Voraussetzung für eine neue Rolle und ein neues Ansehen Italiens auf internationaler Ebene.

Die schwerwiegende wirtschaftliche, soziale und politische Krise und die Unfähigkeit der verschiedenen von der DC geführten Regierungen, ihrer Herr zu werden, hat die internationale Stellung Italiens ernstlich geschwächt. Alle Versuche, Befürchtungen über die internationalen Auswirkungen einer kommunistischen Regierungsbeteiligung zu schüren, können nicht über die Tatsache hinwegtäuschen, daß unser Land in diesen Jahren innerhalb der Europäischen Wirtschaftsgemeinschaft und in den internationalen Beziehungen zu einem Unsicherheitsfaktor geworden ist. Es gilt deshalb, diese Situation umzukehren, um wieder Vertrauen und Glaubwürdigkeit gewinnen zu können. Der größte Beitrag zu Europa und zum Europa-Gedanken, den Italien in dieser Phase leisten kann und muß, besteht darin, ernsthaft und entschieden an die Beseitigung der grundlegenden Ursachen der Krise heranzugehen, eine tiefgreifende Erneuerung vorzunehmen und – mit einer neuen politischen Führung – eine neue demokratische Stabilität zu erlangen. Das liegt sowohl im Interesse unseres Volks als auch im Interesse aller anderen Völker, die mit Italien auch innerhalb derselben Bündnisse zusammenleben und jedenfalls in ein gemeinsames System internationaler Beziehungen und internationaler Zusammenarbeit eingeordnet sind, das immer vielschichtiger und umfassender wird. Die schwerste Schuld, die der DC anzulasten ist, ist die, eine Politik betrieben zu haben, die den Verlust des italienischen Ansehens und die Verschuldung und Abhängigkeit unseres Landes vom Ausland herbeigeführt und noch verstärkt hat und die den Rückstand Italiens auf dem

Gebiet der wirtschaftlichen und gesellschaftlichen Entwicklung im Vergleich zu den fortgeschrittensten Ländern Westeuropas noch vergrößert hat. Diese Situation muß dringend beendet werden, wenn man verhindern will, daß das Europa der Neun sich in zwei Teile spaltet und sich ungleich rasch fortentwickelt. Nur eine Politik wie die, die die Kommunisten vorschlagen und die sich ohne ihren Beitrag auf jeden Fall nicht verwirklichen läßt, kann bewirken, daß Italien seinen Rückstand aufholt und Anschluß an Europa findet, in dem Sinne, daß unser Land nicht länger ein kraftloses Anhängsel ist, sondern eine vitale Komponente wird, deren Beitrag der ganzen Gemeinschaft zugute kommen kann. Auf außenpolitischem Gebiet müssen die demokratischen Kräfte alle, von welcher Seite auch immer kommenden Versuche, die nationale Unabhängigkeit zu beeinträchtigen und sich in die souveränen Entscheidungen unseres Volkes einzumischen, zurückweisen und darauf hinwirken, Italien innerhalb der Europäischen Wirtschaftsgemeinschaft eine aktivere und angemessenere Stellung zu sichern, ein immer vielfältigeres Netz der freundschaftlichen Beziehungen und der Zusammenarbeit mit den Vereinigten Staaten und den sozialistischen Ländern herzustellen und neue, fruchtbare Beziehungen zu den Ländern der Dritten Welt anzuknüpfen, die immer erfolgreicher um ihre – auch ökonomische – Unabhängigkeit kämpfen und ihren Anspruch auf eine aktive Rolle in der Gestaltung des Friedens und in der internationalen Arbeitsteilung geltend machen.

Die Rolle Europas

Bei der Erneuerung der europäischen Gesellschaften fällt der Arbeiterbewegung und den Kräften der europäischen Linken eine in demokratischem Sinne neue und entscheidende Rolle zu. Die italienische Krise ist nur ein Aspekt der umfassenderen Krise Europas und der westlichen kapitalistischen Länder und, noch allgemeiner gesehen, der aus dem Zweiten Weltkrieg hervorgegangenen internationalen Ordnung und Struktur. Aus dieser Feststellung ergibt sich unsere klare und konsequente Entscheidung. Sie entspringt der Überzeugung, daß die gegenwärtige Krise der kapitalistischen Welt nicht nur eine Bedrohung für die Wirtschaft und die demokratische Entwicklung der europäischen Gesellschaften darstellt, sondern auch die Gefahr eines historischen Niedergangs dieses Teils der Welt heraufbeschwört. Es ist deshalb für die Arbeiterbewegung eine Lebensfrage, daß Westeuropa und insbesondere das Europa der Neun seine Rolle als selbständige Kraft auf der Weltbühne sichert und ausbaut. Wenn wir uns in diesem Rahmen für den Weg einer Entwicklung Italiens in Richtung auf den Sozialismus entscheiden, bei dem die Demokratie und der Pluralismus gewahrt und die politischen und Bürgerrechte verteidigt und erweitert werden, so verstellen wir uns dabei weder, noch geben wir damit unsere Identität auf. Wir entscheiden uns vielmehr für den einzigen Weg, der es der Arbeiterklasse im Westen ermöglichen kann, eine neue Führungsrolle zu übernehmen, sofern sie die Aufgabe erfüllt, alle Errungenschaften und alle positiven Werte zu verteidigen und zur Entfaltung zu bringen, die sich in den vergangenen Jahrhunderten im Verlaufe der langen, stürmischen geschichtlichen Entwicklung Europas durchgesetzt haben. In ganz Westeuropa weist die Frage der Zusammenarbeit zwischen den demokratischen und Volkskräften heute neue Aspekte auf: es ist zum ersten Mal die Möglichkeit gegeben, ein großes gemeinsames Werk in Angriff zu nehmen, nämlich das Werk der Einheit und der Erneuerung Europas, wo die einzelnen Komponenten ihre charakteristischen Merkmale und ihre eigenständigen und spezifischen Werte nicht verwischen, sondern voll zur Entfaltung bringen.

Nur in diesem Rahmen wird Italien wieder eine große Weltgeltung erlangen können, weil alles das, was Italien ausmacht – sein Reichtum an geschichtlichen, geistigen und menschlichen Werten – nur in diesem Rahmen und in dieser Perspektive wirklich zum Tragen gebracht werden kann. Außerhalb dieser Perspektive ist Italien dazu verurteilt, in zunehmendem Maße an den Rand des Weltgeschehens gedrängt zu werden und zum Gegenstand der Entscheidungen anderer Mächte zu werden. Die Übernahme einer neuen Regierungsverantwortung durch die Kommunistische Partei ist keine Gefahr, sondern eine Garantie für die Geltung Italiens in Europa und in der Welt.

Die Außenpolitik Italiens

Die Notwendigkeit der Entspannungspolitik, der Politik der friedlichen Koexistenz, der internationalen Zusammenarbeit, der ausgewogenen und kontrollierten Rüstungsbeschränkung wird – ebenso wie die Notwendigkeit einer wirklichen europäischen Einheit – in Italien heute von einem breiten Spektrum von Kräften anerkannt. Eine effektive, konsequente und maßgebliche Präsenz und Initiative Italiens auf internationaler Ebene ist jedoch dadurch verhindert worden, daß innerhalb der von der DC geführten Regierungen immer noch antikommunistische Widerstände, kleinliche wahltaktische Befürchtungen, subalterne Vorstellungen und selbst Elemente der Korruption fortbestehen.

Die Italienische Kommunistische Partei bekräftigt, daß sie die internationalen Bündnisse Italiens anerkennt, und weist nachdrücklich auf das Recht und die Pflicht der Italiener hin, die volle innenpolitische Unabhängigkeit des Landes geltend zu machen und im Rahmen der republikanischen Verfassung alle politischen, wirtschafts- und gesellschaftspolitischen Lösungen zu verwirklichen, die notwendig sind, um unser Land aus der Krise herauszuführen. Gleichzeitig bekräftigt der PCI sein Bekenntnis zu einer Außenpolitik Italiens, die in erster Linie zur Festigung des Friedens beiträgt, in der tiefen Überzeugung, daß die Stärkung und der wahre Fortschritt der grandiosen Perspektive der friedlichen Koexistenz den aktiven Beitrag jedes Staates und jedes Volks erfordert und die wichtigste Voraussetzung für die Entwicklung und den Fortschritt auch in unserem Land darstellt. Es ist notwendig, daß die italienische Außenpolitik:

– die Entspannung, Zusammenarbeit und Sicherheit in Europa in Übereinstimmung mit den von der Konferenz von Helsinki aufgestellten Grundsätzen vorantreibt;

– dazu beiträgt, daß der Integrationsprozess der Europäischen Gemeinschaft verstärkt fortgesetzt wird und durch die notwendige Reform der EG-Politik auf den verschiedenen Gebieten und besondere Maßnahmen hinsichtlich der Politik der multinationalen Unternehmen sowie im Wege der Demokratisierung der Gemeinschaft innerhalb der EG neue politische, wirtschaftliche und soziale Gleichgewichte zum Durchbruch gelangen. Dieses Ziel ist auch mit der Wahl des Europäischen Parlaments und einer wesentlichen Ausweitung seiner Befugnisse zu verfolgen;

– gewährleistet, daß die wirtschaftlichen und kulturellen Belange und die Rechte der im Ausland beschäftigten Werktätigen wirksam geschützt werden, und zwar auf der Grundlage einer effektiven Verwirklichung der Ergebnisse des nationalen Kongresses über die Probleme der Emigration;

– für eine gerechte Friedenslösung in Nahost eintritt, die sich auf die Anerkennung der Daseinsberechtigung aller Staaten des Gebiets und die Anerkennung der nationalen Rechte des palästinensischen Volkes durch die Bildung eines Staates und die Umwandlung des Mittelmeers in ein Friedensmeer gründet;

– darauf hinwirkt, daß im Rahmen einer Politik der friedlichen Koexistenz zwischen den hochentwickelten Ländern und den Entwicklungsländern, insbesondere den Ländern Afrikas und des Mittelmeerraumes, neue, gleichberechtigte Beziehungen hergestellt werden, daß die Grundlagen für eine neue internationale Wirtschaftsordnung gelegt werden und die inzwischen dringliche Reform des Währungssystems vorgenommen wird;

– dem Kampf der Völker gegen den Faschismus und die Diktaturen, für die Freiheit und die nationale Unabhängigkeit ihre Unterstützung gewährt.

Eine wichtige Voraussetzung dieser Politik ist die Reform der Instrumente der italienischen Außenpolitik im Hinblick auf bessere Koordinierung unserer Präsenz in der EWG und eine wirksamere Vorausplanung unserer Initiative in den großen Wirtschaftsgebieten.

Der PCI will auch dadurch seinen Beitrag leisten, daß er seine Beziehungen zu allen demokratischen und linken Kräften – zu den kommunistischen, sozialistischen, sozialdemokratischen und christlich eingestellten Kräften wie auch zur Labour Party – weiter ausbaut, die alle zusammen aufgerufen sind, angesichts der Krise der westeuropäischen Länder eine positive Perspektive aufzuzeigen und für die Probleme einer von Grund auf gewandelten Welt angemessene Lösungen zu finden. Er will zur Verstärkung der freundschaftlichen Beziehungen zwischen der Italienischen Republik und den Vereinigten Staaten auf der Grundlage der historischen Bande, die das italienische und das amerikanische Volk einen, beitragen.

Er will im Rahmen der eigenen Autonomie und Unabhängigkeit die Beziehungen zu allen Kräften ausweiten, die im Kampf um den Aufbau einer gerechteren und fortgeschritteneren Welt in vorderster Linie stehen. Als große nationale und Volkskraft wollen die Kommunisten ihren positiven und konstruktiven Beitrag dazu leisten, daß die Verteidigung und Sicherheit Italiens im Rahmen der auf internationaler Ebene eingegangenen Verpflichtungen so wirksam wie möglich garantiert werden. Die Interessen der nationalen Verteidigung werden um so besser geschützt, je fester die Verbindung zwischen den Streitkräften und dem Volk ist, im gemeinsamen Bekenntnis zu den großen Idealen der Freiheit, der Demokratie, des Friedens und der Freundschaft zwischen den Völkern, die den Widerstandskampf beseelten und die der republikanischen Verfassung zugrundeliegen, und je größere Fortschritte in der internationalen Abrüstungs- und Sicherheitspolitik erzielt werden.

Kapitel 2
Die Machtverhältnisse nach den Nationalwahlen '76

Enrico Berlinguer
*Aufgaben und Initiativen zur Lösung der italienischen Probleme**

Herr Präsident, werte Kollegen, zu Beginn werde ich erklären, daß diese Regierung uns bei weitem nicht zufriedenstellt. Übrigens sind nicht nur wir Kommunisten mit ihr unzufrieden, sondern auch andere Parteien, so die Sozialistische Partei, die Sozialdemokratische Partei, die Republikanische Partei, die – nicht zufällig – nicht ein Vertrauensvotum, sondern ein Votum der Enthaltung angekündigt haben, aus jenen kritischen Beweggründen heraus, die wir im Senat und in diesem Haus gehört haben – und soeben auch vom Genossen Craxi –, und von denen viele auch unsere sind.

Auch außerhalb unserer Parlamentssäle, im Land, unter den Werktätigen, in ihren Organisationen, bei andern arbeitenden Kräften scheint mir nicht, daß die Bildung dieser christdemokratischen Einparteienregierung auch nur jenen Vertrauenskonsens – von Enthusiasmus gar nicht zu sprechen – hervorgerufen hat, der durch die Situation des Landes nach so und so viel Monaten eines praktischen Fehlens einer klaren, effizienten und erneuernden Regierungspolitik gefordert ist.

Diese Regierung hat also Merkmale, die schon an sich, wegen der überladenen Struktur und Zusammensetzung selbst und vor allem wegen der Vagheit ihrer allgemeinen politischen Zielsetzung zu einem ablehnenden Votum führen; aber gegenüber diesen negativen Elementen, diesem Bild von Unzulänglichkeiten, das so viele berechtigte Unschlüssigkeiten im Parlament und im Land ausgelöst hat, müssen auch andere Tatbestände mitbetrachtet werden; und unter diesen ein Faktum, das für unser politi-

---

*Rede in der Abgeordnetenkammer (camera), abgedruckt in: *Unità* vom 11. 8. 1976. Übers. von Angela Thaller.

sches und parlamentarisches Leben und in der Geschichte der Regierungen, die einander seit 29 Jahren gefolgt sind, absolut neu ist. Wir haben darauf gewartet, darüber hier, in diesem Haus, im Parlament, das aus der Wahl vom 20. Juni hervorgeht, und in der ersten Debatte, von der die VII. Legislaturperiode ausgeht, zu sprechen, weil dieses neue Faktum sich tatsächlich hier, in diesem Haus, in diesen Tagen, in seiner ganzen Klarheit vor dem italienischen Volk offenbart.

Worin besteht nun die grundsätzliche Neuheit? Sie besteht darin, daß die Verantwortung, dem Land eine Regierung zu geben, obwohl sie in erster Linie der Democrazia cristiana zukommt (weil diese immer noch, wenn auch knapp, die Partei der relativen Mehrheit ist), auch unsere Verantwortung ist, die Verantwortung der Kommunistischen Partei. Diese Neuheit ist auch jenen Bürgern, jenen Werktätigen und selbst jenen politischen Exponenten klar – sonnenklar würde ich sogar sagen –, die sie nicht gründlich begriffen haben, teilweise wegen der objektiven Schwierigkeiten, jedem Schritt und jeder Wendung des komplizierten politischen Geschehens, das zur heutigen Situation geführt hat, zu folgen, teilweise auch, weil sie noch bestimmten Schemata anhängen, oder wegen der Ängste, eine Realität zur Kenntnis nehmen zu müssen, die so verschieden ist von derjenigen, die sie sich vorgestellt oder erwartet haben.

Und die Realität sieht heute genau so aus: wenn es auch wahr ist, daß noch nicht alle Bedingungen gegeben sind, um dem Land diejenige Regierung zu geben, die wir gefordert haben und die wir für nötig erachten, um den schwierigen und großen Aufgaben dieser Periode unseres nationalen Lebens begegnen zu können, hängt es doch von uns ab – und ich würde sagen, wesentlich von uns –, ob es eine Regierung gibt oder nicht, und also, konkret, ob diese Regierung in den beiden Kammern durchkommt oder nicht. Alle wissen jetzt tatsächlich, daß diese Regierung, falls wir dagegen stimmen würden, sofort fallen würde.

So stehen also heute die Dinge. Aber wir haben bekanntlich entschieden, werte Kollegen, heute nicht dagegen zu stimmen, sondern wir haben beschlossen, uns zu enthalten und also damit einverstanden zu sein, daß diese Regierung ihre Tätigkeit beginnt; wir behalten uns jedoch vor, diese bereits von morgen an zu beurteilen, Punkt für Punkt, und aus diesem Urteil in voller Freiheit – aber vor allem, indem wir immer dem Charakter, der unsere Partei als Arbeiter- und Volkspartei, als demokratische und nationale Partei auszeichnet, treu bleiben – die Motive für eine Bestätigung oder eine Änderung unserer Haltung zu gewinnen.

Weshalb haben wir uns so entschieden? Weil auch in diesem Fall, wie immer, die Kommunistische Partei das reale Interesse der Werktätigen und des Landes zur Richtschnur der eigenen Haltung gemacht hat. Und eben von dieser Grundhaltung ausgehend haben wir vor allem folgendes in Betracht gezogen (ich werde nachher von andern Aspekten sprechen, die unsere Entscheidung diktiert haben): gegen diese Regierung zu stimmen, das heißt ihr Entstehen (nachdem bereits 40 Tage seit den Wahlen verstrichen sind) und – ich wiederhole – nach vielen, zu vielen Monaten

ohne Regierung zu verhindern, würde bedeuten, daß wir selber dazu beigetragen hätten, das Land in eine bedrohliche politische Konfusion zu
stürzen.

Welchen Kräften wäre eine solche Situation gelegen gekommen? Bestimmt nicht, so glauben wir, den beschäftigten oder arbeitslosen werktätigen Massen, ihren gewerkschaftlichen Organisationen und auch nicht
den anderen produktiven Kategorien und Kräften, die auch, um unaufschiebbare Probleme zu diskutieren und zu behandeln, eine wirksam han-
delnde Regierung benötigen, eine Regierung, die – und das ist heute der
wesentliche Punkt – im Einvernehmen mit dem Parlament handelt, welches wieder all seine Funktionen und die Ausübung all seiner verfassungsmäßigen Vorrechte bezüglich politischer und gesetzgeberischer Initiative, Kontrolle und Zusammenarbeit mit der Exekutive bekommen
muß.

Die Nostalgie in der DC

Eine Situation der Verwirrung, des Weiterbestehens der Krise, hätte den
Regionen, den Provinzen und den Gemeinden bestimmt nicht genützt, die
sich in einer dramatischen Situation äußerst bedrohlicher Verschuldung
befinden, in einer Situation, die vielen lokalen Verwaltungen nicht einmal
erlaubt, den eigenen Beschäftigten die Gehälter für die nächsten Monate
zu garantieren.

Unsere feste und durchdachte Überzeugung ist, daß man das Spiel ganz
anderer Interessen gespielt hätte, wenn wir entschieden hätten, die Bildung dieser Regierung zu verhindern. Und zwar das Spiel ganz anderer
Kräfte, auch ausländischer Kräfte, die versucht haben und versuchen zu
verhindern, daß in Italien eine Perspektive der Einheit der Volksmassen,
der Eintracht und der Zusammenarbeit unter den demokratischen Parteien vorangetrieben wird.

Diesbezüglich wollen wir hoffen, daß die Regierung ihrer erklärten
Verpflichtung einer »eifersüchtigen Verteidigung der Souveränität, Au-
tonomie und nationalen Würde« Italiens, wie der Abgeordnete Andreotti
in seiner Replik im Senat bestätigt hat, treu bleibt und jede Erklärung und
Handlung entschlossen zurückweist, die eine Einmischung in das innere
Leben unseres Landes bedeuten; Handlungen, die umso unzulässiger
sind, als keine der wichtigen italienischen demokratischen Parteien die
Bündnisse und die Organismen, denen Italien angehört, in Frage stellt.

In diesem Zusammenhang möchten wir noch eine andere Forderung an
die Regierung stellen: sie soll den Beweis erbringen, daß sie entschlossen
ist – woran es bisher gemangelt hat –, der Aktivität internationaler Zen-
tren der Subversion nachzugehen, ihr ein Ende zu setzen (oder zu fordern,
daß ihr ein Ende gesetzt wird), jener Aktivität, von deren Wirken in den
letzten Jahren einige führende Politiker und Minister der Democrazia cristiana verschiedene Male gesprochen, aber eben nur gesprochen haben.

Was nun das italienische politische Kräfteverhältnis betrifft, sind wir nach einer umsichtigen Einschätzung der aktuellen Situation zum Schluß gekommen, daß die Bildung dieser Regierung zu verhindern heute vor allem denjenigen Kräften genützt hätte, die darauf aus sind, die durch den 20. Juni geschaffenen politischen und parlamentarischen Neuheiten auszulöschen. Sie wollen diese Prozesse im Keim ersticken, um alle Potenzen zu blockieren, die in ihnen enthalten sind (die erst begonnen haben, sich zu zeigen), und um somit die Parteien und ihre Beziehungen untereinander zurückzuwerfen in die Periode der antikommunistischen Diskriminierung, der nach links geschlossenen Mehrheiten, in einem Wort, zurück zur Mitte-Links-Formel, wobei ihre formellen Varianten unwichtig sind.

Wir wissen alle, daß diejenigen, die sich nach diesen Lösungen zurücksehnen, in der Democrazia cristiana und wahrscheinlich auch in einigen Teilen anderer Parteien nicht fehlen. Aber ich fordere dazu auf, auch eine andere mögliche Konsequenz einer maximalistischen Zurückweisung dieser Lösung der parlamentarischen Verhältnisse und der Regierungsfrage, die immerhin die konkrete, reale, faktische Überwindung der ganzen ideologischen und praktischen Festung der Mitte-Links-Formationen bedeutet, besonders ihres wesentlichen Aspektes, der politischen Selbstgenügsamkeit von Mehrheiten, die die Kommunistische Partei ausschlossen.

Ein ablehnendes Votum unsererseits, das das bloße Aufkeimen eines neuen politischen Experiments, das heute durch unsere Enthaltung ermöglicht wird, verhindert hätte, hätte – so glauben wir – unter den aktuellen Bedingungen, nach jener sogenannten »andauernden Machtprobe« von der manche gesprochen haben und auf die manche abgezielt haben, nicht zu einer fortgeschritteneren Lösung für Regierung und Parlament geführt, sondern hätte jenen Kräften der Democrazia cristiana in die Hände gespielt, die in dieser oder jener Form ein Bündnis mit denjenigen Parteien wieder herstellen möchten, die bis jetzt mit ihr zusammengearbeitet haben. Und tatsächlich – vielleicht ist darüber noch nicht genügend nachgedacht worden – hätte ein ablehnendes Votum unsererseits nicht nur den verbissensten Antikommunisten Argumente geliefert, im Land eine verleumderische Agitation gegen uns zu führen, sondern hätte auch sehr wahrscheinlich zu Polemik und Spannung zwischen uns und den andern Parteien, die sich für eine Enthaltung entschieden haben, geführt. Wir selbst hätten also der Democrazia cristiana Waffen geliefert für eine Wiederherstellung jenes alten und bequemen Systems politischer Beziehungen und jener Regierungen, die es ihr ermöglicht haben, jahrelang eine Vormachtstellung zu behaupten und die andern Parteien mit der bekannten Arroganz zu behandeln. Die Bilanz, die wir in diesem Fall unsern Wählern, unserer Partei und unserem Land nach unserm Erfolg vom 20. Juni hätten präsentieren können, wäre beileibe nicht glänzend gewesen!

Nur oberflächliche Betrachter und Schematiker können leugnen, daß demgegenüber die Lösung für Regierung und Parlament, die sich heute mit unserer und der anderen Parteien Enthaltung ergibt, das offensichtliche Zeichen dafür ist, daß jenes System und jene Vorherrschaft einer Partei, die die Regierungen unter christdemokratischer Führung charakterisiert haben, einen weiteren Schlag einstecken und sich nun auf dem absteigenden Ast befinden.

Ich verstehe, daß es manchem ein wenig paradox erscheinen mag, angesichts einer Regierung, die ausschließlich von Christdemokraten gestellt wird, von diesem Niedergang zu sprechen. Aber die wirkliche Geschichte und das politische Leben setzen sich auch über Paradoxa durch, und nur wer in abstrakten Schemata denkt, kann leugnen, daß die aktuelle Einparteiregierung aus einer ganz andern Situation hervorgegangen ist als die anderen Einparteienregierungen. Gänzlich verschieden ist tatsächlich die parlamentarische Basis, die die Existenz dieser Einparteienregierung zuläßt, die ihre Bedingungen setzt und mit der sie sich auseinandersetzen muß. Verschieden sind auch die Ursachen und die politischen Beweggründe, die die Democrazia cristiana dazu veranlaßt haben, zu dieser Lösung zu greifen, nachdem sie vergeblich andere Wege, die ihre führenden Politiker für die Democrazia cristiana für vorteilhafter hielten, angestrebt hat.

Unsere Entscheidung

Das sind also einige der Gründe, die unsere Partei dazu bewegt haben, einen andern Weg zu suchen als ein ablehnendes Votum zu wählen. Mit unserer Enthaltung registrieren wir (ich würde beinahe sagen: verbuchen wir zu den Aktiva, aber zu den Aktiva der Rubrik der demokratischen Entwicklung und überdies – wenn ihr erlaubt – unserer Politik) die Neuheiten, die in diese Lösung des Regierungsproblems eingegangen sind, eine Lösung, die uns nicht mehr als Ausgeschlossene betrachtet, sondern als Mitbestimmende, auch wenn wir noch nicht direkt an der Regierungsverantwortung teilhaben. Gleichzeitig wird unsere Enthaltung, während sie einen Stachel darstellt, dem sich die tägliche Regierungsarbeit bestimmt nicht entziehen können wird, auch dazu dienen, die Democrazia cristiana auf Basis neuer Erfahrungen zu weiteren und tiefgründigeren Überlegungen über die Bedeutung der Wahlen vom 20. Juni zu drängen. Sie soll sich Gedanken machen über die Rolle ihrer Partei selbst und ganz allgemein über die besonderen Wege, die Italien eine Zukunft demokratischen Fortschritts sichern können, und über die objektiven Bedingungen, unter denen Italien eine effektive Erneuerung der Gesellschaft und ihrer politischen Führung durchmacht.

Nachdem wir italienische Kommunisten durch unser Gedankengut, durch unsere Praxis, durch unsere konkreten Handlungen, durch das Erarbeiten eigener Anschauungen, die wir in Italien und auch vor internationalen Instanzen zum Ausdruck gebracht haben und die nunmehr ein universal anerkannter Tatbestand sind, bewiesen haben, daß wir nicht beabsichtigen und auch nicht daran denken, Gesellschafts- und Staatsmodelle anderer Länder hier auf uns zu übertragen, wäre es gut, wenn die andern demokratischen Parteien anerkennen würden, daß es nicht möglich ist (und nach unserer Meinung wäre es auch nicht wünschenswert), in Italien die Imitation der Art und Weise, in der sich die demokratische Dialektik in anderen Ländern ausdrückt, anzustreben, als ob dies das non plus ultra wäre. In welchem anderen Land gibt es eine Kommunistische Partei wie unsere, aber auch eine Christdemokratie, eine Sozialistische Partei, eine Republikanische Partei, die die Tradition und die eigentümlichen Charakteristika haben, die diese Parteien hier bei uns aufweisen? Also muß man damit aufhören, jene Besonderheiten als Anomalien, Abweichungen zu betrachten; es sind Besonderheiten, die Produkt der Geschichte Italiens sind, der Kämpfe und des aufsteigenden Wegs jener arbeitenden Klassen, die einmal die „Plebs", die „subalternen Klassen" waren, aber nunmehr reif geworden sind, um sich in der Einheit zur politischen Führung der Nation zu erheben.

Genau dies ist seit fast 30 Jahren das zentrale Problem der italienischen Gesellschaft, des Staats, des Lebens und der Entwicklung unserer demokratischen Institutionen selbst. Die Krise, die unser Land durchmacht, hat ihre tiefen Wurzeln in diesem noch ungelösten Problem. Zu Recht hat einer der führenden Politiker unserer Partei, der Genosse Chiaromonte, in den vergangenen Tagen geschrieben, daß die Schärfe der italienischen Krise, auch wenn diese mit der allgemeinen Krise der kapitalistischen Gesellschaften des Westens zusammenhängt, durch einen grundsätzlichen Widerspruch gekennzeichnet ist: »In einem Staat wie dem unsern, der seinen Ursprung in der Resistenza hat und der sich auf eine Verfassung wie unsere stützt, in einer Republik, für deren Gründung – zum erstenmal in der Geschichte Italiens – die arbeitenden Menschen und das Volk fundamentaler und entscheidender Teil des Kampfes und der politischen Initiative waren und 30 Jahre lang das Bollwerk für ihre Verteidigung gewesen sind, in dieser Republik ist eine hartnäckige Politik verfolgt worden, um diese arbeitenden Massen fern und außerhalb der nationalen politischen Führung zu halten. Diese Politik mußte langfristig notwendig ihren eigenen Bankrott offenbaren und war dazu bestimmt, die gesamte italienische Gesellschaft in eine Sackgasse zu führen.«

Der Zentrismus ist die Negation dieses Problems gewesen. Die Mitte-Links-Formel war das falsche Bewußtsein davon, insofern sie der Index des unvermeidlichen Wiederauftauchens dieses Problems war, aber sie war auch der Versuch seiner scheinbaren Lösung, da sie auf der Voraussetzung des Ausschlusses von der Regierung, ja selbst auf dem Versuch der Isolierung jenes entscheidenden Teils der arbeitenden Massen basierte, der von der Italienischen Kommunistischen Partei organisiert und zum Ausdruck gebracht wird. Auch dieses Experiment mußte also notwendig scheitern und zog zugleich in verschiedener Weise die Parteien, die es gestützt und realisiert hatten, in die Krise.

Wir haben schon verschiedene Male anerkannt, daß die Mitte-Links-Periode, obwohl sie dem Land viel Verheerendes und schwerwiegende

Fehlentwicklungen gebracht hat, nicht nur negativ gewesen ist, vor allem in dem Maße nicht, wie in jener Periode sich das demokratische Leben in der Gesellschaft breiter entwickeln konnte. Aber bereits seit 1967–69 wurde mit den allgemeinen Wahlen 1968, mit den großen Arbeitskämpfen und mit der Studentenbewegung jener Jahre ein deutliches Warnsignal gesetzt, daß das Land über die Mitte-Links-Formel hinauszugehen verlangte und daß die antikommunistischen Vorurteile nicht mehr aufrechtzuerhalten waren angesichts der Massenkämpfe, der gewachsenen demokratischen Reife und einer Politik wie derjenigen der Kommunistischen Partei. Der PCI hatte die Herausforderung angenommen, die Isolierungsversuche niedergeschlagen und mit den reformistischen Illusionen zugleich die sektiererischen Versuchungen zurückgewiesen. Wir wurden ins Zentrum einer realen und einheitlichen Bewegung gestellt, welche eine wirkliche politische Wende zu vollziehen forderte. Es war also bereits seit jenen Jahren offensichtlich geworden, daß die »kommunistische Frage«, wie wir sie nannten, sich hartnäckig ins Rampenlicht stellte, ohne weiter ignoriert werden zu können: d. h. die Frage der Regierungsbeteiligung der Gesamtheit der arbeitenden Klassen und des Volkes in all ihren politischen Ausdrucksformen, inbegriffen also die Kraft unserer Partei, die nicht nur intakt geblieben war, sondern ständig wuchs.

Das Ende der Mitte-Links-Periode

Die Mitte-Links-Periode – die als ein vielleicht notwendiger Übergang im Leben Italiens betrachtet werden konnte und die wir heute so betrachten können – hatte somit ihren Zyklus abgeschlossen und ihre Funktion erschöpft. Es genügt, daran zu erinnern, daß gerade 1969 jenes ambitiöse Unternehmen einer Vereinigung der Sozialistischen und Sozialdemokratischen Partei, die einer der Stützpfeiler der Mitte-Links-Perspektive als stabile Lösung des politischen Problems Italiens hätte sein sollen, dank der wiedergefundenen Autonomie der Sozialistischen Partei in die Brüche ging.

Trotz alledem war das politische Geschehen der letzten Jahre durch beständige Versuche gekennzeichnet, Regierungen am Leben zu erhalten, die immer noch auf der Aussperrung der Kommunisten gründeten. Ich will die ziemlich ermüdende Chronik der Regierungen dieser Jahre nicht wieder ins Gedächtnis rufen. Letztlich gilt – so denke ich – für sie alle, daß keine von ihnen verstanden hat, eine Führung zu sein, die fähig gewesen wäre, dem Land eine weitsichtige Perspektive zu geben. Dieses hat dafür einen sehr hohen Preis bezahlt, nicht nur auf ökonomischem und sozialem Gebiet, sondern auch was die bürgerliche und demokratische Ordnung sowie das moralische Leben anbelangt.

Können wir nun heute sagen, daß wir endlich eine Regierung haben, die dem Land eine Perspektive gibt, eine Führung, die ihm seit so vielen Jahren fehlte? Gewiß nicht, denn diese Regierung überwindet jenen Grundwiderspruch nicht, von dem ich gesprochen habe, den Widerspruch zwischen der Breite der sozialen und politischen Kräfte, die unsern republikanischen Staat geschaffen haben, und die heute mehr denn je seine wesentliche Stärke sind, und der künstlichen Beschränktheit der Regierungskoalitionen, die das Land bis heute regiert haben.

Dies ist also nicht die Regierung der Einheit der Werktätigen, der Kräfte des Volkes und der demokratischen Parteien. Der Grundwiderspruch, von dem ich gesprochen habe, ist noch nicht überwunden, und wir wollen hier bekräftigen, daß der Kampf für seine Überwindung unsere primäre und fundamentale Verpflichtung bleibt. Diese Regierung kann also nicht unser zustimmendes Votum finden, gerade weil wir überzeugt sind, daß Italien in dieser Phase seines nationalen Lebens eine ganz andere Regierung nötig hat. Aber wenn wir auch der aktuellen Regierung unser Vertrauen nicht aussprechen, so stellen wir doch fest – und mit uns stellen es die Werktätigen und das Land fest –, daß dies zum erstenmal seit fast 30 Jahren eine Regierung ist, die nicht auf der Basis der antikommunistischen Vorurteile entsteht. Vielmehr kann sie nur leben und tätig werden, wenn und in dem Maße, wie jene Vorurteile wirklich aufgegeben werden.

Gerade deshalb sagen wir, daß wir eine Regierungslösung vor uns haben, die – wie inadäquat und ungenügend sie auch immer noch ist – das Ende einer Epoche anzeigt, der Epoche, in der der Riegel gegen die italienische kommunistische Partei Angelpunkt und Zement der Regierungen war.

Dies ist das Resultat, das die Wahl vom 20. Juni vielleicht zur wichtigsten und erneuerndsten Wahl macht nach derjenigen vom 2. Juni 1946, in der das italienische Volk aus Italien eine demokratische Republik gemacht und die Versammlung gewählt hat, die uns die Verfassung gab. Und diese Verfassung entstand aus jenem Klima der Zusammenarbeit zwischen den großen politischen Kräften Italiens, der Zusammenarbeit, auf die sich der Ministerpräsident der ersten Regierung nach der Wahl vom 20. Juni 1976 berufen hat. Wir haben diesen Bezug und vor allem den Sinn, den der Ministerpräsident in seiner Replik im Senat ausgeführt hat, zur Kenntnis genommen.

In Wirklichkeit aber, werte Kollegen, lag die unaufschiebbare Notwendigkeit der Aufgabe der antikommunistischen Vorurteile schon vor dem 20. Juni in der Luft. Bereits mit den Kommunal- und den Regionalwahlen des vergangenen Jahres war offensichtlich geworden, daß jene Vorurteilshaltung ein Damm war, der nicht mehr standhielt. Jene Wahlen haben vor allem das politische Panorama der kommunalen, provinziellen und regionalen Verwaltungen radikal verändert und haben zu einer Vielfalt neuer Mehrheiten, programmatischer Verständigungen und Beziehungen zwischen den Parteien geführt, die sich alle, oder fast alle, in die Richtung einer Öffnung für eine Zusammenarbeit mit der Kommunistischen Partei bewegt haben. Und ebenfalls auf der Welle des Resultats vom 15. Juni des vergangenen Jahres ist auch im Parlament und in den Beziehungen der politischen Kräfte auf nationaler Ebene die Notwendigkeit eines positiven Dialogs mit unserer Partei dringlicher geworden, was in einigen Fällen dazu geführt hat, daß eine Reihe von Problemen etwas besser als in der Vergangenheit angegangen werden konnte.

Ihr wißt alle, daß unsere Haltung nach dem 15. Juni des vergangenen Jahres darauf abzielte, jene Prozesse der Annäherung und Verständigung immer mehr reifen zu lassen, um dahin zu kommen, ihnen auf nationaler Ebene einen politisch bedeutsamen Ausdruck zu verleihen. Auch deshalb waren wir offene Gegner einer vorgezogenen Auflösung des Parlaments, auch wenn wir sicher waren, daß der Gang zu den Urnen für uns nicht ungünstig ausfallen würde. Aber diejenigen in der Democrazia cristiana, die dachten, daß die Veranstaltung von Wahlversammlungen und ihr Ausgang den Einheitsprozeß, der durch die Kommunalwahlen des vergangenen Jahres eröffnet worden war, unterbrechen würde, sind vor ein Resultat gestellt worden, das im Gegenteil in definitiver Weise offenbart hat, daß es nun nicht mehr möglich ist, mit antikommunistischen Vorurteilen Regierungen zu bilden.

Deswegen schien uns die Position der Democrazia cristiana nach dem 20. Juni sofort wenig realistisch und unvorsichtig. Die Democrazia cristiana, ganz gefesselt durch ihre unmittelbare Befriedigung über das gewiß ansehnliche Wahlresultat, das sie erreicht hatte (es ist bekannt, daß wir nicht zu denjenigen gehörten, die einen Stimmeinbruch der Democrazia cristiana prognostizierten, und es ist bekannt, daß wir ganz allgemein die Auseinandersetzung mit der Kraft der Democrazia cristiana als eines der wesentlichen Momente unserer Politik betrachten), war nicht fähig, das Volksvotum in seiner Gesamtheit einzuschätzen. Sie hat es für möglich gehalten, von neuem die traditionellen Mehrheiten wieder vorzuschlagen, die alten Solidaritätsbande, die alten Barrieren, indem sie nach dem 20. Juni jene willkürliche These wiederholte, nach der die Kommunistische Partei quasi naturgemäß in der Opposition gehalten werden müsse.

Diese These ist im Verlauf weniger Tage in sich selbst zusammengebrochen. Das erste Zeichen der vom 20. Juni eingeführten Neuheiten war die Übereinkunft bezüglich der Präsidien der Parlamentskammern, die einem Kommunisten, dem Genossen Ingrao, den Vorsitz dieser unserer Versammlung zugewiesen hat. Ihm gegenüber erneuere ich den herzlichen Wunsch – mit der Gewißheit, die, so glaube ich, nicht nur unsere ist –, daß er unsere Tätigkeit anzuleiten verstehen wird mit jener Erfahrung, die ihm alle zugestehen, und jener Unparteilichkeit, die wir als erste respektieren werden.

Einige Tage darauf wurden sich die Parteien über den Vorsitz der parlamentarischen Kommissionen einig; besonders bedeutungsvoll ist aber, daß auch die Art und Weise, in der sich die Konsultationen des mit der Bildung der neuen Regierung beauftragten Ministerpräsidenten abgespielt haben, offenbart hat, wie absolut notwendig es ist, mit uns zu verhandeln. Dann wurde nach und nach immer offensichtlicher, daß es unmöglich war, eine Regierung zu bilden, ohne unsere Vorschläge in Rechnung zu stellen, die wir, ohne zu zögern, bei den Begegnungen mit dem Abgeordneten Andreotti präsentiert haben, und ebensowenig ohne unser Votum.

Eine autonome Position

An diesem Punkt möchte ich die ganze Bedeutung der Haltung der sozialistischen Genossen anerkennen, die nach dem 20. Juni ihre Weigerung fest aufrechterhalten haben, noch einmal einer Regierungsbildung auf Basis der antikommunistischen Vorurteile zuzustimmen oder für sie zu bürgen. Auch die Entscheidung der Sozialdemokratischen Partei und der Republikanischen Partei, an der Regierung nicht teilzunehmen und kein Votum abzugeben, das über die Enthaltung hinaus gegangen wäre, haben ihr Gewicht gehabt. Wir begreifen gut, daß für jene Kollegen der Democrazia cristiana, die auch heute noch der Chimäre einer Rückkehr zur Mitte-Links-Formel nachlaufen, die Positionen der Sozialistischen Partei und die der Sozialdemokratischen und Republikanischen Partei sehr unwillkommen sind und bei einigen christdemokratischen Parlamentariern – wir haben in der Tagespresse von heute ein Echo davon gefunden – geradezu zornige und erpresserische Töne hervorrufen. Wir hingegen betrachten jene Positionen positiv, auch weil sie Zeugnisse des Willens dieser Parteien sind, ihre autonome politische Funktion als Kräfte der Mitte voll auszuüben. Natürlich zähle ich die Sozialistische Partei nicht zu den Kräften der Mitte; sie steht klar im Lager der Linken, mit einer eigenen und eigentümlichen Funktion und Physiognomie.

Die Sozialistische Partei, und auch die Sozialdemokratische und die Republikanische Partei, haben tatsächlich mit ihren Entscheidungen dazu beigetragen, vollständig zu Tage treten zu lassen, was durch den bestimmenden Charakter der Haltung der Kommunistischen Partei neu geschaffen wurde. Diese Neuheit hat die Democrazia cristiana unter mühsamer Qual zur Kenntnis nehmen müssen, nicht nur weil dieses ungewohnte Faktum eine seit so vielen Jahren für gültig und unerschütterlich gehaltene ideologische Konstruktion brüsk zerbrochen hat, sondern auch vor allem weil die neue Haltung der verfassungsmäßigen Parteien dieser Regierung gegenüber jenem System politischer Allianzen ein Ende setzt, über das die Democrazia cristiana drei Jahrzehnte lang geherrscht hat.

Wir betrachten es – ich wiederhole es noch einmal – als positiv, daß der Versuch, eine Mehrheit alten Typs wiederherzustellen, auf die die Democrazia cristiana auch noch nach dem 20. Juni abzielte, nicht geglückt ist. Denn dieses Faktum, das einigen vielleicht fast wie ein Unglück erscheinen mag, kann das ganze politische Leben Italiens aufatmen lassen und dazu beitragen, ihm eine Dynamik aufzuzwingen, die tatsächlich zum Neuen führt.

Aber es ist nicht wahr, daß es – wie die Democrazia cristiana behauptet

– nicht möglich ist, in diesem Parlament von Anfang an eine Mehrheit herzustellen. Diese Mehrheit wäre möglich, aber heute nur unter der Bedingung, daß die Kommunistische Partei in sie einbezogen würde. Diese Lösung hat die Democrazia cristiana nicht gewollt. Und wenn infolgedessen Italien heute eine Regierung ohne Mehrheit hat, haben weder wir noch die sozialistischen Genossen noch die Sozialdemokratische Partei noch die Republikanische Partei das zu verantworten, sondern die Democrazia cristiana, die entweder nicht den Mut fand, nicht wollte oder nicht fähig war (man mag es nennen wie man will), diesen Weg zu versuchen, der für uns der Hauptweg ist, um die italienische Krise zu lösen und um dem Land endlich eine Regierung zu geben, die aufgrund des Konsenses und des Vertrauens der großen Mehrheit der Bürger über die notwendige politische und moralische Autorität verfügt. Demnach ist die politische Krise des Landes immer noch grundsätzlich in der Democrazia cristiana, in ihren Widersprüchen, in ihrem fehlenden Mut, in ihren Unzulänglichkeiten begründet.

Positive Überwindung

Die Regierung, die wir vor uns haben, spiegelt diesen politischen Zustand wider, in dem Altes und Neues sich auf eine so komplizierte Art verflicht. Wir befinden uns gewiß nicht an einer tatsächlichen Wende in der Führung des Landes, aber wir sind an einem Punkt angelangt, der diese hervorbringt und sie vorantreiben kann.

Unsere ganze Haltung ist inspiriert vom Bewußtsein, daß das Land in eine heikle Übergangsphase eingetreten ist. Der Vormarsch in Richtung auf die Bildung einer neuen Führung des Landes – das wissen wir – wird nicht gradlinig, ruhig sein, und er ist nicht einmal sicher; aber die Möglichkeiten dafür sind heute größer als gestern. Und es wird sich bald, außerhalb und innerhalb der Parteien – und nicht nur in Italien –, das Wirken von Kräften bemerkbar machen, die darauf aus sind, diese Möglichkeiten zu reduzieren und sie auszulöschen. Aber es gibt heute auch stärkere und breitere Kräfte als früher, die darauf drängen werden, daß man aus der sonderbaren politischen und Regierungslösung, zu der man heute gelangt ist, herauskommt und vorwärts geht, einer Regierung demokratischer Zusammenarbeit entgegen. Dies entspricht dem objektiven Interesse des Landes; und auch diese objektive Erfordernis ist eine Kraft, die zählt.

Aus all dem, was ich gesagt habe, geht hervor, daß unser Enthaltungsvotum nicht die Kapitulation vor einem Sachzwang ist, der auch uns die Wahl des kleineren Übels aufzwänge. Nein, die Realität der Dinge ist ganz anders, und aus einem ganz anderen Geist haben wir unsere Entscheidung getroffen. Unsere Entscheidung ist keine Resignation, sondern ein Akt, der konsequent einer Einschätzung folgt, die alle neuen Elemente, die sich in der Regierung ausdrücken, mit ihren Widersprüchen und

Grenzen aufnimmt, ein Akt, der vom Willen ausgeht, solche Elemente vor dem Land, vor der Massenbewegung und vor unserer Partei selbst offenzulegen, sowie vom Einsatz beseelt ist, diese Elemente in einer Initiative, in unserer Arbeit und im Kampf zu konsolidieren und zu entwickeln.

Diese Linie bringt einige unmittelbare Konsequenzen mit sich, was unsere Haltung bezüglich der Regierung, was die Tätigkeit des Parlaments und ihrer Kommissionen und die Politik im Land anbelangt.

Ich sage sofort, daß die Perspektive, für die wir arbeiten, uns zu einer Haltung führt, die als Leitlinie nicht den Zusammenbruch der aktuellen politischen und Regierungslösung, sondern ihre positive Überwindung zum Ziel hat.

Wir stellen ganz aufrichtig die gesamte Beschränktheit dieser Lösung fest. Wir stehen vielen Aspekten der Erklärung, die uns der Ministerpräsident gegeben hat, kritisch gegenüber, und ich füge auch hinzu, um ganz deutlich zu werden, daß wir von einem Mißtrauen beseelt sind, das zwar kein Vorurteil sein soll, aber das uns auch wegen bestimmter Erfahrungen in der Vergangenheit legitim erscheint. Aber unserer Haltung liegt auch, ich will nicht sagen die Bereitschaft – ein Wort, das fast die Bedeutung von Passivität beinhalten kann –, sondern die Absicht zugrunde, eine aktive, systematische, einschneidende Intervention zu entwickeln, um redlich dazu beizutragen, daß Regierung und Parlament das machen, was dem Lande dient.

Werte Kollegen, ein nicht zweitrangiger Aspekt unserer Kritik und unserer Unzufriedenheit – und übrigens nicht nur unserer – betrifft die Struktur und die Zusammensetzung dieser Regierung. Wir nehmen zur Kenntnis, Abgeordneter Andreotti, daß einige »ständige Mitglieder« der vergangenen Regierungen ausgeschlossen wurden, was sicher auch seine Bedeutung hat. Es hat uns aber negativ überrascht, daß Sie nicht wollen, oder daß es Ihnen vielleicht unter dem Druck der alten Praxis der Dosierung zwischen den internen Flügeln der Democrazia cristiana nicht gelungen ist, jene Effektivierung des Regierungsgefüges herzustellen, die nicht nur notwendig war und von der öffentlichen Meinung erwartet wurde, sondern die auch um so eher möglich war als es sich nun um eine Regierung handelt, die von einer Partei allein gestellt wird.

Das Fehlen dieser Effektivierung ist besonders negativ, weil es mit dem Schweigen (das Sie nur zum geringsten Teil in Ihrer Replik im Senat wieder wettgemacht haben) über die Verpflichtungen Ihrer Regierung auf der Ebene der Moralisierung des öffentlichen Lebens zusammenfällt. Nun ist es zwar wahr, daß dieses Kapitel viele Aspekte hat, die ich hier nicht ins Gedächtnis rufen will, weil unsere Vorschläge bekannt sind, aber einer dieser Aspekte betrifft die Notwendigkeit, der parasitären Struktur der Regierungen ein Ende zu setzen, die ein übles Beispiel für alle Ausdrucksformen des öffentlichen Lebens abgegeben hat, die eine Verschwendung an sich darstellt und die gleichzeitig Quelle einer Vielzahl anderer Verschwendungen und anderer parasitärer Auswüchse ist.

Die Regierung soll nicht vergessen, wie groß die Sensibilität des Landes geworden ist für so heiße Themen wie öffentliche Moral, wie Kampf gegen die unverschämten Privilegien, gegen Günstlingswesen, Klientelismus, Korruption, Vergeudung, Ineffizienz in der Tätigkeit der Exekutive, der Verwaltung, der öffentlichen Institutionen, der Parteien, und welche Rigorosität für eine Gesundung auf dieser Ebene nicht nur von den Werktätigen und den ärmsten Schichten der Bevölkerung und von allen italienischen Bürgern, sondern auch von breiten Teilen der internationalen öffentlichen Meinung verlangt und erwartet wird.

Wir hatten unsere ernste Kritik nicht verschwiegen, wie sie auch die sozialistischen Genossen nicht verschwiegen hatten, daß in der programmatischen Rede des Ministerpräsidenten eine präzise Aussage über den Willen der Regierung fehlt, sich zu verpflichten, mit erklärtem Einsatz und konkreten Handlungen dem antifaschistischen Geist treu zu bleiben, der die Substanz selbst, die Wurzel unserer demokratischen Regierungsform sowie auch einer der Gründe der Konvergenz zwischen den demokratischen verfassungsmäßigen Parteien ist. Wir haben davon Kenntnis genommen, daß der Abgeordnete Andreotti in seiner Replik im Senat deutliche Worte gesprochen und diese Lücke gefüllt hat. Am selben Tag hat das Organ der Democrazia cristiana angemessen geschrieben, daß »der präzise Bezug Andreottis auf den Geist, der die Initiative und das Handeln in der konstituierenden Phase (der Republik, d. Übers.) belebt hat, die MSI-Nationale Rechte von der Diskussion um diese – und wir sagen, um jede beliebige andere – Regierung ausschließt und die Unvereinbarkeit des Faschismus, unter welcher Form auch immer, mit dem Entwicklungsprozeß des Landes bestätigt, für den hingegen der konstruktive Beitrag derjenigen Kräfte notwendig ist, die sich gerade auf die Verfassung – wenn auch in verschiedener Weise bezüglich der Orientierungen und ideologischen Motivationen – berufen«.

In seiner Replik im Senat hat der werte Herr Ministerpräsident auch eine andere Lücke gefüllt, indem er – vielleicht aber zu flüchtig – jenes ernste Problem andeutete, das sich aus der neuen Regelung der Beziehungen zwischen der italienischen Republik und der katholischen Kirche ergibt. Sein Verweis selbst auf die parlamentarischen Vorstöße von 1967 und 1971 bekräftigt, seit wie vielen Jahren die christdemokratisch geführten Regierungen in der praktischen Lösung dieses Problems untätig gewesen sind; wir hoffen, daß die Ursachen und die Verantwortung für eine so große Verspätung erklärt werden. Jedenfalls, worauf es heute ankommt, ist, daß die Regierung sich endlich entscheidet zu handeln, denn diese Frage ist nunmehr zu einer der dringlichsten geworden.

Lassen Sie mich sagen, daß wir erwartet haben, daß auch andere große Themen des nationalen Lebens in den Erklärungen der Regierung behandelt werden würden; diese hätte jenen Energien unserer Gesellschaft die Aufmerksamkeit schenken sollen, die Trägerinnen eines Willens zur Veränderung und zum Fortschritt geworden sind, und das sind heute die großen Massen der Frauen, die sich bestimmt nicht mit der Tatsache zufrieden geben können, daß in dieser Regierung nur eine Frau einen Ministerposten besetzt.

Das Programm der Regierung ist mit einer Methode erarbeitet worden, die uns positiv und auch neu scheint: an der Beratung über das Programm waren nicht nur alle demokratischen Parteien beteiligt, sondern sie hat auch dem Ministerpräsidenten ermöglicht, die Forderungen und Vorschläge der Gewerkschaftsorganisationen, der Regionen, der Gemeinden und der andern lokalen Körperschaften anzuhören. Die Bedeutung dieser Tatsache liegt in der Bekräftigung einer Methode, von der wir hoffen, daß sie in der normalen Regierungstätigkeit weitergeführt und zu einer festen Einrichtung wird, sei es bei der Verwirklichung des Programms selbst, sei es beim Auftauchen wichtiger Ereignisse im Leben des Landes.

Präzise Fristen

Diese Methode breiter Konsultation hat sich auch in einigen Punkten im Inhalt einer Reihe von Vorschlägen und Verpflichtungen widergespiegelt, die Sie, werter Herr Ministerpräsident, aufgezählt haben. Für verschiedene Maßnahmen sind ziemlich genaue Fristen festgelegt worden, und auch das ist ein positives Faktum, nicht so sehr, weil dadurch unsere Vorschläge und diejenigen der Sozialisten und anderer Kräfte sowie der großen Gewerkschaftsorganisationen der Werktätigen aufgenommen werden, sondern vielmehr, weil dadurch dem Parlament die Möglichkeit einer stringenteren und wirksameren Kontrolle auch über den Rhythmus der Regierungstätigkeit geboten wird. Wir können versichern, daß unsere Fraktion – und ich glaube, auch die andern Fraktionen, die sich mit uns enthalten – ein scharfes Auge auf den Kalender der von der Regierung übernommenen Verpflichtungen haben wird.

Ich will jetzt nicht auf die Angaben in der Erklärung des Ministerpräsidenten über die Gesetzesentwürfe und andere Maßnahmen, die die Regierung vorzubereiten sich verpflichtet hat, eingehen. Man darf anerkennen, daß Probleme formuliert sind, deren schnelle Inangriffnahme und Lösung das Land fordert; aber was die Lösungen betrifft, hat die Erklärung des Ministerpräsidenten zwar in einigen Punkten ermöglicht, in den Vorschlägen, die die Regierung machen wird, irgendeine Linie zu erblikken, aber in andern Punkten gab es größere Unbestimmtheit und Widersprüche, von denen gestern der Abgeordnete Napoleoni einige hervorgehoben hat. Immer noch vage bleiben die Kriterien, nach denen sich die konkrete Haltung der Regierung im finanziellen Bereich und in der Politik des Schatzministeriums richten wird; unbestimmt und in einigen Aspekten widersprüchlich schienen uns die Teile des Programms, die sich auf das Schulwesen und die Universitäten beziehen. Ich weiß nicht, ob der Ministerpräsident bereits in seiner Replik in diesen Punkten deutlicher und konkreter werden kann und in andern, nicht weniger wichtigen Punkten wie dem Plan für die Beschäftigung der Jugendlichen, den Maßnahmen im Bereich des Presse- und Informationswesens, der Reform des SID (Servizio Informazione Difesa – Geheimdienst, d. Übers.), einem Thema, das sich gerade in den vergangenen Tagen durch das Urteil des Richters Migliacco in scharfer Form von neuem gestellt hat, ein Urteil, in dem die direkte Komplizenschaft von Sektoren und Exponenten des Geheimdienstes am Blutbad der Piazza Fontana – und nicht nur die Deckung der dafür Verantwortlichen – schwarz auf weiß geschrieben steht.

Ich werde diese Anmerkungen nicht weiter ausführen, weil ich auf die kritischen Bemerkungen und auf die Empfehlungen verweisen kann, die in diesen Punkten der Präsident unserer Fraktion im Senat, der Genosse Perna, gemacht hat, und weil wir alle Möglichkeiten haben werden, unsere Positionen über die einzelnen Probleme in der Diskussion um die Gesetzesentwürfe, die demnächst vorgeschlagen werden, über die Regierungstätigkeit und natürlich durch unsere Initiative auch auf legislativer Ebene zu präzisieren.

Ich möchte hingegen auf einige Tätigkeiten der Regierung hinweisen, die nicht auf die Wiederaufnahme der parlamentarischen Arbeit warten können, weil es sich darum handelt, Probleme von brennender Aktualität anzupacken, die in diesen Tagen unser Bewußtsein und das von vielen Millionen Italienern alarmiert haben. Ich spiele auf Probleme an wie die Tragödie der Bevölkerung des Gebietes um Seveso, um Meda, um Cesano Maderno, die von der Giftwolke betroffen sind. Wir erwarten, daß die Regierung sofort mitteilt, wie die hygienisch-sanitäre Entgiftung der Zone vorankommt, und in welchem Zeitraum sie voraussichtlich abgeschlossen sein wird. Und die Regierung soll auch sagen, welche Beschäftigungsgarantien nicht nur den Werktätigen der ICMESA gegeben werden, sondern auch den Beschäftigten in den benachbarten handwerklichen und industriellen Betrieben, die geschlossen und geräumt worden sind; und schließlich soll sie uns sagen, wie und wann die enormen Schäden ersetzt werden, deren Opfer die betroffenen Familien geworden sind.

Aber während die öffentliche Meinung über die Tragödie von Seveso immer tiefer erregt ist, bricht bereits ein analoges Drama ein, jenes von Priolo, einem Gemeindeteil von Syrakus. Dies bezeugt erneut die Konsequenzen einer Politik industrieller Ansiedlungen, die auf eine unverantwortliche, unkontrollierte, chaotische Weise durchgeführt wird, und ohne daß rechtzeitig die notwendigen Kontroll- und Entgiftungsmaßnahmen und Vorkehrungen zum Schutz der Werktätigen und der Bürger vorgesehen und verwirklicht werden.

Unter den Problemen von brennendster Aktualität, die wir an erste Stelle setzen, steht das Schicksal der friaulischen Bevölkerung, die vom Erdbeben betroffen wurde. Die kalte Jahreszeit ist nun bald da, und es gibt schwerwiegende Verspätungen, verschuldete Verspätungen in der Durchführung des Wiederaufbaus, der auf jeden Fall durch die Verabschiedung eines organischen Entwicklungsplans beschleunigt werden muß. Dieser Plan muß auf der Zusammenarbeit der zentralen und lokalen Behörden und auch der Parteien, der Gewerkschaften und der Organisationen anderer arbeitender Kräfte gegründet sein.

Ohne jetzt – es werden sich, so hoffe ich, bald andere Gelegenheiten ergeben – auf die Probleme der Außenpolitik einzugehen, möchte ich die Regierung auf die Notwendigkeit einer sofortigen und wirksamen Initiative hinweisen, wobei sich auch das Werk der Parteien als nützlich erweisen könnte, um dazu beizutragen, dem Massaker an den Palästinensern und dem Blutbad, das jeden Tag Hunderte von Toten und Verletzten unter der Bevölkerung des Libanon fordert, ein Ende zu setzen.

Die einzige mögliche Lösung dieses Konflikts besteht darin, den Dialog zwischen allen libanesischen Kräften und unter voller Beteiligung der Repräsentanten des palästinensischen Volkes zu fördern. Das hauptsächliche, aktuelle Hindernis für eine Eröffnung des Dialogs und für das Erreichen eines Waffenstillstandes besteht heute in der Präsenz und Intervention der syrischen Armee, die sich zum Instrument der Interessen jener Kräfte des internationalen Imperialismus und jener reaktionärsten Kräfte sowohl des Staates Israel wie auch der arabischen Länder gemacht hat, die nun immer deutlicher erkennen lassen, daß sie zu einer Art »Endlösung« des palästinensischen Problems zu kommen trachten; eine Lösung also, die auf die Auslöschung dieses Volkes abzielt. Man darf der kaltblütigen und erbarmungslosen Ausführung dieser Ungeheuerlichkeit nicht tatenlos zusehen. Man darf sich nicht auf fromme Wünsche, Appelle und Aufforderungen beschränken. Wir rufen die italienischen Volksmassen dazu auf, ihre Stimme laut zu erheben, aber wir fordern auch, daß die Regierung klar Stellung bezieht und eine Initiative ergreift. Außerdem – und das ist mir durch das, was mir gerade der Sekretär der Kommunistischen Partei des Libanon gesagt hat, bestätigt worden – ist auch die Notwendigkeit einer materiellen Solidarität, um die Leiden so vieler Männer, Frauen und Kinder, Verletzter, Schwerbeschädigter und Hungernder zu mildern, ernst und dringlich. Wir fordern die Regierung dazu auf, Möglichkeiten zu finden, Medikamente, Nahrungsmittel und alles was sonst der libanesischen und palästinensischen Bevölkerung zu diesem Zeitpunkt helfen kann, zu senden.

Werter Herr Ministerpräsident, Ihre politische Erfahrung und Ihr Weitblick haben Sie bestimmt dazu gebracht, die Bedeutung unserer Enthaltung gut zu verstehen. Unser Votum ist keine Kundgebung des Vertrauens in Ihre Regierung, und vor allem wird sie sich nicht in ein passives Abwarten, in ein wohlwollendes Vertrauen in Ihre und Ihrer Minister Tätigkeit übersetzen. Unsere Enthaltung bedeutet, daß wir uns vorbehalten, Sie auf die Probe stellen zu können. Die Probe wird offensichtlich nicht nur die Regierung, sondern alle Parteien, unsere inbegriffen, betreffen, da auch wir mit unserer Entscheidung ein Experiment in Angriff nehmen, das in der Geschichte des Parlaments, der Regierungen und unserer eigenen Partei keine Vorläufer hat. Wir sind uns deshalb voll bewußt, daß die Probe auch für uns nicht leicht sein wird, wie sie es auch nicht für die Democrazia cristiana, für die Sozialistische Partei und für die andern demokratischen Parteien sein wird. Ich bin also nicht mit denjenigen einverstanden, die angesichts der Probe, der die Parteien ausgesetzt sein werden, alles auf ein wechselseitiges Hinwerfen eines Fehdehandschuhs reduzieren. Die Herausforderung ist da, aber sie geht uns alle an und ist uns vom Land gestellt, seinen Hoffnungen sowie der Notwendigkeit, Schritt für Schritt, aber mit Entschiedenheit, den Knoten ökonomischer, sozialer, administrativer und moralischer Probleme zu lösen, die sich seit Jahren angehäuft haben und die unsere demokratische Republik zu ersticken drohen.

Diesem Knoten von Problemen gegenüber – ich bin gezwungen, es noch einmal zu wiederholen – wäre eine ganz andere Regierung nötig, eine Regierung, die alle demokratischen Parteien in sich vereinigen würde und sie alle direkt zur täglichen exekutiven Tätigkeit verpflichten würde. Dem ist aber heute nicht so, und deswegen fällt offensichtlich die Verantwortung für die tägliche Tätigkeit in der Exekutive auf die Democrazia cristiana und auf ihre Repräsentanten in der Regierung. Ich unterstreiche diesen Punkt, nicht nur damit es klar ist, daß wir uns nicht für mitverantwortlich betrachten und betrachtet werden können für eine Regierungstätigkeit, an der wir nicht direkt teilhaben, sondern auch und vor allem um an die politische Begrenztheit zu erinnern, die diese Regierung in sich hat. Dieselbe Begrenztheit, die beinahe plastisch durch das Faktum zum Ausdruck kommt, daß die aktuelle Regierung keine Koalition von Parteien ist und auch keine Mehrheit hat, kann trotzdem ins Positive gewendet werden, wenigstens in einem wesentlichen Aspekt, in der Hervorhebung der Funktion des Parlaments und der Parteien. Es ist übrigens bereits offensichtlich, daß sich die Spannung und die polemischen Verhärtungen der vergangenen Monate in den Beziehungen zwischen den Parteien gemildert haben und daß sich ein Klima herzustellen beginnt, das sich durch eine größere Öffnung und Konstruktivität ausprägt, und das selbstverständlich die Differenzen in der politischen Linie nicht trübt.

In den vergangenen Tagen, als ich mich mit Exponenten der demokratischen Parteien Spaniens unterhalten habe, die in Rom wegen der Sitzung des Zentralkomitees der Kommunistischen Partei jenes Landes zusammengekommen sind, habe ich von ihnen eine Bestätigung gehört, die sehr bedeutsam ist, weil sie von politischen Exponenten gekommen ist, die Italien kennen und die durch Europa gereist sind: alle waren über ein eigentümliches Faktum erstaunt, das das politische Leben unseres Landes auszeichnet, das Faktum, daß es hier – wie sich gerade einer von ihnen ausgedrückt hat – zwischen den demokratischen Parteien »zivilisierte« Beziehungen gibt. Dies halte ich für ein kostbares Gut, für ein Moment·der Überlegenheit des italienischen politischen Lebens gegenüber dem politischen Leben vieler anderer europäischer Länder. Wenn das Land sich während der letzten Jahre behauptet hat, wenn die italienische Demokratie sehr schwierige Prüfungen (die Spannungsstrategie, eine schwere, lang andauernde Wirtschaftskrise) durchgestanden hat, ist dies auch der Tatsache geschuldet, daß die Momente der Konfrontation, der harten Polemik zwischen den Parteien, die es in dieser Periode auch gegeben hat, nicht verhindert haben, daß sich, bald dünn, bald dicker, aber nie zerrissen, ein roter Faden einer auf Einheit gerichteten Beziehung, einer gemeinsamen Verständigung in der Verteidigung der Fundamente der italienischen Demokratie zwischen den verantwortlichsten Kräften unseres politischen Lebens halten konnte.

Genaueste Kontrolle

Jene ganz freie Dialektik in den Parlamentsversammlungen, die wir seit Jahren fordern, jene offene und konstruktive Auseinandersetzung zwischen verschiedenen politischen Kräften, von der auch einige führende christdemokratische Politiker seit gewisser Zeit zu sprechen begonnen haben, werden heute zur unabdingbaren und zwingenden Methode, um die Gesetze erarbeiten und verabschieden zu können. Und nur so kann die Tätigkeit der Regierung, der Verwaltung, der öffentlichen Institutionen, der halbstaatlichen Unternehmen genau kontrolliert werden. Endlich können die verschiedenen Probleme der Gesetzgebung und Kontrolle durch die Bildung von Mehrheiten und Minderheiten, die nicht mehr durch vorgefaßte Diskriminierungen erzwungen und mißgestaltet sind, angepackt und gelöst werden. Nachdem die antikommunistischen Vorurteile gefallen sind, nimmt das Parlament die Funktion, die ihm die republikanische Verfassung zuweist, wieder voll wahr.

Ich bin mit dem Abgeordneten Zanone nicht einverstanden, der anzunehmen scheint, daß diese Situation einen Schlag gegen den politischen Pluralismus darstellt. Ich denke das Gegenteil; ich denke, daß heute die Konfrontation zwischen verschiedenen Ideen, Vorschlägen und Perspektiven offener werden kann, gerade weil die vorgefaßten diskriminierenden Urteile fallen. Jede Partei kann freier die Richtlinien, die ihre eigenen Vorzüge, die Interessen, die sie verteidigt, ausdrücken. Es ist hingegen wahr, daß die aktuelle Situation, die wir übrigens alle als eine Übergangssituation betrachten, die Verantwortung der Parteien und ihrer parlamentarischen Fraktionen vergrößert, weil sie alle dazu drängt, jede mögliche Anstrengung zu unternehmen, um die Verständigung zu suchen, die notwendig ist, um die Fragen, die aufs Tapet kommen werden, zu entscheiden.

Unsere Parlamentsfraktionen, jeder von unsern Parlamentariern, werden ihr möglichstes dafür tun, daß das Parlament die immer wichtigeren Aufgaben löst, die ihm aus dieser gewachsenen Bedeutung zukommen, wobei wir uns immer bewußt sind, daß dies Überwindung gewisser Mängel, mehr Sorgfalt in der Vorbereitung, Schärfung des Bewußtseins und mehr Engagement im Studium auf allen Gebieten erfordern wird; aber dies wird vor allem eine kontinuierliche und nähere Verbundenheit mit der Gesellschaft, mit den Volksmassen, bedeuten.

Unsere Partei ist in der Tat nicht nur eine parlamentarische Partei; sie ist eine Kampf- und Massenpartei, die eigene und direkte Bindungen an die Werktätigen und an alle Schichten des Volkes hat, eine Partei, die unter anderem dadurch in ihrer Struktur und ihrem Wirken charakterisiert ist, daß die Mobilisierung und Organisierung der Massen ihr wesentliches Aktionsfeld ist. Diese unsere Daseinsweise, diese Methode, die sich bemüht, die politische Initiative mit der Massenbewegung und der Tätigkeit im Parlament und den andern gewählten Versammlungen zu kombinieren und durch sie zu ergänzen, werden wir bestimmt nicht in dem Moment aufgeben, in dem wir uns durch unser Enthaltungsvotum formell nicht in die Opposition begeben, aber formell auch nicht in die Mehrheit, bewußt, wie wir sind, daß es möglich ist, morgen zu entscheiden, von neuem in der Opposition zu sein, sowie es auch möglich ist, daß wir Teil der Mehrheit und der Regierung werden.

Eigenartig ist also unsere heutige Position, wie auch eigenartig die Position der Regierung unserer Partei gegenüber ist. Selbstverständlich ist unser Wille, zur positiven Entwicklung der Regierungstätigkeit beizutragen, aufrichtig und ebenso selbstverständlich kann unser Votum bei der Verabschiedung von Gesetzen und Maßnahmen verschieden sein. Ebenso selbstverständlich ist es, daß in unserer Haltung im Parlament und im Land auch das beibehalten wird, was ich die »Kralle der Opposition« nennen würde, in dem Sinn, daß man jedesmal, wenn wir es für nötig erachten, die Kraft der Kritik, der Anklage, neben dem konstruktiven Vorschlag fühlen wird.

Von dieser Tribüne aus wollen wir die Werktätigen, die Bürger, unsere Genossen, auf die Notwendigkeit hinweisen, jede Haltung passiven Abwartens zu vermeiden.

Ohne effektiven Nutzen scheint uns das Wortgefecht um die Feststellung, ob es heute Garantien dafür gibt, welche und wieviele es sind, daß diese Regierung besser als die vorhergehenden die schwierigen Probleme des Landes anpacken kann und will, angefangen bei denjenigen, die das Leben und die Arbeit der Arbeiter, der Bauern, des ärmsten Teils unserer Gesellschaft, der Frauen, der Jugendlichen und der Mittelschichten zur Qual machen. Auf diese Fragestellung entgegnen wir: ob heute eine politische und parlamentarische Situation besteht, die Hoffnungen in etwas Neues wecken kann, ob es dieses Neue geben soll, ob die Probleme gelöst werden sollen und ob Italien aus der Krise herauskommen und Fortschritte machen soll; all diese Fragen hängen von den Kämpfen, von der Intervention, vom demokratischen Druck, von der aktiven und bewußten Teilnahme der Werktätigen, der Volksmassen und ihrer Organisationen sowie von den Fortschritten in ihrer Einheit ab.

Es obliegt uns, den andern Kräften des Volkes und den großen Organisationen der Werktätigen, dafür zu arbeiten, daß die Kämpfe auf kohärente Ziele ausgerichtet sind, mit einem organischen Plan der Verteidigung der Interessen der Volksmassen, der Wiederankurbelung der Wirtschaft, der Gesundung und Demokratisierung des Staates sowie der Erneuerung der Gesellschaft.

Unsere Aufgaben

Hier also muß die grundsätzliche Garantie dafür gesehen werden, daß Irrtümer und Illusionen vermieden werden, aber auch dafür, daß man sich nicht von der Angst beherrschen und lähmen läßt, sich an Prüfungen und Problemen, die andere als in der Vergangenheit sind, zu messen. Eine Kraft, wie wir sie heute darstellen, darf nicht solche Ängste haben, und erst recht nicht angesichts einer politischen und parlamentarischen Situation, die weitgehend Resultat unseres politischen Kampfes und unserer Erfolge ist. Wir überlassen es den „Konsequenz"-Fanatikern, pedantisch zu bemerken, daß diese Regierung, die nicht genau diejenige ist, für die wir gekämpft haben und weiterhin kämpfen werden, unser Enthaltungsvotum nicht hätte erhalten dürfen. Wir sind keine Pedanten, keine Heuchler, und wir wissen aufgrund unserer Prinzipien und der Kampferfahrung des Proletariats und der werktätigen Klassen in Italien und in andern Ländern, daß die Veränderungen im Leben der Gesellschaft und im politischen Leben nie in der Art und Weise und in den Zeiträumen eintreten, die vorgeschlagen werden und für die gekämpft wird.

Wehe der Arbeiterbewegung und ihren Parteien, wenn sie nicht eine klare Strategie haben, sich nicht klare und präzise Ziele setzen, den Massen und dem Land keine politische Persepektive sowie eine Vorstellung für eine neue Gesellschaft angeben, die für uns die sozialistische Gesellschaft ist, wie wir sie in unserer ganzen theoretischen Arbeit umrissen haben. Aber wehe auch der Arbeiterbewegung und ihren Parteien, wenn sie nicht begreifen, daß der wirkliche historische Prozeß entlang Linien verläuft, die nie genau diejenigen sind, die man sich vorher einbildet und plant. Das wirkliche Problem besteht also darin, festzustellen, in welche Richtung, ob vorwärts oder ob rückwärts, die Ereignisse und die Situationen sich entwickeln.

Dies ist auch die Frage, die wir uns anbetracht der so eigenartigen Situation, die sich jetzt ergeben hat, stellen. Diese Situation eröffnet – so lautet unsere Antwort – bessere Möglichkeiten, um durch eine Zusammenarbeit demokratischer Kräfte und durch eine fruchtbare Beziehung zwischen Regierung, Parlament, Parteien und dem Land einige der dringlichsten Probleme anzupacken. In dieser Situation können überdies die Annäherungs- und Verständigungsprozesse zwischen den demokratischen und antifaschistischen Parteien, zwischen allen Kräften des Volkes, in allen Gebieten des Landes einen neuen Aufschwung und eine neue Breite gewinnen.

Und um welche Ziele ging seit all den Jahren unsere Initiative und unser einheitlicher Kampf, wenn nicht um diese? Deshalb also glauben wir, daß die aktuelle Situation ein neues, fortgeschritteneres und günstigeres Kampfterrain für die Arbeiterbewegung bietet, weil sich somit insgesamt das Gewicht der Arbeiterbewegung und ihre Möglichkeiten, auf den Lauf der Dinge Einfluß zu nehmen, verstärken, und sich die politische Entwicklung und – wenn auch nicht direkt – die Tätigkeit der Regierung beschleunigt. Die Enthaltung der Italienischen Kommunistischen Partei ist also nicht nur ein Beweis der nationalen Verantwortung; sie ist nicht nur ein Akt, der sich heute politisch zufällig ergibt, sondern sie stellt auch einen konsequenten Schritt innerhalb der einheitlichen und erneuernden Strategie dar, die in den letzten Jahren den Namen »historischer Kompromiß« angenommen hat. Diese Strategie hat sich während der Wahlkampagne im Vorschlag einer Regierung der Solidarität und der demokratischen Einheit ausgedrückt, ein Vorschlag, der dem Erfordernis, der Krise des Landes zu begegnen, entsprochen hat und entspricht.

Wir sind davon überzeugt, daß die neue Situation von uns ein immer höheres Bewußtsein unserer nationalen Verantwortung und unserer besonderen Aufgaben gegenüber der Arbeiterklasse, den werktätigen Massen und dem ganzen Volk fordert. Sie fordert die Fähigkeit, Probleme anzupacken und Schwierigkeiten zu überwinden, die größtenteils neu sind. Sie fordert von uns demnach eine feste Entfaltung unserer politischen, parlamentarischen und Masseninitiative in allen Bereichen, eine Initiative, die ebenfalls neue Merkmale annehmen müssen wird. Deswegen richten wir zum Schluß von dieser Tribüne aus an unsere Genossen, an unsere Wählerschaft, an alle Werktätigen, an alle Bürger von demokratischer Gesinnung die Aufforderung, eine wachsame Kontrolle, eine aufmerksame und unabdingbare Kritik an der Tätigkeit der Regierung, der Parteien und des Parlaments zu üben, aber vor allem immer aktiver am politischen Leben teilzunehmen und dies in der wirksamsten Weise zu machen, d. h. sich zusammenzuschließen, zu diskutieren, sich zu organisieren, zu handeln und zu kämpfen mit dem Ziel, positive Lösungen für die Probleme des Landes zu finden.

Unsere Aufgabe, unsere Pflicht und unser Engagement bestehen darin, dafür zu arbeiten – möglichst mit den andern Parteien zusammen –, daß das italienische Volk heute mehr als gestern wach, lebendig und vor allem aktiv ist, weil das die erste Bedingung für die Rettung, die Wiedergeburt und die Erneuerung unseres Landes ist.

Kapitel 3
Krise und Neuorganisation der Wirtschaft

Luciano Barca/Gianni Manghetti
Durch ökonomische Programmierung zur Rekonstruktion der Gesellschaft. *

…In den letzten fünfzehn Jahren war die Planung (programmazione) in der Tat eine Schachtel, die in Italien mit vielen und unterschiedlichen Inhalten gefüllt wurde und vor allem mit dem Zusammenbruch der italienischen Wirtschaft verbunden war. Deswegen ist es wichtig, mit äußerster Deutlichkeit zu sagen, was man mit einer Planungspolitik will.

In diesem Aufsatz haben wir bereits einige allgemeine Voraussetzungen unserer Argumentation explizit ausgeführt: offener Markt; die Rolle der Privatindustrie neben der öffentlichen Industrie und somit die Ablehnung von Lösungen, die dazu führen, daß der gesamte Akkumulationsprozeß offen oder unterschwellig in die öffentliche Hand übernommen wird. Auf diese allgemeinen Voraussetzungen werden wir nicht zurückkommen.

Wir wollen nur eine Bedingung bekräftigen, die im übrigen dazu beiträgt, all dem, was wir in den vorhergehenden Kapiteln ausgeführt haben, einen einheitlichen Sinn zu geben, und die rechtfertigt, daß wir einige nicht unbedeutende Aspekte der Haltung revidieren, die in der Vergangenheit die Linke gegenüber dem Markt und dem Unternehmen eingenommen hat. Es handelt sich um folgende Voraussetzung: zwar darf einerseits die Planung, wenn sie sich nicht selbst verleugnen will, nicht verringert werden, indem man sie dem Privatismus und den spontanen Kräften des Marktes opfert (wie es mit allen Planungsversuchen, die auf der

---

*Auszug aus: *L'Italia delle banche,* Editori Riuniti, Rom 1975. Übers. von Helmut Drüke.

»Theorie der zwei Phasen« beruhten, geschah); aber andererseits kann sie auch nicht, wenn man den Prozeß in einer *demokratischen* Dimension verlaufen lassen will – d.h. in einer Dimension, die garantiert, daß alle Komponenten der Gesellschaft im Innern des Staates repräsentiert sind und sich dort viele Momente von Selbständigkeit ausdrücken – die private Freiheit und die selbständige Entscheidung des Individuums, des Unternehmens und des Konzerns auslöschen. In anderen Worten: die Planung kann nur auf der Grundlage des Konsenses, der freiwilligen Beteiligung und der demokratischen Herausbildung der Prioritäten entstehen. Und sie kann nicht durch die administrativen Befehle des autoritäten Dirigismus verwirklicht werden.[1]

Es genügt, diese Voraussetzung auszusprechen, um die Schwierigkeit dieses Vorhabens deutlich zu machen. Auf der Welt gibt es in der Tat keine funktionierenden Modelle einer Planung, die diesen Erfordernissen entspricht. Auch kann man nicht a priori ein Modell konstruieren, das als bereits funktionierendes in die Wirklichkeit eingesetzt wird. Was man machen kann (und was der PCI teilweise in Italien getan hat) ist, anzugeben, welche Punkte für eine demokratische Planung feststehen und welche Instrumente zum sofortigen Einsatz oder für die historische Perspektive nötig sind, wobei man auch für alte Institutionen neue Rollen konzipiert und neue Institutionen sucht.

Indem nun explizit ausgeführt ist, was bisweilen in den vorhergehenden Kapiteln noch implizit oder kaum berührt war, kann man nun, wie es uns scheint, das Planungsmodell, auf das eine Reihe von Entscheidungen und konkreten Aktionen der Arbeiterbewegung (also nicht nur die Vorschläge, die in den Dokumenten enthalten sind) zielen, folgendermaßen schematisieren: als Abschluß eines langen historisch-politischen Prozesses, in dem ein Konsens herbeigeführt wird, werden einige Prioritäten oder besser die vorrangig zu befriedigenden »gesellschaftlichen Bedürfnisse« bestimmt; den Regionen (und von den Regionen zu den Provinzen und den Gemeinden) wird das Recht übertragen, im Rahmen dieser Prioritäten selbständige Entscheidungen über Ausgaben zu treffen; auf dem Markt wird die gesellschaftliche und öffentliche Nachfrage, die vom Konjunkturverlauf unabhängig gemacht wird, von seiten dieser »kollektiven Verbraucher« konkret aktiviert; eine Reihe von Instrumenten, mit denen die öffentliche Hand eingreifen kann, wird dazu eingesetzt, das Angebot in eine Richtung umzuwandeln, die vom Staat zentral oder peripher bestimmt wird.

In diesem Schema gibt es, wie uns scheint, zwei kennzeichnende und eigenständige Elemente. Das erste ist die »Planung der Nachfrage« – durch die ihre Zusammensetzung verändert werden soll –, die jedoch nicht so verstanden wird, daß der Staat einen standardisierten kollektiven Verbrauch fördert, und noch viel weniger in dem Sinn, daß der Markt durch ein System staatlicher Aufträge ersetzt wird. Sie soll vielmehr die freiwillige und selbständige Aktivität einer Reihe von »kollektiven Verbrauchern«, institutionalisierten oder nicht, fördern. Jeder dieser Verbraucher müßte als demokratisches Instrument wirken (und in der Tat versucht er schon heute mühsam, diese Funktion zu erfüllen), um eine Unzahl von individuellen Bedürfnissen so zu vereinigen, daß sie *auf dem Markt* als wirksame Nachfrage, aber nicht in individueller sondern gesellschaftlicher Form, auftreten.

Da sich die Entscheidungen der institutionalisierten und somit *öffentlichen* »kollektiven Verbraucher« (aber es kann auch private »kollektive Verbraucher« wie z. B. Kooperativen, Konsortien etc. geben) ja im Rahmen der von der Exekutive und vom Parlament zentral festgelegten Prioritäten bewegen müßten und im Rahmen der Ausgaben, die in mehrjährigen Plänen und im Jahreshaushalt des Staates beschlossen sind, und da auch die lokalen Körperschaften – von der Region bis zu der Berggemeinschaft – periodisch ihre Entscheidungen bekannt machen (d. h. planen) müßten, könnten alle öffentlichen und privaten Beteiligten für mehrere Jahre und für jedes Jahr den Gesamtbetrag der Ausgaben der lokalen Körperschaften kennen und die grundlegenden Kennzeichen der Nachfrage, die diese Ausgabe ermöglichen wird. Die öffentlichen und privaten Unternehmer hätten somit einen sicheren Bezugsrahmen für ihre Investitionen und für ihr Handeln: jedoch ohne daß diese Sicherheit den Wettbewerb und die Konkurrenz sei es von seiten der Nachfrage wegen der Vielfalt der Verbraucher oder sei es von seiten des Angebots eliminiert. Wettbewerb und Konkurrenz wären im Gegenteil dadurch gewährleistet, da auf dem Markt Verbraucher mit selbständiger und fester, vertraglich abgesicherter Macht auftreten. Mit einem einzigartigen Resultat: in einem zutiefst veränderten System – verändert, weil es nicht mehr an der Akkumulation um der Akkumulation willen orientiert ist, sondern an der Befriedigung von einigen vorrangigen Bedürfnissen, die bewußt und demokratisch als Bezugsrahmen für die gesamte Wirtschaftspolitik übernommen werden – wird wieder *für den Profit ein Raum und eine Rolle geschaffen.*

Dieser Raum und diese Rolle ergäben sich daraus, daß zwei Tendenzen umgekehrt werden: zum einen die Tendenz, auf den Lohn alle Spannungen abzuwälzen, die entstehen, weil bestimmte staatliche und gesellschaftliche Strukturen fehlen, (und dem Lohn also eine breite »Stellvertreter«-Rolle zuzuweisen) und zum anderen die Tendenz, zur ständigen Ausdehnung der in Italien ohnehin sehr großen Bereiche der Renditen, beruhend auf der Ohnmacht und den Charakteristika des italienischen Marktes. Die Triebkräfte zur Umkehrung der Tendenz, alles oder jedes zu ,,versilbern'', brauchen wohl nicht hervorgehoben zu werden: sie werden zusammen mit einem System entstehen,das von einer Planung gelenkt wird, die als Entwicklungsziel die Befriedigung einiger grundsätzlicher gesellschaftlicher Bedürfnisse setzt. Die Triebkräfte zur Umkehrung der gegenwärtigen Tendenz des Überwiegens der Renditen über die Gewinne (bis dahin, daß die Renditen nicht mehr eine Stütze für die Gewinne selbst sind, sondern eine Bedrohung für sie darstellen) müssen in der besonderen Rolle gesucht werden, die dieser Planungstyp den

Marktmechanismen vorbehält, indem sie in einem zutiefst geänderten Zusammenhang die »Wahrheiten« der Konkurrenz übernimmt und sie gegen alle Ineffizienzen in der Produktion sowie gegen die Monopol- und Oligopolpositionen einsetzt.

Wir werden später auf die Möglichkeit hinweisen, wie diese Wahrheiten der Konkurrenz auch gegen die »Bankgewinne« einzusetzen sind. Nun müssen wir auf das zweite bezeichnende und eigenständige Element des vorher entwickelten Planungsmodells hinweisen.

Dieses Element muß in der Tatsache gesehen werden, daß die notwendigen Eingriffe von seiten des Angebots – die nicht nur ökonomisch, sondern auch gesellschaftlich notwendig sind, um die Mobilität der Arbeitskräfte zu lenken, schmerzhafte Brüche und unnützige Kosten zu vermeiden – jedoch am Ende eine genaue Entsprechung, zumindest was einige entscheidende Bereiche betrifft, in der Nachfrage finden, die der Markt ausdrückt, korrigiert und stärkt durch das Auftreten der »kollektiven Verbraucher«. Die Nachfrage nach gesellschaftlichem Verbrauch kann in der Tat genau vorhergesehen werden, ohne auf autoritäre Kontrollen oder administrative Bindungen zurückzugreifen. Und in Funktion dieser Ziele kann dem Gebrauch aller Instrumente, über die der Staat verfügt, einheitlicher Sinn und Ordnung verliehen werden: Fiskus, Kredit, Anreize und staatliche Beteiligungen; können Richtlinien für die Umstellung in den einzelnen Sektoren vorbereitet werden. Die Eingriffe hören somit auf, willkürlich zu sein und zusätzliche Widersprüche mitsichzubringen. Durch diese Eingriffe kann sich schließlich das Primat der Politik an Stelle des Primats der Finanz und der »Finanztechnokratie« durchsetzen.

Gemäß diesen beiden grundsätzlichen und kennzeichnenden Elementen einer demokratischen Planung kann und muß sich die Funktion des Banksystems einordnen.

Anmerkung:

[1] Zu dem gesamten Thema des Verhältnisses zwischen Wirtschaftspolitik und Demokratie gibt es eine sehr breite Literatur, marxistisch oder nicht. Wir wollen nur auf zwei kurze Texte verweisen, die uns besonders weiterführend erschienen. Der erste ist ein Artikel von Massimo Boffa: *Die harten Erwiderungen der Geschichte*, in *Rinascità* vom 5. Dezember 1975. In seinem Artikel stellt Boffa einige Aspekte des Problems in aller Schärfe dar, so wie er zu Recht betont, daß »das Denken unter anderem die Funktion hat, *die Antinomien als unlösbar zu setzen*, um zu vermeiden, daß die folgende *Vermittlung*, die eine weitere Funktion des Denkens und der Praxis ist, zu oberflächlich und verworren wird.« Der zweite Text ist der von der Konferenz, die Guido Carli im Dezember 1975 in Paris abhielt und über die der Corriere della sera am 13. Dezember 1975 berichtete. Carlis Konferenz nimmt auf, was in Gang gekommen ist durch »das Ende der kollektiven Annahme des Drucks, der alle gesellschaftlichen Gruppen innerhalb der Normen festhielt, die von der herrschenden Gruppe gesetzt wurden: der Bourgeoisie.«

Eugenio Peggio
Inflation und Krise der Weltwirtschaft*

1. Die Bilanzen vom Ende des Jahres, die in diesen Tagen von den Experten und den verschiedenen Beobachtungszentren der internationalen Wirtschaft aufgestellt werden, stimmen in einem Punkt überein: 1976 ist für die Gesamtheit der industrialisierten kapitalistischen Länder ein Jahr gewesen, in dem die inflationären Prozesse eine substantielle Verlangsamung gezeigt haben. Schon im Laufe des Jahres 1975 hatte sich der inflationäre Druck etwas gemildert. Aber im vergangenen Jahr hat sich diese Tendenz deutlicher und markanter abgezeichnet. Für das gerade begonnene Jahr sind sich die Experten und die verschiedenen Beobachtungszentren in ihren Voraussichten nicht einig: einer glaubt, daß der inflationäre Druck sich weiter vermindern kann; andere meinen stattdessen, daß die Verlangsamung einhalten muß oder sogar, daß sich die Tendenz der letzten zwei Jahre umkehren kann.

Laßt uns also weiter sehen, wie die Perspektiven für das neue Jahr aussehen und zu welchen Einschätzungen man angesichts der grundsätzlichen Tendenzen, die sich nunmehr seit langem durchgesetzt haben, kommen kann. Unterdessen ist es nützlich, an die jüngste Entwicklung der Phänomene, von denen wir sprechen, zu erinnern.

In den 24 Mitgliedsländern der OECD, die wir global betrachten (wobei wir uns ihres unterschiedlichen Gewichts bewußt sind), erreicht die Inflation, bezogen auf den Anstieg der Lebenshaltungskosten, die Rekordrate von 13,4% im Jahre 1974, d. h. in dem Jahr, das unmittelbar der vielfachen Erhöhung des Erdölpreises folgte. Im folgenden fiel sie 1975 auf 11,2% und 1976 auf ca. 8,1%.

Nicht in allen Ländern – das wissen gerade wir Italiener gut – hat der Kampf gegen die Inflation analoge Resultate erzielt.

Deutlicher ist die Verlangsamung der Inflation in einigen Ländern gewesen. In der Bundesrepublik, in den Vereinigten Staaten und in Kanada fiel der Anstieg der Lebenshaltungskosten fühlbar unter die mittlere Rate des OECD-Bereichs. In den 12 Monaten zwischen Oktober 1975 und Oktober 1976 betrug diese Durchschnittsrate 8,1%, während die ent-

---

* Referat auf einer Tagung des CESPE (Centro Studi di Politica Economia) über das Thema: »An welchem Punkt befindet sich der Kampf gegen die Inflation« am 11. 1. 1977 im Teatro Eliseo in Rom. Übers. von Helmut Drüke.

sprechenden Zahlen 6,2% in Kanada, 5,3% in den USA und 3,8% in der BRD betrugen.

In anderen Ländern schwächten sich die inflationären Schübe in bescheidenem Maße ab.

In Japan und Frankreich blieb die Inflationsrate nicht mehr zweistellig, stand aber wesentlich über dem Durchschnitt der OECD-Länder. In Großbritannien, wo 1975 eine weitere Verstärkung der Inflation zu registrieren war, die zur Rekordrate von 24,2% geführt hatte, verzeichnete man eine dauerhafte Verbesserung: im vergangenen Oktober fiel die Inflationsrate, bezogen auf ein Jahr zuvor, auf 14,7%, d. h. auf ein Niveau, das zwar noch sehr hoch liegt, aber weniger von der Durchschnittsrate der OECD-Länder entfernt ist als es ein Jahr zuvor der Fall war.

Ziemlich anders liegt der Fall in Italien. Nach einer Flexion von 19,1% des Jahres 1974 auf 17% im Jahre 1975 registrierte man in unserem Lande ein neues Aufbäumen der Inflationsrate. Im vergangenen Oktober ist der Preisindex, verglichen mit dem Vorjahr, um 20,1% gestiegen.

Es muß betont werden, daß 1976 im Bereich der OECD nur vier andere Länder außer Italien eine weitere Beschleunigung der Inflationsrate verzeichnet haben. Es sind: Portugal, Spanien, Neuseeland und Dänemark. Eine andere bemerkenswerte Tatsache: nur Island und Portugal – mit 31,8% beziehungsweise 24,6% – haben eine Inflationsrate, die höher als die in unserem Lande ist.

Die anderen Länder mit einer Inflationsrate, die Italiens Rate nahekommt und nur leicht unter 20% liegt – wie Spanien, Irland und die Türkei – unterscheiden sich untereinander: 1976 verzeichneten Irland und die Türkei im Gegensatz zu Spanien eine wenn auch bescheidene Verlangsamung des inflationären Drucks.

Aber vor allem muß man folgendes bemerken: 1) seit vier Jahren ist Italiens Inflationsrate deutlich höher als der Durchschnitt der OECD-Länder, während sie vierzig Jahre lang praktisch identisch oder sogar niedriger war; 2) gegenwärtig beträgt die Inflationsrate in unserem Lande mehr als das Doppelte des OECD-Durchschnitts; 3) nach der großen Explosion der Inflation von 1974 hat sich in Italien, im Gegensatz zu den übrigen grösseren kapitalistischen Industrieländern, noch kein Nachlassen des inflationären Drucks abgezeichnet, und es besteht sogar die Gefahr, daß sich der inflationäre Prozeß weiter beschleunigt.

2. Wenn man hervorhebt, daß sich im Laufe der letzten zwei Jahre für die Gesamtheit der OECD-Länder eine Tendenz zu niedrigeren Inflationsraten durchgesetzt hat, so muß man das sofort präzisieren.

Zuallererst muß man betonen, daß es trotz dieser Tendenz, von der man spricht, bei weitem nicht gelungen ist, die Inflation innerhalb der Grenzen zurückzuführen, die man in den fünfziger und sechziger Jahren als normal angesehen hat. Nichts spricht dafür anzunehmen, daß sie sich aus eigener Kraft auf jene »normale Inflation« hinbewegen und verringern kann, die nunmehr eine angenehme Erinnerung an die Vergangenheit darstellt.

Zwar haben im letzten Jahr zwei Länder – die Schweiz und die Bundesrepublik – eine Inflationsrate verzeichnet, die der Rate dieser beiden Jahrzehnte ähnelt, die den ersten Anzeichen der jetzt laufenden Krise vorhergingen. Die Schweiz erlebte sogar 1976 mit ihrer Inflationsrate von 1% eine fast absolute Preisstabilität, die auch in den vorhergehenden Dekaden fast unbekannt war. Aber man darf die Schweiz und Deutschland wohl als zwei Ländern bezeichnen, die nicht gerade repräsentativ sind, deren Situation ganz und gar spezifisch ist – immer noch aktive Zahlungsbilanz, fortgesetzt aufgewertete Währung etc. – – und die, wenn überhaupt, die Probleme der anderen Länder nur spiegelbildlich reflektieren.

Wenn man also von der Bundesrepublik und der Schweiz absieht, beobachtet man, daß der inflationäre Druck, so sehr er auch vermindert ist, noch auf einem Durchschnitt bleibt, der zwei- bis dreimal höher ist als in den fünfziger und sechziger Jahren. Eine andere Tatsache, die man sich vor Augen halten muß: die Verlangsamung der Inflation ging 1975 mit einer fühlbaren internationalen Rezession einher und war 1976 von einem ziemlich bedeutenden produktiven Aufschwung begleitet, der aber eine Massenarbeitslosigkeit und ein geringeres Niveau der Auslastung der Anlagen bestehen ließ.

Die Rezession im internationalen Maßstab hatte 1975 eine substantielle Stabilität oder auch Flexion der Rohstoffpreise (mit Ausnahme des Erdöls) bestimmt. Aber auf die Lebenshaltungskosten hat sich das insgesamt nicht in bedeutendem Maße ausgewirkt, nicht nur weil inzwischen dieselbe Rezession, zusammen mit der Inflation, zu einem fühlbaren Anstieg der Arbeitskosten pro Produkteinheit beigetragen hatte, sondern auch weil die Unternehmen mit dem Preisanstieg die Wiederherstellung hoher Profitspannen verfolgt hatten. Andererseits hat der produktive Aufschwung von 1976, der von einem Preisanstieg für Rohstoffe begleitet war, der im wesentlichen dem des Vorjahres entsprach, nicht dazu beigetragen, daß sich die starke Verringerung in der Dynamik der Arbeitskosten pro Produkteinheit parallel auf die Lebenshaltungskosten übertragen hat.

Nach dem absoluten Rekord von 15,9% im Jahre 1976 fiel der Anstieg der Arbeitskosten pro Produkteinheit für die Länder der OECD insgesamt 1976 auf 4,2%, d. h. auf eine Zahl, die nur leicht über dem Durchschnitt der Dekade vor dem Ausbruch der Krise liegt. Das hohe Niveau der Arbeitslosigkeit in den OECD-Ländern auch 1976, trotz des Anwachsens des Bruttosozialprodukts um 5%, hat im allgemeinen eine fühlbare Zurückhaltung der gewerkschaftlichen Forderungen und einen deutlichen Anstieg der Produktivität bewirkt. Das Zusammenwirken dieser beiden Tatsachen hat insgesamt den Anstieg der Arbeitskosten pro Produkteinheit um dreiviertel gegenüber dem Vorjahr verringert. Aber das hat – wie wir gesagt haben – ziemlich geringe Auswirkungen auf die allgemeine Inflationsrate gehabt.

Über diese Tatsache muß man sich Gedanken machen. Sie sagt uns, daß man nicht unterschätzen darf, welches Gewicht der Anstieg der Arbeitskosten pro Produkteinheit bei der Bestimmung der inflationären Prozesse hat und daß man ebensowenig seine Bedeutung soweit überschätzen darf, daß man sie als Haupt- oder fast einzige Ursache ansieht. Im übrigen sind die Ereignisse des Jahres 76 in einigen Ländern bedeutsam. In der Bundesrepublik sind die Preise, wenn auch sehr zurückhaltend, gestiegen, obwohl sich die Arbeitskosten pro Produkteinheit um 1% verringert haben. In Japan ist die Inflationsrate über 8% geblieben, obwohl die Arbeitskosten pro Produkteinheit weiterhin absolut unverändert war.

Ebenfalls von Bedeutung ist die Tatsache, daß in Italien die Arbeitskosten pro Produkteinheit 1975 um 32,6% und 1976 um 16% gestiegen ist, während die Inflationsrate in diesen Jahren bei 17% beziehungsweise bei ungefähr 20% lag.

3. Aus diesem Komplex von Daten und Überlegungen ergibt sich, daß nicht nur die Inflation auf sehr hohem Niveau bleibt, sondern daß zudem die Phänomene, die sie begleiten und nähren, über die teilweisen und zeitweiligen Erfolge des Kampfes, der gegen sie geführt wird, hinaus, sehr vielschichtig und widersprüchlich sind.

Man muß jedoch betonen, daß die berufensten Beobachtungszentren und vor allem die OECD für 1977 voraussehen, daß die Inflationsrate in den *größten* kapitalistischen Ländern insgesamt auf demselben Niveau von 7,5% bleiben wird, das schon 1976 registriert war.

Die OECD nimmt nicht an, daß sich im laufenden Jahr die Tendenz zur Verlangsamung der Inflation wie in den letzten zwei Jahren fortsetzt. Für das erste Halbjahr 1977 wird in bezug auf das zweite Halbjahr des vergangenen Jahres für einige Länder – Italien, das Vereinigte Königreich und Japan – eine, wenn auch unterschiedlich große Beschleunigung der Inflationsrate vorausgesehen. Für Italien schätzt man, auf jährlicher Basis, daß die Inflationsrate von 20% des zweiten Halbjahres 1976 auf 24% im ersten Halbjahr 1977 steigt und sich dann im folgenden Halbjahr auf 14,5% verringern kann. Für Großbritannien müßten die entsprechenden Zahlen von 12% auf 14,3% und dann auf 11,5% gehen; und für Japan von 9,2% auf 10,8% und auf 7,2%. Für die USA formuliert man die Hypothese, daß die Inflationsrate bei 5% in der ersten Hälfte des Jahres stehenbleibt und dann in der zweiten Hälfte 6% erreicht. In Frankreich müßte die Inflationsrate sowohl im ersten wie im zweiten Halbjahr ganz geringfügig fallen, weswegen die Jahresdurchschnittsrate nur um wenig niedriger als 9% liegen dürfte. In der Bundesrepublik müßte stattdessen die Inflationsrate stabil bei 4% bleiben.

Aber diese Vorhersagen berücksichtigen wahrscheinlich nicht eine Reihe von Elementen und vor allem nicht die Tatsache, daß die Wirtschaftspolitik in verschiedenen Ländern – um mit den USA zu beginnen – auf etwas anders ausgerichtet wird, da die vorherrschenden Beunruhigungen sich ziemlich von denen der letzten zwei oder drei Jahre unterscheiden.

Vor allem das hohe Niveau der Arbeitslosigkeit gibt Anlaß zur Besorgnis. In der Gesamtheit der OECD-Länder ist 1976 die Zahl der arbeitslosen Werktätigen, trotz des spürbaren Anwachsens des Bruttosozialprodukts, bei ungefähr 15 Mio. geblieben: mehr oder weniger dieselbe Zahl des Vorjahres. Hinzugefügt sei noch, daß im letzten Teil von 1976 der produktive Wiederaufschwung zum Stillstand kam oder sich deutlich verlangsamte, was neben den anderen Dingen die wachsenden Schwierigkeiten, die Arbeitslosigkeit zu verringern, und die Gefahr ihres Anstieges deutlich machte.

In bezug auf diese Verlangsamung hat Paul Samuelson geschrieben, daß man eine neue Rezession für Ende 1977 voraussehen müßte, falls Ford bei den amerikanischen Wahlen siegen würde, während bei einem Sieg von Carter die Wahrscheinlichkeit 2:1 betrüge, daß in den USA das kleine Wunder einträfe, eine neue Rezession im Laufe dieses Jahres zu vermeiden.

Das bestätigt – nach unserer Meinung –, wie prekär und instabil die internationale Wirtschaftslage beständig ist, die noch nicht aus jener ziemlich komplexen und tiefen Krise herauskommen konnte, die mit soviel Lärm 1973 ausgebrochen war. Aber außerdem hat sich, wenn auch verworren und widersprüchlich, im Anschluß daran in den Regierungen die Notwendigkeit durchgesetzt, in der Wirtschaftspolitik eine Wende herbeizuführen, die darin bestehen müßte, die Ausdehnung der Produktion und das Ansteigen der Beschäftigung als Ziele zu erkennen, die gegenüber dem Kampf gegen die Inflation vorrangig sind.

Vielleicht berücksichtigen die Voraussichten der OECD über die Inflation im Jahre 1977 diese Zusammenhänge nicht ausreichend. Aber niemand kann die möglichen Auswirkungen leugnen, die eine Abschwächung des Kampfes gegen die Inflation haben wird, in einer Phase, wo auch, abgesehen von den neuen Preissteigerungen für Erdöl, das inflationäre Potential noch sehr hoch bleibt. Es besteht in der Tat die Gefahr, daß sich die Inflation bei dem Versuch, die traditionelle Politik des *stop and go* zu verfolgen, spürbar beschleunigen kann. In einer Phase, die durch den Willen der OECD-Länder gekennzeichnet ist, eine Politik der Erdölpreise zu betreiben, die der Dynamik der Preise für Industrieprodukte angepaßt ist, könnte das nur eine wachsende Unordnung der gesamten internationalen Wirtschaft zum Resultat haben.

4. Über die Umstände der Konjunktur hinaus tritt also deutlich hervor – und das ist eine feststehende Tatsache –, daß eine hohe Inflationsrate nunmehr ein strukturelles und permanentes Element des Funktionierens des kapitalistischen Systems darstellt. Das ist nicht neu. Man kann daran erinnern, daß unser Antonio Pesenti, vielleicht mehr als andere, betonte, daß sich eine derartige Tendenz bereits in der ersten Hälfte des Jahrhunderts und im Zeitraum zwischen den beiden Kriegen abgezeichnet hatte.

Aber neu ist immerhin die Dimension, die das Phänomen erhalten hat und zu behalten tendiert.

Man hat viel über die Gründe des inflationären Ausbruchs dieser Jahre diskutiert. Eingehend analysiert wurden die Konsequenzen der internationalen Unordnung, der enormen Masse von Eurodollars, die ohne jede Kontrolle zirkulieren, des Preisanstiegs der Rohstoffe, der Ausdehnung der öffentlichen Ausgaben durch die Geldvermehrung, der veränderten Bedingungen auf dem Arbeitsmarkt und des Ansteigens der Lohnforderungen. Andere – wie die Gruppe Maldague, die den von der EG in Auftrag gegebenen Inflationsbericht ausgearbeitet hatte – haben ihr Hauptaugenmerk auf einen anderen Faktor gelegt: das Auftauchen eines »meta-ökonomischen« Bereichs, der durch die Vervielfältigung und die Entfaltung multinationaler monopolistischer Unternehmen bestimmt ist, die über eine enorme ökonomische und finanzielle Macht verfügen, die wirksamer Kontrolle entzogen sind und sich zwischen der makroökonomischen Ebene des staatlichen Handelns und der traditionellen mikroökonomischen Ebene der Unternehmen ansiedeln.

Wir stimmen mit denen überein, die es für notwendig erachten, die historische Tragweite zu erfassen, die durch die Modifikation im Funktionieren der kapitalistischen Wirtschaften eingetreten ist und die aus der Inflation ein strukturelles Phänomen von großer Verbreitung und permanentem Charakter gemacht hat. Auf der Grundlage einer sorgfältigen Einschätzung dieser Modifikationen ist die Gruppe Maldague zu dem Schluß gekommen, daß sich nicht nur die traditionellen Instrumente der Wirtschaftspolitik als unfähig erweisen, eine einigermaßen gleichgewichtige Entwicklung zu garantieren und eine zu hohe Inflation abzuwehren, sondern daß dieser Entwicklungstyp der Vergangenheit nicht mehr weitergehen kann.

Der fortgesetzte Rückgriff auf die Politik des *stop and go*, der Beschränkung und der Wiederankurbelung der globalen Nachfrage, die von der Notwendigkeit aufgezwungen wird, die Inflation einzudämmen und eine übermäßige Steigerung der Arbeitslosigkeit zu vermeiden, hat den langfristigen Trend, der die Entfaltung der kapitalistischen Wirtschaften vom Ende des Zweiten Weltkrieges bis zum Anfang der sechziger Jahre unterstützt hatte, zutiefst verändert, wenn nicht unterbrochen. Vom alten Entwicklungstyp bleiben somit die Vergeudung, die Ungleichgewichte und die Widersprüche ohne die hohen Expansionsraten des Einkommens und der materiellen Produktion. Das hat einerseits das Anwachsen der arbeitslosen Massen (vor allem Jugendliche und Frauen) und der sozial Schwachen zur Folge, und andererseits die Ausdehnung der sozialen Bedürfnisse, der man nicht oder nur mit der Steigerung der öffentlichen Ausgaben und des Staatsdefizits zu begegnen versucht. All das, zusammen mit einer außergewöhnlichen und ungewohnten Inflation, nährt diese moralische Krise, die, wenn auch mit unterschiedlichen Kennzeichen, in allen Ländern gegenwärtig ist.

Angesichts dieses Zustandes scheint es uns, daß man insgesamt nur zu den vom Bericht Maldague gezeigten Folgerungen kommen kann. Ein neuer ökonomischer Entwicklungstyp ist unabdingbare Voraussetzung nicht nur, um die Lösung der sozialen Probleme zu ermöglichen, die der alte Entwicklungstyp ungelöst ließ und zu verschlimmern tendierte, sondern auch, um ein fortwährendes und ausgewogenes Wachstum zu sichern, das »weniger anarchisch ist und die natürlichen Ressourcen weniger verschlingt«, und deshalb weniger von Inflation infiziert ist.

Das ist ein bezeichnender Punkt des Maldague-Berichts. Aber die Bedeutung dieses Dokuments besteht auch in der Tatsache, daß es sich nicht darauf beschränkt, die Notwendigkeit eines neuen Entwicklungstyps oder –»modells« zu unterstreichen, sondern dafür auch viele sowohl allgemeine wie auch besondere Hinweise liefert. Ich kann mich hier nicht länger bei einer Beschreibung dieser Hinweise aufhalten. Das kann eventuell Franco Archigubi machen, der an der Gruppe teilnahm, die den Maldague-Bericht verfaßt hat. Ich will unterstreichen, daß alle Hinweise für die einzelnen Probleme, auch wie jene von weiterer, größerer Tragweite – wie die Arbeitspolitik, die Kontrolle der großen Konzentrationen, die Konsumpolitik, die Politik der öffentlichen Finanzen – als Momente einer Planung angesehen werden, »die nicht als provisorischer Rahmen aufgefaßt wird, der die Analyse der Möglichkeiten und Risiken der Zukunft erlaubt, sondern auch als wirksames Instrument, das die Wirtschaft umwandeln kann.«

5. Es stellt sich somit erneut die Notwendigkeit einer ökonomischen Planung, auf der wir bestanden haben und bestehen, zuweilen in Polemik mit denjenigen, die von den Mitte-Links-Regierungen in Italien desillusioniert, eine Planpolitik für nicht durchführbar halten.

In Wirklichkeit stellt sich diese Notwendigkeit immer drängender dar und zwar nicht nur auf nationaler, sondern auch auf internationaler Ebene: in der EG, in den Verhältnissen zwischen der EG und den Entwicklungsländern, und auf noch breiterer Skala, zwischen den Mitgliedsländern des GATT, des internationalen Währungsfonds etc.

Offensichtlich können zu diesem Punkt viele Einwände und skeptische Vorbehalte ausgedrückt werden. Aber die Frage eines neuen Entwicklungstyps aufzuwerfen und selbst im Verhältnis dazu die Forderung nach einer Planung oder noch weniger, nach Elementen einer Planung zu stellen, die ein wirksames Instrument für tiefgehende ökonomische Veränderungen sind, bedeutet durchaus nicht, eine Flucht nach vorn anzutreten oder der Substanz der Probleme auszuweichen, mit denen die Länder fertig werden müssen, die von der Inflation erfaßt sind.

Wenn man von einem auch internationalen Entwicklungstyp spricht, verweist man in der Tat auf ein sehr konkretes und aktuelles politisches Problem: nämlich das Problem neuer Formen der Zusammenarbeit und die Frage einer neuen internationalen Wirtschaftsordnung, die heute nicht nur auf Initiative der Entwicklungsländer vorgeschlagen wird, sondern auch von politischen Kräften, die eine fundamentale Rolle im kapitalistischen Europa spielen.

Es ist sehr wichtig, daß der im vergangenen November in Genf abgehaltene Kongreß der sozialistischen Internationale sich in besonderer Weise dem Thema der Errichtung einer neuen Weltwirtschaftsordnung angenommen und es als ein Problem angesehen hat, das direkt und unmittelbar Europa und die einzelnen Länder angeht.

Der Standpunkt, der von einem der einflußreichsten Führer der europäischen Sozialdemokratie, dem Kanzler Helmut Schmidt, an jenem Ort vertreten wurde, war wahrlich arroganter denn je. Er stellte fest, „zur Errichtung einer neuen Weltwirtschaftsordnung ist es nötig, daß jeder in seinem eigenen Hause kehrt, indem jeder für sich die Inflation bekämpft". Nach Auffassung des deutschen Bundeskanzlers wäre es in der Tat nicht tragbar, daß 130 Länder über ihre Verhältnisse leben – wie er sagt –, indem sie, im Verhältnis zu dem von ihnen produzierten Reichtum, zuviel Geld drucken und sich gegenüber dem Ausland verschulden.

Es ist fast zu einfach, Helmut Schmidt vorzuhalten, daß, wenn diese 130 Länder, von denen viele vom bittersten Elend erfaßt sind, im Rahmen ihrer Mittel lebten und folglich keine defizitäre Zahlungsbilanz hätten, auch die Lage der Bundesrepublik ganz anders aussähe: die Handelsbilanz könnte nicht aktiv sein, die Deutsche Mark könnte sich nicht aufwerten, und die deutsche Wirtschaft könnte nicht die Rohstoffe zu nachlassenden Preisen importieren, die die anderen Länder, insbesondere diejenigen, deren Währung sich abwertet, zu steigenden Preisen kaufen. Auch die Bundesrepublik würde dann von einer höheren Arbeitslosigkeit und einer stärkeren Inflation als der in den letzten Jahre registrierten erfaßt.

In Wirklichkeit trug und trägt die von der Bundesrepublik verfolgte Linie des Verhaltens dazu bei, die Unordnung und Inflation international zu verschärfen. Die Aufwertung der Mark treibt die Dollarpreise der deutschen Exporte vergleichsweise stärker in die Höhe als das bei den Exporten derjenigen Länder der Fall ist, deren Währung sich gegenüber dem Dollar abwertet oder jedenfalls nicht aufwertet. Und wie bekannt, dient gerade die Preiserhöhung der Industrieprodukte, ausgedrückt in Dollar, als Motiv für die Preiserhöhung des Öls seitens der OPEC. Aber in bezug auf die letzten Preissteigerungen des Erdöls, die auf der jüngsten Konferenz von Doha beschlossen wurde und die die EG nach einigen Schätzungen die jährliche Zahl von 4 Milliarden Dollar kosten wird, ist es nützlich, daran zu erinnern, was Claude Cheysson, EG-Kommissar für die Beziehungen mit den Entwicklungsländern, erklärt hat. Wenn die Gemeinschaft auf der Nord-Süd-Konferenz eine Haltung größerer Öffnung gegenüber den Entwicklungsländern angenommen und akzeptiert hätte, ihre Hilfeleistungen etwas zu steigern, hätte sie schließlich eine um ein Vielfaches geringere Last zu tragen als sie jetzt ertragen muß. Aber, so kommentiert Cheysson: »Wir Europäer haben Amerikas Rolle spielen wollen und nun haben wir das Ergebnis.«

Auch das – glaube ich – unterstreicht, wie notwendig es ist, neue Wege zu beschreiten und ein echtes Programm für die Entwicklung neuer Beziehungen internationaler Zusammenarbeit durchzuführen.

6. Ein Vorstoß in diese Richtung kann aber nicht von der Notwendigkeit abstrahieren, in das internationale Währungssystem Ordnung zu bringen. Nur wer aus dem gegenwärtigen Gefüge Vorteil zieht – also vor allem die Regierung der USA – kann vertreten, daß die Schwankung zu einer besseren Abstimmung der Zahlungsbilanzen und zu einer konsistenten, schrittweisen Abschwächung der Ungleichgewichte beigetragen hat, die sie kennzeichnen; oder kann man behaupten, daß das gegenwärtige System der Wechselkursschwankungen sich bewährt hätte und daß die Wechselkursänderungen der verschiedenen Währungen passiv die Inflationsraten wiederspiegeln würden, die die verschiedenen Länder zu haben »beschließen«. Die Wirklichkeit ist weitaus vielschichtiger. Zu Recht hat die Bank für internationalen Zahlungsausgleich in ihrem letzten Bericht herausgestellt, daß in der gegenwärtigen Lage schwankender Wechselkurse »eine Währung, die gerade aufgewertet wird, dahin tendiert, das Gewicht des Drucks (der internen Kosten und Preise) zu mindern und die Aufgabe, eine vernünftige Preisstabilität zu halten, erleichtert, während eine Währung, die gerade abgewertet wird, sich entgegengesetzt verhält.« Daraus entwickeln sich zwei Kreisläufe, ein »circolus *virtuosus*« und ein »circolus *vitiosus*«, die die Situationen der Länder, die sich in dem einen oder in dem anderen befinden, immer mehr auseinandertreiben.

Auch der nun von der OECD verheißene Aufschwung, den die Politik des neuen Präsidenten Carter begünstigen kann, läuft Gefahr, in größerem Maße den stärkeren Volkswirtschaften zugute zu kommen, wobei die Situation der schwächeren relativ noch schlimmer wird.

Es ist gewiß kein Zufall, wenn die Lage eines Landes von einem „ciculus vitiosus" gekennzeichnet ist. Und ich glaube, es ist nicht nötig zu sagen, daß wir auf Grundlage der italienischen Erfahrung völlig die Meinung derjenigen teilen, die hervorheben, daß es präzise interne politische Verantwortlichkeiten dafür gibt, daß ein Land in einen Teufelskreis geraten ist. Aber das hindert uns nicht zu betonen, daß man nur aus einer von Ungleichgewichten und unerträglichen Widersprüchen beherrschten Lage herauskommen kann, die unerbittlich von den »circuli virtuosi« und »vitiosi« genährt wird, wenn man zu einer Kontrolle der Wechselkursschwankungen kommt, zu einer Regelung der Anlage der Eurodollars und der Xenodollars und somit zu einer Reform des Währungssystems, die die Verantwortlichkeit jedes Staates in der Lenkung der internationalen Wirtschaft bewertet.

Wenn man nicht schleunigst etwas in dieser Richtung unternimmt, werden die Eingriffe und die Darlehen des internationalen Währungsfonds immer breiteren Umfang gewinnen müssen, was bereits durch den Verlauf des Jahres 1976 bewiesen ist. Aber diese Eingriffe werden nicht ausreichen – trotz der immer härteren oder sogar erstickenden Umstände für die Länder, die sie verlangen oder erhalten; es genügt, das Bittschreiben zu lesen, das die Regierung in London in den letzten Tagen unterzeichnet hat, mit dem sie das berühmte Darlehen vom Währungsfonds bekommen wollte, um ein einigermaßen stabiles und anhaltendes Gleichgewicht wiederherzustellen.

Man vergesse nicht, daß es außer dem Problem der Wechselkursschwankungen und der Inflation noch das Problem des internationalen Handels gibt und die Gefahr, die der in den vorangegangenen Jahrzehnten verwirklichten Liberalisierung des Handelsverkehrs drohen kann. Der letzte Bericht des Währungsfonds drückt Befriedigung über die Tatsache aus, daß es in diesen Jahren keinen Run der verschiedenen Länder auf konkurrierende Abwertungen gab, mit denen mit unheilvollen Auswirkungen in der Periode zwischen den zwei Weltkriegen experimentiert wurde. Aber man muß sagen, daß sich die konkurrierenden Abwertungen auf den Wechselmärkten dank der Schwankungen »automatisch« ergeben haben. Und im übrigen drückt derselbe Bericht des Fonds das Bedauern aus, daß sich eine »klar erkennbare Tendenz zu einem verstärkten Rückgriff auf Importkontrollen« abzeichnet.

Die Gefahr, daß diese Tendenz um sich greift, kann nicht unterschätzt werden. Sie muß vielmehr – wie wir glauben – die demokratischen Kräfte dazu bringen, den notwendigen Druck auszuüben, damit die Regierungen der einzelnen Länder und die Europäische Wirtschaftsgemeinschaft insgesamt daraufhin wirken, aus dem internationalen Währungssystem ein Instrument der Zusammenarbeit zu machen, das eine internationale wirtschaftliche Entwicklung verwirklichen kann, die ausgewogener, dauerhafter, gerechter und eben deshalb weniger inflationär ist.

7. Bevor ich schließe, sei mir noch eine Bemerkung erlaubt. Bei der Eröffnung dieser Zusammenkunft haben wir unsere Aufmerksamkeit auf die internationale Lage konzentrieren wollen; nicht etwa, weil wir meinen, daß die Schwierigkeiten von anderen die Probleme unseres Landes abschwächen oder um zur Untersuchung von etwas überzugehen, was sich uns als leichte Perspektive bieten kann.

Überzeugt von der außergewöhnlichen Schwere der Krise unseres Landes, machen wir uns nicht die Illusion, die italienischen Probleme könnten durch einen günstigen Verlauf der internationalen Wirtschaft gelöst werden. Wir haben niemals auf die Abfahrt der amerikanischen und deutschen Lokomotiven wie auf Tatsachen geachtet, die geeignet wären, unser Schicksal zu verändern. Die Freizügigkeit des Handelsverkehrs und die Teilnahme Italiens am europäischen Integrationsprozeß haben zwar bewirkt, daß unser Land den internationalen Bedingungen ausgesetzt ist. Aber seit nunmehr einigen Jahren trifft das vor allem im negativen Sinn zu. Wenn die Situation hingegen günstig erscheint, tut sich die italienische Wirtschaft schwer, davon positive Reflexe zu erhalten, da die Probleme, die sie im Griff halten, zu schwerwiegend sind. Daraus ergibt sich die wachsende Gefahr, daß unser Land an den Rand gedrängt wird und historischem Niedergang verfällt: diese Gefahr wäre unaufhaltbar, wenn man

– mehr oder weniger vorsätzlich – erneut den Weg des Protektionismus einschlüge, um die von der Krise gestellten Probleme anzugehen.

Wir haben wiederholt gesagt, daß Italien ohne die internationale Zusammenarbeit nicht existieren kann. Außerdem haben wir gesagt, daß unser Land seinen Teil zum Kampf um neue fortschrittlichere Formen der internationalen ökonomischen Zusammenarbeit beitragen muß. Aber ein Land, das unfähig wäre, das Chaos und die Zersplitterung zu vermeiden, und das nicht imstande wäre, die notwendige Politik zu bestimmen und zu realisieren, um die eigene Inflation unter Kontrolle zu bringen, könnte seinen Beitrag in diesem Kampf nicht leisten.

Inflation (Steigerung der Preise für Konsumgüter) und Wachstum des Bruttosozialprodukts in den OECD-Ländern. (Veränderungsraten im Jahresdurchschnitt)

	Konsumgüterpreise	Bruttosozialprodukt
1960 – 64	2,3 %	5,3 %
1965 – 69	3,6 %	4,9 %
1970 – 74	7,2 %	3,8 %
1975 – 76	9,8 %	1,2 %

Quelle: OECD

Luciano Barca
Der Kampf gegen die Inflation*

1. Was Eugenio Peggio und Antonio Pedone in ihren Analysen als Rahmen abgesteckt haben, muß zu äußerster Besorgnis veranlassen: die Krise steht uns noch in all ihrer Schwere und Komplexität bevor mit allgemeinen Kennzeichen, die die gesamte kapitalistische Welt betreffen, aber auch mit deutlichen italienischen Besonderheiten. Die Inflationsrate droht 1977 unverändert zu bleiben, wobei den schwächsten und schutzlosesten Schichten die Hauptlast auferlegt und der Spielraum einer gewissen wiedererlangten Wettbewerbsfähigkeit unserer Produkte zerstört wird, während die Gefahr einer Rezession bedrohlich zunimmt. Angesichts dieser Gefahren erscheint manchen bereits die Perspektive der Stagnation (des »Nullwachstums«) als geringeres Übel oder sogar als Ziel für das beginnende Jahr.

Der auswärtige Druck auf die Lira hat sich, wenn auch zeitweise, abgeschwächt. Damit ist bewiesen, daß einige Maßnahmen (die jedoch im Februar entschärft werden müssen) und vor allem ein gewisses politisches Klima der Solidarität, das im Lande entstanden ist, die Angriffe auf den Wechselkurs geschwächt oder gebremst haben. Trotzdem kann man nicht verschweigen oder verniedlichen, daß neuer sozialer und politischer Druck im Innern entsteht, sei es durch die fortwährende Erosion der Kaufkraft vieler Einkommen aufgrund der Inflation, sei es wegen der Auswirkungen einer Austeritätspolitik, die nunmehr vielerseits als notwendig angesehen wird, aber deren Zielsetzung – auch wegen des fragmentarischen und widersprüchlichen Verhaltens der Regierung – nicht immer klar und deren Durchführung nicht immer richtig und ausgewogen erscheint.

Das Unbehagen, die Besorgnis und die Unsicherheit sind durch die persönlichen Ausfälle von Ministern, die Publizität (oder die Droge der Inflation) suchten, durch das Fehlen einer klaren Linie von seiten der DC und allgemeiner durch die Tatsache vergrößert worden, daß sich aus der ökonomischen und politischen Debatte keine klare Linie herausschält, wonach oft konkurrierende und einander widersprechende Ziele vereinbar zu machen wären. Diese schwerwiegende Schranke wird von der Haltung der Regierung gegenüber den Gewerkschaften bestätigt. Sie denkt in ei-

* Referat auf der CESPE-Tagung vom 11. 1. 1977. Übers. von Helmut Drüke.

ner irreführenden Logik: fortlaufend wird der Schwerpunkt von der Reduzierung der Inflationsrate auf die Verteidigung der Beschäftigung verlagert; von der Kürzung der öffentlichen Ausgaben auf die Steigerung der Exporte; von Steuererhöhungen auf die Probleme der Produktivität, wobei in gefährlicher Weise Ziele, Zusammenhänge und Instrumente durcheinandergebracht werden.

Diese Logik hat im wesentlichen politische Ursachen: die Debatte wäre unter anderem fruchtbarer, wenn sie sich in engem Kontakt, mit einer Diskussion und direkten Auseinandersetzung zwischen allen demokratischen Parteien (auch über die Prozeduren hinweg, die die parlamentarischen Debatten regeln) in einem Klima hätte entfalten können, wo man offen gemeinsame Verantwortung gegenüber dem Lande übernimmt. Eine beschränkte Auseinandersetzung über einzelne Maßnahmen, wie sie sich der Ministerpräsident (Presidente del consiglio) vorstellt (und was schon einen Fortschritt gegenüber vorheriger Ablehnung darstellte), ist von Natur aus dazu bestimmt, den fragmentarischen Charakter zu verschärfen und ein fruchtbares Nachdenken über den umfassenden Sinn der Maßnahmen zu verhindern.

Eine freie Debatte, an der jeder mit eigener Verantwortung teilnimmt, kann sicherlich nicht solch eine Auseinandersetzung ersetzen; jedoch kann sie, wie Amendola hervorgehoben hat, zur Klärung dessen beitragen, was zu tun ist, um aus einer der schwersten Krise unserer Geschichte herauszukommen. Dazu scheint es angemessen, bevor Hypothesen für spezifische und konkrete Maßnahmen aufgezeigt werden, den allgemeinen Sinn der Politik zu verdeutlichen, die heute gewählt und gemacht werden müßte. Der Regierung werfen wir vor, daß sie diese Politik nicht kennt oder nicht machen kann.

Ich persönlich würde sie so bestimmen: *es ist für das Land nötig, schrittweise die Inflationsrate zu verringern und den Wechselkurs zu verteidigen, ohne auch nur einen Augenblick auf das wesentliche Ziel zu verzichten, auf das hingegen die verschiedenen Maßnahmen zu richten sind, das darin besteht, mehr Ressourcen und mehr Reichtum zu produzieren, indem man den produktiven Bereich erweitert bzw. die gesamte Produktivität auf ein höheres Niveau hebt.*

Die einzelnen Teile einer so bestimmten Linie sind nicht ohne weiteres alle miteinander zu vereinbaren: *zwischen der Verringerung der Inflationsrate und der Verteidigung des Wechselkurses einerseits und der Produktion von mehr Reichtum andererseits kann kurzfristig ein Widerspruch entstehen. Aber den Widerspruch zu überwinden, der nicht automatisch von den Mechanismen des gegenwärtigen Marktes und des gegenwärtigen Systems absorbiert werden kann, ist die anstehende Aufgabe einer Wirtschaftspolitik (und allgemeiner einer Politik, die diesen Namen verdient).*

Bevor man diskutiert, wie die Verringerung der Inflationsrate und die Verteidigung des Wechselkurses auch kurzfristig mit dem Ziel einer größeren Produktion von Ressourcen zu vereinbaren sind, muß man an diesem Punkte zwei Vorfragen stellen, die im übrigen dazu beitragen, die

Grundlinie besser zu bestimmen: d. h. 1) zu klären, ob das Ziel, mehr Ressourcen zu produzieren, tatsächlich zentral und unverzichtbar ist, um die Inflation zu bekämpfen; 2) die Wirkungen der Austeritätsmaßnahmen zu verifizieren, die die Regierung bisher beschlossen hat.

2. Unserer Meinung nach gibt es keinen Zweifel darüber, daß eine antiinflationistische Politik von dem Ziel bestimmt werden muß, die Ressourcen der Nation zu vermehren. In einem mittelfristigen Programm würden wir wahrscheinlich das zentrale Ziel anders formulieren: man kann, so scheint uns, ohne weiteres die Einschätzung teilen, die von der Federazione sindacale unitaria (einheitliche Gewerkschaftsförderation, CGIL-CISL-UIL, d. Übers.) und von Luciano Lama (Generalsekretär der größten Einzelgewerkschaft CGIL, d. Übers.) vorgebracht wurde, daß die »Vollbeschäftigung« der zentrale Wert sei, an den sich alle anderen anschließen und auf den sich alle anderen beziehen müssen. Aber in naher Zukunft ist die Verteidigung der Beschäftigung mehr ein gesellschaftlich und politisch wesentliches Bindeglied, von dem man wissen muß, daß es das grundlegende Ziel eines antiinflationistischen Kampfes ist. Müßten wir zwischen der Agitation von Donat Cattin (Industrieminister der gegenwärtigen Regierung Andreotti, d. Übers.) über die Voraussage von 500 bis 600 T Arbeitslosen für 1977 und der Besorgnis von Dr. Carli (seit kurzem Vorsitzender des Unternehmerverbandes Confindustria, d. Übers.) über eine Verringerung der Arbeitsproduktivität wählen, so scheinen wir in der Tat die letztere eher teilen zu können. Die Zahl von 600 T Arbeitslosen drückt das abstrakte Maß dafür aus, wie sich die Beschäftigung bei einem fast natürlichen Anstieg der Produktivität verringern würde, und zwar nicht nur, wenn Veränderungen in der Regierungspolitik ausbleiben, sondern auch, wenn es in Italien nicht das Statut der Werktägigen (Statuto dei lavoratori), die Cassa integrazione (Lohnausfallkasse) und vor allem eine starke und vereinte Gewerkschaft gäbe. Die Gefahr eines Falls der Produktivität und der Belastung der sozialen Vorsorge eines Systems, das unfähig geworden ist, die verfügbare Arbeitskraft produktiv zu verwenden, ist vielmehr eine reale Gefahr, die wir gerade erleben. Gerade angesichts dieser realen Gefahr scheint es uns angemessen zu sein, den Akzent in erster Linie auf die Produktion eines größeren Reichtums durch die Nation zu legen. Dieses Ziel muß ohne Zweifel seinerseits näher bestimmt werden (aber selbst das Ziel der Vollbeschäftigung muß weiter bezeichnet werden), weil die *Verwendung* des Reichtums für die Ziele der Erhöhung der Produktivität und ihrer Stabilisierung sowie im Hinblick auf die notwendige Zustimmung nicht gleichgültig ist. Aber da die *Qualität* und die *Verwendung* des produzierten Reichtums wie seine Verteilung historisch zur Bedingung seiner Quantität geworden sind, weil nicht nur der Konsens, sondern auch *die politische Initiative der Arbeiterklasse notwendig geworden sind, um zu produzieren,* und da das auch kurzfristig zutrifft, meine ich, daß wir, ohne anderen nachzugeben, die Aufgabe übernehmen können, die einmal die Unternehmerbourgeoisie hatte.

Und im übrigen ergibt sich auch aus der Geschichte der Krise selbst, ihrer Entstehung und ihrer Verschärfung, als zentrale Frage des Kampfes gegen die Inflation das Problem, in Italien mehr Reichtum zu produzieren.

Außer den unmittelbaren Faktoren, die die Inflation anheizen, ist es eine Tatsache, daß sich die Inflation in gefährlichem Ausmaße in Italien verschärft hat, als, in einer Situation, die schon vom Gesichtspunkt der Kosten angespannt war, das veränderte Tauschverhältnis zwischen Rohstoffen und Produkten das Problem aufgeworfen hat, anderen Entwicklungsländern einen Anteil unserer realen Ressourcen zuzugestehen (oder zu erstatten). Das Problem hat ältere Ursprünge als das Ölembargo (und die Folgen der Lohnkämpfe von 1968/69 haben das bereits deutlich gemacht), aber da dieses Referat die Ausrichtung einer kurzfristigen Politik aufzeigen will, kann man als Ausgangspunkt die Tatsache nehmen, daß sich das Ungleichgewicht eines Landes vollständig enthüllt hat, das mehr Mittel konsumiert, als es produziert, weswegen seine Verschuldung ständig anwächst.

Für dieses Problem (oder Ungleichgewicht) gibt es nur zwei Lösungen von dem Augenblick an, wo es undenkbar ist, sich grenzenlos zu verschulden: entweder die gesamte Nachfrage zu verringern oder die produzierten Ressourcen zu vergrößern (auf diese beiden elemtaren Lösungen kann man alle vorgeschlagenen Therapien zurückführen). Ohne Zweifel muß der Anteil der gesamten Nachfrage, der von der Ausgabe für individuellen Konsum dargestellt wird, verringert werden. Ob Verringerung der Inflationsrate und verstärkte Produktion von Ressourcen miteinander in Einklang zu bringen sind, entscheidet, genauso wie die gesamte Nachfrage, die Verlagerung von Ressourcen aus unproduktivem zum produktiven Gebrauch; die Verringerung der gesamten Ausgabe für Konsum zugunsten der Investitionen (oder der Exporte). Diese Ausgabe bleibt heute besonders hoch wegen der unkritischen Übernahme von Konsummodellen in einem Land mit einem weitaus geringeren fixen Kapital pro Einwohner als in anderen kapitalistischen Ländern, ja mit noch größerer Verschwendung von Ressourcen als in solchen Ländern. Worin besteht die Austerität, oder welche Austerität benötigt dieses Land, um aus der Krise herauszukommen? Nicht die Entbehrung für einige Tage oder Monate, sondern *eine Austerität, die sich in eine dauerhafte und neue Lebens- und Konsumweise umsetzt.* Aber gleichfalls bezweifeln wir nicht, daß der allgemeine Ton, der allgemeine Sinn einer antiinflationären Politik nicht von einer fortwährenden Anpassung nach unten bestimmt werden darf, sondern von dem Ansteigen der produzierten Ressourcen. Dieser Anstieg ist selbst das Ziel und die Motivation der Austerität, sowie die Bedingung für ihre volle Akzeptierung, auch wenn *gerade das Streben nach diesem Anstieg größere Opfer als notwendig erfordern kann und größere als zu einer rein konjunkturellen Verteidigung des Wechselkurses reichen würde.*

3. Nun ist zu untersuchen, ob die Maßnahmen der Regierung Andreotti mehr oder weniger in die Richtung der Lösung dieses Problems ge-

hen, die wir als grundlegend für den Kampf gegen die Inflation angezeigt haben.

Dazu können wir nur das kritische Urteil bestätigen, das der PCI mehrere Male geäußert hat, insbesondere in den beiden Parlamentsdebatten über den Haushalt und die ökonomischen Maßnahmen, und das zum großen Teil mit der Einschätzung der anderen linken und demokratischen Kräfte zusammenfällt, auf deren Enthaltung sich die Regierung stützt.

Viele dieser Maßnahmen der Regierung Andreotti waren unvermeidbar, um eine Situation anzugehen, die bereits davongaloppierte auch wegen der schweren Verspätung, die verschiedene politische Faktoren und Haltungen gerade zu dem Augenblick (1975) bestimmt hatten, als sich ein Notstand und die Notwendigkeit einer Notstandsregierung oder zumindest eines Notstandsplans abzeichnete, der von den demokratischen Parteien vereint hätte durchgeführt werden müssen. Deutliche Abstriche und Abzug der Liquidität und der Ersparnis waren unvermeidbar, um den Wechselkurs (auf dem sich rasch und krampfhaft das Ungleichgewicht zwischen bezahlbaren Ressourcen und Konsum entlud) wieder kontrollierbar und lenkbar zu machen, oder um mit Realismus den internationalen Bedingungen Rechnung zu tragen, die Italien nicht ignorieren kann, sei es wegen seiner Verbindungen und Integration mit dem Europa der EG sowie mit den Vereinigten Staaten, sei es wegen der Situation, die von der Höhe der Schulden und der Anleihen geschaffen wurde.

Bei einigen Gruppen der Arbeiterklasse, die ein Gespür für die Fragen der Inflation und der Austerität haben, bemerkt man dennoch in diesem Zusammenhang eine Unterbewertung der Probleme der Zahlungsbilanz und des Wechselkurses, gleichsam als beträfe die Inflationsrate die Volksmassen und der Wechselkurs der Lira stattdessen nur die Banca d'Italia und »die übrigen«. Nichts ist so falsch wie das. Alle Umstände von 1976 liefern den umfassenden Beweis, daß Wechselkurs und Inflationsrate direkt verbunden sind und daß die Veränderungen des Wechselkurses sofort auf die Preise und die mit den Preisen verbundenen Mechanismen einwirken. Deshalb darf die Tatsache nicht unterbewertet werden, daß es, wenn auch nur zeitweise – wir wiederholen es –, gelungen ist, den rasenden Verfall der Lira aufzuhalten und eine gewisse Aufwertung zu erlangen. Ebenso darf nicht die Tatsache unterschätzt werden, daß man zum ersten Male dahin gekommen ist, daß einige Maßnahmen des Einkommensabzuges in Italien nach Kriterien der progressiven Besteuerung angenommen worden sind. Wir beziehen uns auf einige Differenzierungen in den Tarifen und vor allem auf die entsprechende Behandlung der Einkommen über sechs bis zu acht Millionen Lira in der gleitenden Lohnskale (scala mobile).

Trotzdem muß mit gleicher Klarheit betont werden, daß *die Maßnahmen der Regierung (die getroffenen und die verwirrt angekündigten) nicht eine Politik umreißen, die in der Lage ist, Maßnahmen zur Einfrierung der Inflation mit der Erfordernis, Investitionen, Produktion und Produktivität zu entfalten, zu vereinbaren.* Dieses Problem bleibt vollständig ungelöst bestehen, wie die Federazione sindacale unitaria und die Versammlung der Fabrikdelegierten zu Recht unterstrichen haben, und erfordert eine entscheidende Kurskorrektur.

4. Unter den jüngsten umfassenderen Versuchen, auf das von uns gestellte Problem eine Antwort zu geben, gibt es den Versuch des Studienzentrums des PRI (Partito Republicano Italiano, d. Übers.). Der sogenannte »Wiedereintrittsplan« dieses Zentrums ist noch nicht in all seinen Einzelheiten bekannt, sondern nur in seinen wesentlichen Zügen. Auf diese muß man sich beziehen, um Übereinstimmungen und Abweichungen deutlich zu machen und um die Auseinandersetzung fruchtbarer zu gestalten und überhaupt anzuregen.

Ein erstes Element scheint im Plan CEEP (Studiumzentrum für Wirtschaftspolitik, d. Übers.) positiv zu sein, und zwar die mehrjährige Politik, der eine Abstufung im Einsatz der verschiedenen Instrumente und eine zeitliche Planung gewisser Maßnahmen entspricht. Ich teile diese Grundeinsicht vollständig: *wenn wir nicht immer planlos handeln und endlich den Werktätigen und den Volksmassen sowie den Unternehmern Sicherheiten geben wollen, ohne die Politik alle drei Monate zu ändern, müssen wir zumindest für einen Zeitraum von drei oder vier Jahren die Maßnahmen planen und die politischen Bedingungen schaffen, um dieser minimalen Planung Wahrheit und Sicherheit zu geben.*

Im Plan CEEP werden einige spezifische Therapien aufgezeigt, die wir teilen können, zusammen mit anderen, die stattdessen zurückzuweisen sind (ich beziehe mich vor allem in diesem Zusammenhang auf die Indizierung der Profite, die durch die Verschlechterung des Wechselkurses, d. h. über (wenn auch kontrollierte) Abwertungen zu erreichen sei).

Was stattdessen anscheinend unmöglich abgelehnt werden kann, ist der allgemeine Sinn der Operation, die der CEEP anzeigt: zentrales Thema ist die fortschreitende Restriktion der monetären Grundlage, d. h. ein neuer Engpaß, wenn auch nur graduell und in der Zeit geregelt. Dieser Druck, von dem die Verringerung der Inflationsrate abhängig gemacht wird, wird numerisch vereinbar gemacht mit dem Einkommensanstieg, wobei eine drastische Beschneidung des öffentlichen Defizits und somit der öffentlichen Ausgaben sowie eine einschneidende Verkürzung der Lohnindizierung vorausgesetzt wird. Zur Frage der Indizierung der Löhne kehren wir zurück. Was die öffentlichen Ausgaben betrifft, so besteht kein Zweifel darüber, daß man darauf hinwirken muß, sie zu verringern, und einige Vorschläge, die wir vorbringen werden (z. B., über die Mobilität der Arbeitskraft, die im öffentlichen Bereich tätig ist) bewegen sich in Richtung auf diese Verringerung. Zwei Dinge muß man jedoch anmerken: a) kurzfristig müssen diese Ausgaben größtenteils als eine Tatsache angenommen werden; b) der größte Teil der Nachfrage aus den Fonds der lokalen Körperschaften ist unelastisch: der elastische Teil ist genau derjenige, der die Investitionen und die Bezahlung der Zulieferbetriebe betrifft. Zu sagen, daß der Raum für die Investitionen gefunden wird, indem mit monetären Maßnahmen die Fonds der lokalen Körperschaften und allgemeiner des öffentlichen Bereichs beschnitten werden, ist das gleiche, wie zu sagen, daß man ihn gewinnt, indem auf einem anderen Wege die Ausgaben für die Investitionen verringert werden und die Lage der Betriebe (die bereits heute von der öffentlichen Verwaltung mit jahrelanger Verspätung bezahlt werden) verschlechtert wird.

Kurz: es kann nicht darüber diskutiert werden, daß kurzfristig und vor allem angesichts der Frist von Februar die Dynamik der Liquidität der Banken und des Marktes unter strenger Kontrolle gehalten wird. Vom 18. Februar an wird die Steuer auf den Kauf von Währungen eingestellt; vom 28. Februar an wird die vorherige Auflage auf den Import von anfänglichen 50% und den gegenwärtigen 25% auf 10% fallen. Das erfordert, daß jede Haltung vermieden wird, die nicht gerade alles laufen läßt aber doch stark nachgibt. Etwas anderes ist es jedoch, wenn ich als zentrales Instrument eines mehrjährigen Notstandsplans den monetären Druck oder jedenfalls die Festsetzung einer monetären Basis wähle: in diesem Sinne ist der Plan des CEEP entweder ein Plan, der sich nach unten anpaßt, weil die Restriktion des Geldes unweigerlich auf die Investitionen und auf die Betriebe zurückschlägt (und deshalb von unserem grundsätzlichen Ausgangspunkt abweicht), oder ein Plan, der zwar einige Teilpunkte der Probleme zu erkennen hilft, aber nicht konkret auf das Problem antwortet, *wie* gewisse Ergebnisse erreicht werden können und wie die Ziele der Produktionserhöhung (und geschützte Entwicklung der Beschäftigung) mit dem Ziel, die Inflationsrate unmittelbar einzufrieren und den Wechselkurs der Lira zu verteidigen, miteinander vereinbart werden können.

Diesen Widerspruch haben wir mehrere Male hervorgehoben: an diesem Punkte ist es angemessen, ihn sehr deutlich zu erläutern. Er entsteht aus folgender Tatsache: während mittel-/langfristig die Inflationsrate verringert und der Wechselkurs nur unter der Bedingung verteidigt werden kann, daß die produzierten Ressourcen für den auswärtigen und inneren Markt steigen (unter der Bedingung also, daß die öffentlichen und privaten Betriebe selbst in der Lage sind, mehr zu produzieren), wirkt sich kurzfristig, und dieser Zeitraum interessiert hier, jede Steigerung der Investitionen negativ auf die Importe aus. Um genauer zu sein: die Auswirkung des Anstiegs der Nachfrage für Investitionen im verarbeitenden Bereich auf die Importe ist sehr viel stärker (man kann Vorbehalte gegen den Bericht Nr. 2 von Andreatta vorbringen, aber man muß die Bedeutung des dort Hervorgehobenen akzeptieren) als die Auswirkung der steigenden Nachfrage für den Konsum.

Die Verringerung des Inflationssatzes und die Verteidigung des Wechselkurses (die beiden Probleme sind miteinander verbunden) mit dem Anstieg der Investitionen und der Produktion in Einklang zu bringen, bedeutet, diesen besonderen Widerspruch zu lösen.

Darin besteht das Problem, das angegangen werden muß.

5. Eine erste Antwort, die ein Antiinflationsplan auf das gestellte Problem geben muß, geht aus der Tatsache hervor, daß *nicht notwendig und nicht immer ein Anstieg der Produktivität neue Investitionen und eine Pro-*

duktionssteigerung einen Anstieg der gesamten Nachfrage erfordert. Darin hat Claudio Napoleoni in seiner Rede recht, als er das Problem der geplanten Umschichtung von Ressourcen, bei Gleichheit der Gesamtnachfrage, aus den unproduktiven und in die produktiven Bereiche aufwarf, auch wenn seine Argumentation an manchen Punkten den Eindruck erwecken konnte, er würde eine Phase mit Nullwachstum theoretisieren und die Fähigkeit des Systems der Unternehmen überschätzen, spontan die erlangten Resourcen in der besten Weise einzusetzen.

Um die Produktivität bei gleichem Stand des fixen Kapitals (und das interessiert hier) zu steigern, besteht *das Hauptproblem, das angegangen und gelöst werden muß, in der Mobilität der Arbeitskraft und ihrer besseren Anwendung.* Das gilt ebenso für die privaten und öffentlichen Unternehmen, wie für die Staatsbetriebe und Ämter (das ist ein wichtiger Aspekt des Problems der öffentlichen Ausgaben).

Wenn man, statt das Problem der scala mobile derart hervorzuheben, das Thema der Mobilität herausstellen würde, zu dem es auch interessante Vorstöße von seiten der Gewerkschaften gab, könnten wir, so glaube ich, einige Entwicklungen ernsthafter angehen.

Neben der schwierigen, aber nicht unlösbaren Frage der Mobilität innerhalb der Betriebe, einer Mobilität, die sicherlich vergrößert werden muß, tritt im Zusammenhang mit einer besseren Verwendung der Anlagen deutlich zu Tage, daß gewisse Unternehmer und politische Kräfte sehr unterschätzen, wie disponibel die Gewerkschaften zum Problem der Arbeitsstunden und der Schicht (insbesondere im Mezzogiorno) sind. Außerdem unterschätzen diese Kreise die Möglichkeit, die eine andere Fassung des Gesetzes für die Umstellung der Industrie (riconversione) den regionalen Organen für den Teil hätte verschaffen können, der die Mobilität betrifft, und die Möglichkeiten, die dadurch gegeben werden, wenn die Gesetze für die Jugendbeschäftigung nicht als Fürsorge aufgefaßt werden.

Was ist der zentrale Punkt, der betont werden muß, und der noch im Gesetz zur Umstellung der Industrie hervorgehoben werden kann?

Es ist der Punkt, der *die Trennung der Verteidigung der Beschäftigung, um die die Arbeiterklasse zu Recht kämpft, von der Verteidigung schwacher Betriebe oder unnützer Körperschaften oder Ämter betrifft.*

Wir alle wiederholen, daß die Wirksamkeit des öffentlichen Apparates Bedingung für eine Wiederbelebung ist, aber dann trägt man von mehreren Seiten zur Ineffizienz bei, indem die Beschäftigung im öffentlichen Bereich aufgeblasen wird, die Ämter oder die Körperschaften mit Leuten aufgefüllt werden, die dafür bezahlt werden, daß sie nicht arbeiten (man denke nur an die unheilvollen Auswirkungen der Maßnahme, das Personal von unnützen aufgelösten Körperschaften den Regionen zu überstellen). Dasselbe geschah bei den Betrieben. Die Erpressungen von Montedison und von der EGAM haben teilweise funktionieren können, weil die Verteidigung der Beschäftigung unter den gegebenen Umständen darüber lief und noch läuft, daß man der Montedison und der EGAM Milliarden von Lire spendet. All das stört Maßnahmen zur Wiedergenesung, zur Restrukturierung und zur Umstellung. Zudem ist es offensichtlich nicht möglich, die Mobilität so zu akzeptieren, wie es gewisse Industrielle gerne möchten, nämlich als Voraussetzung für die Arbeitslosigkeit.

Dazu ist es nötig, das Schicksal eines besonderen Unternehmens vom Schicksal der Beschäftigung zu trennen und dazu überzugehen, statt die Beschäftigung statisch auf dem jeweiligen Posten zu verteidigen, sie dynamisch zu sichern. Die erste Gelegenheit dazu besteht darin, regionale Komitees zur Mobilität einzusetzen, die mit dem Komitee für die Umstellung (CIPI) verbunden sind. Sie sollen in die Lage versetzt werden, die Mobilität zu lenken, indem sie den Werktätigen vollständig absichern und ihn tatsächlich verwenden (und nicht nur bezahlen); die zweite Gelegenheit, ich wiederhole es, bietet sich durch die Gesetze für die Jugendbeschäftigung.

Es ist absurd und skandalös – aber diese Absurdität und diesen Skandal überwindet man nur, wenn sich der moralische und politische Rahmen des Landes ändert – daß es wesentliche Dienste gibt, die nicht funktionieren können, wodurch sie die Produktivität des Landes drücken, und daß es dann Tausende und Abertausende von Werktätigen gibt, die in gewissen Ämtern nicht oder schlecht eingesetzt sind oder nur als Waffe zur Erpressung verwandt werden, um vom Staat Gehälter und Geldmittel zu bekommen, wodurch die öffentliche Verschwendung vergrößert wird.

6. Ein zweiter Weg, um den Widerspruch zwischen der Verringerung der Inflationsrate und der Verteidigung des Wechselkurses einerseits und der Steigerung der Produktion auf der anderen Seite zu überwinden besteht darin, *zu einer rigorosen Auswahl der zu unterstützenden Investitionen überzugehen.* Hier kommt die Rede auf die Mechanismen des Gesetzes zur Umstellung der Industrie, das jetzt in der Abgeordnetenkammer diskutiert wird, aber sie betrifft auch die Anwendung des Gesetzes für den Mezzogiorno und die Investitionspläne der Betriebe mit staatlicher Beteiligung.

Es trifft nicht zu, daß alle Investitionen dieselben Auswirkungen auf die Importe haben.

Da sind Investitionen, a) die zur Verringerung des Defizits in der Zahlungsbilanz für die bestimmenden größeren Exporte beitragen; b) die die Importe verringern helfen; c) die dazu beitragen können, gewisse Vergeudungen und einen gewissen Verbrauch zu reduzieren oder den Drift der Geldeinkommen zu verringern, soweit sie in direkter und sozialer (und ökonomischerer) Weise die Bedürfnisse befriedigen können.

Um diese Investitionen zu bestimmen und durchzuführen, müßte man konkret mit programmatischen Leitlinien arbeiten.

Zur Vertiefung dieses Problems verweise ich auf eine andere Stelle, aber hier wären unmittelbar drei Sektoren angesprochen: *die Landwirtschaft* (mit der einerseits die Verteidigung des Bodens und andererseits die Frage der Nahrungsmittelindustrie zusammenhängt), *der ökonomische Bau* und die *kollektiven Verkehrsmittel.*

Die spezifischen Gesichtspunkte werde ich nicht wiederaufgreifen. Dem, was schon häufiger gesagt wurde, möchte ich nur zwei Bemerkungen hinzufügen.

Es wurde behauptet, daß man auf öffentliche Arbeiten setzen muß, um einen Fall des Volkseinkommens 1977 zu verhindern, da die anderen Investitionen nur mittelfristig und zwar sogar später als 1978 wirksam werden. Dem kann man nur *unter der Bedingung* zustimmen, *daß diese Arbeiten nicht zu einer Steigerung des laufenden Ausgabenvolumens* führen und daß somit die Verwendung der Produkte mit bereits angestelltem Personal über die Mobilität garantiert wird, oder mit Jugendlichen oder Freiwilligen und *unter der Voraussetzung, daß sich die Arbeiten in die Prioritäten einordnen, die als wesentlich betrachtet wurden,* um die Produktivität des Systems zu heben und um die Ökonomie der Ressourcen zu verbessern.

Von diesem Blickwinkel aus ist es absurd, daß der Finanzminister (Ministro del Tesoro) unter die nicht auszugebenden Summen die eingeschlossen hat, die im allgemeinen Fonds für Arbeiten zur Verteidigung des Bodens (in einem Land, das die Erdstöße von Friaul und die Überschwemmungen von Sizilien erlebt hatte) zurückgelegt waren, und zu den sofort auszugebenden Summen, die für die Autobahnen in den Abruzzen oder für die Autobahn Salerno-Reggio Calabria zählt. Demgegenüber halten wir es für unerläßlich, daß sofort Arbeitskräfte und Ressourcen von den Autobahnen zum Einsatz in der Landwirtschaft und bei der Eisenbahn verlagert werden, wo Vorhaben nicht verwirklicht werden konnten, die bereits beschlossen oder seit 10 oder 5 Jahren finanziert sind.

Ich will nicht auf die wesentliche Rolle der staatlichen Beteiligungen für die Lösung des Nahrungsmittelproblems eingehen: dazu verweise ich auf die Parlamentsdebatten, in denen wir betont haben, wie heute eine Entscheidung für den Nahrungsmittelbereich genauso wichtig wäre wie früher die Entscheidung für den Stahl. Ich möchte nur hinzufügen, daß für die Landwirtschaft etwas Neues geschaffen werden muß, da wir sonst den Druck der Zahlungsbilanz nicht mildern würden.

Das Risiko, daß außergewöhnliche (und ausnahmsweise finanzierte) Formen der Verwendung der Arbeitskraft eine Konkurrenz zu den gesunden Betrieben herstellen und sie in Schwierigkeiten bringen, ist in der Landwirtschaft weit weniger stark als in der Industrie. Und es ist unerträglich, daß das zu kultivierende Land immens zunimmt, während wir eine immer größere Menge von Agrarprodukten importieren. Dazu ist zu untersuchen, ob die verfügbare Arbeitskraft auch als Teilzeitkraft auf den verlassenen oder unkultiviert gelassenen Ländereien eingesetzt werden kann. Dieser Eingriff kann von den Regionen, den Gemeinden und den Berggemeinschaften gelenkt werden.

Außer der direkten Verwendung der Arbeit Jugendlicher, die nicht zu Marktpreisen bezahlt wird, kann man kooperative und assoziative Formen verwenden: die Dezentralisierung ist hier entscheidend.

7. *Ein dritter Weg ist die Verringerung bestimmter Konsumarten,* um im

allgemeinen für Investitionen mehr Ressourcen zur Verfügung zu haben. Als wir von Prioritäten sprachen, haben wir bereits eine geringere Zunahme des inividuellen Konsums zugunsten des gesellschaftlichen Konsums vorgeschlagen.

Es hat sich das Problem gestellt, ob man nicht zur Rationierung gewisser Produkte (Fleisch, Erdölprodukte) übergehen muß. Unsere Antwort lautet, daß diese Formen der Rationierung in jedem Fall vorbereitet werden, weil die schlechteste Rationierung diejenige ist, die von hohen Preisen bestimmt wird.

Wir wünschen jedoch nicht, daß man fortwährend von Rationierung redet und inzwischen nicht einfache und unmittelbar durchführbare Normen verwirklicht, um gewisse Konsumarten zu begrenzen und zu verändern. Wir beziehen uns in diesem Zusammenhang auf die häufiger vorgebrachten Vorschläge, den Import von ausschließlich den hinteren Teilen des Ochsen zu verbieten und zur Verpflichtung zu machen, nur vollständige Hälften zu importieren, was zu einer Beruhigung der Preise führen würde (die vorderen Teile des Rinds, die auf dem Markt nicht abgesetzt werden, können auch einem Preiskontrollsystem unterstellt werden) und die Auswirkungen auf die Zahlungsbilanz dämpfen würde.

8. Offensichtlich genügt es nicht, die Investitionen und die Produktion anzuregen: *gleichzeitig muß man die Realisierung des Produktes garantieren und somit eine Nachfrage, die den gewählten Entscheidungen entspricht.*

In diesem Zusammenhang mag es nicht unnütz sein, unsere Haltung zum Export zu präzisieren, bevor wir zu den entscheidenden Problemen des inneren Marktes kommen.

Der Export ist notwendige Bedingung, um eine Rezession infolge notwendiger Importeinschränkungen zu verhindern. Darüber gibt es für uns keinen Zweifel und dazu sind konkrete Vorschläge, auch zur Organisation, vorgetragen worden für eine engere Verknüpfung zwischen der auswärtigen Politik Italiens und der Suche nach neuen Absatzmärkten, und es wurden spezifische Initiativen Italiens in der EG angeregt (positive Perspektiven können sich auch ergeben, wenn die EG bestimmte Öffnungen, die der COMECON anbietet, aufgreifen würde).

Unsere Polemik über die Perspektiven des Exports betrifft somit nicht die Notwendigkeit, unsere Importfähigkeit an die Entwicklung des Exports zu binden. Wogegen wir polemisieren (man siehe die letzte Zusammenkunft des CESPE), ist die Illusion, es wäre in der gegenwärtigen Situation des internationalen Markts und der Krise vieler Länder Europas möglich, unseren Wiederaufschwung und den Ausweg aus der Krise der selbstregelnden Zugrolle der Exporte anzuvertrauen. Unsere Polemik gilt ebenso der Tatsache, daß dieser Illusion jeder Wandel der alten Modelle und jeder Reformwille geopfert werden soll.

Dazu, sowie zur Verteidigung unserer »Importfähigkeit« (import capacity), *legen wir den Akzent auf den inneren Markt und auf die Veränderungen und Reformen, die durchzuführen sind, weil mit der Verringerung eines*

bestimmten individuellen Konsums die Programmierung von »Nachfrage-
blöcken« einhergeht, deren Hauptträger vor allem die lokalen Körper-
schaften sind (Nachfrage nach kollektiven Verkehrsmitteln, nach Arbeiten für das Territorium und die Landwirtschaft, nach Schulen und dazu-
gehörenden Ausstattungen etc.).

9. Wenn die lokalen Körperschaften die Hauptträger einer Investitionspolitik und auf dem Markt die Subjekte einer neuen gesellschaftlichen Nachfrage werden müssen, von der die Absatzgarantie für viele neue
Investitionen abhängt, erscheint die Polemik gegen die Existenz dieser
lokalen Körperschaften selbst ungerechtfertigt und absurd, gerade so, als
wäre jede ihrer Ausgaben (die oft genauen Gesetzesverpflichtungen entsprechen) eine Verschwendung, und als hinge nicht von ihrer Rolle die
Existenz vieler tausend Betriebe ab.

Der Weg der Dezentralisierung ist andererseits immer noch der beste
Weg, um einen zentralisierten und verhärteten Apparat effektiver zu gestalten, auch wenn man den Mut haben muß, nicht die Institute zu sum-
mieren, sondern dazu überzugehen, einige zu ersetzen oder auszuschal-
ten: positiv erscheint in diesem Sinne der Vorschlag, die Provinzen abzuschaffen und aus den »comprensori« (Gebiete in denen Bauarbeiten der
öffentlichen Hand durchgeführt werden, d. Übers.) interkommunale Organe und nicht neue Körperschaften zu machen.

Es gibt zweifellos ein noch ungelöstes Problem: nämlich die zentrale
Kontrolle aller Finanzflüsse mit der wirklichen Selbständigkeit der lokalen
Körperschaften abzustimmen. Aber der Weg, um dieses Problem zu lösen,
liegt gewiß nicht darin, der monetären Grundlage und dem Kredit einen
willkürlichen Plafond zu verpassen und dann den Gemeinden zu sagen, sie
sollten sich damit zurechtfinden.

Die Verhärtung der Schuldsituation ist die größte Lähmung für eine ri-
gorose Politik in den öffentlichen Ausgaben. Eine Milliarde mehr oder
weniger macht keinen Unterschied für jemand, der mit Hunderten von
Milliarden verschuldet ist. Deswegen ist es unausweichlich, so schnell wie
möglich einen Plan der Vorabkonsolidierung und der Konsolidierung der
Schulden der Gemeinden durchzuführen.

Gleichzeitig damit werden die Kostenanteile festgelegt (und es bleibt
unverständlich, weshalb die Regierung das noch nicht gemacht hat), die
obligatorisch mit Tarifen gedeckt werden – um die Defizite zu vermindern
–, werden Kredite garantiert und besondere Fonds geöffnet, die für solche
Prioritäten reserviert bleiben und woraus nicht Gelder für andere als von
dem Prioritätenfächer vorgesehene Zwecke entnommen werden. Innerhalb dieser Liste der Prioritäten müssen die lokalen Körperschaften ihre
eigenständige Auswahl treffen. Auf diese Weise wird man den Zuliefe-
rern und den Betrieben nicht nur Sicherheit dafür geben, daß tatsächliche
gewisse Prioritäten verfolgt werden, sondern auch für die Tatsache, daß
tatsächlich bezahlt werden wird, wer im Bereich dieser bestimmten Prioritäten handelt und investiert.

10. Bewußt haben wir einen Punkt an den Schluß gestellt, der heute im

Zentrum der Debatte steht: die Frage der Kosten pro Produkteneinheit, die schon von Antonio Pedone in seinem Bericht gestellt und angegangen wurde.

Wir haben diesen Punkt übriggelassen, nicht weil wir das Problem unterschätzen, sondern um erneut deutlich zu machen, daß es unnütz und perspektivlos ist, von einer Verringerung der Arbeitskosten pro Produkteinheit in einer Wirtschaft zu reden, in der die Produkteinheiten insgesamt fortschreitend reduziert werden. *Zur Verbesserung der Wettbewerbsfähigkeit den Zins oder die Arbeitskosten (Sozialabgaben) zu verringern hat keinen Sinn, wenn gleichzeitig die Produktivität und die Produktion zurückgehen.* Wenn sich Zähler und Nenner gleichzeitig verringern, wird man sich am Ende, wie schon hervorgehoben wurde, am Ausgangspunkt wiederfinden.

Anders stellt sich das Problem der Kosten im Rahmen einer Politik, die auf die Entfaltung der Produktion zielt.

Was die Kosten betrifft, werde ich also nicht wiederaufnehmen, was bereits häufiger über Geldkosten oder Arbeitskosten gesagt wurde. Ich werde mich darauf beschränken, kurz auf die jüngsten Entwicklungen der Debatte einzugehen.

Bei den Geldkosten hat sich die Diskussion darauf konzentriert, ob es angemessen ist oder nicht, mit administrativen Maßnahmen auf die Zinssätze einzuwirken. Wir meinen, daß von drastischen Beschneidungen der passiven Raten abzuraten ist, die schließlich das Geld aus den Banken fließen lassen würden, ohne es auf die Betriebe hinzulenken, angesichts der Lage der Banken und der Untätigkeit der Consob. Wie uns scheint, würden der Banca d'Italia nicht die Mittel fehlen, um Sanktionen gegen solche Banken durchzuführen, die unangemessen mit den passiven und aktiven Sätzen umgehen. Diese Mittel werden zu einem Zeitpunkt eingesetzt, wenn die Gefahr einer weiteren Verschärfung der Zinssätze besteht. Wenn der Eingriff der Oberaufsicht ignoriert würde, gäbe es keine Gründe, um nicht auf administrativem Wege die Abweichung zwischen dem Höchstsatz und dem ursprünglichem Satz zu verringern. Das wichtige ist unterdessen, die Festwerte der Banken nicht zu belasten, um korrupten Körperschaften oder schwachen Betrieben Gelder zukommen zu lassen.

Die gesamte Diskussion über den Zins muß in das Problem der Neuordnung der Finanzen der Betriebe eingeordnet werden. Dies ist gewiß mehr ein mittelfristiges Problem; aber einige Fragen können bereits 1977 angegangen werden, falls einige Sonderfälle wie Montedison und Olivetti außerhalb der allgemeinen Normen gelöst werden könnten, und zwar so, daß sie nicht an dem Maßstab gemessen werden, der für besondere Spezialfälle gilt.

Um eine neue Richtung für die finanzielle Neuordnung abzustecken, können, wie uns scheint, die Vorstellung, die dem Artikel 16 des Gesetzes zur industriellen Umstellung (der Automatismen in der Verteilung von Anreizen bei Investition von fixem Kapital einführt) zugrunde liegt, und vor allem einige Studien einen Beitrag leisten, die angestellt wurden, um die Rol-

len der Betriebe und der Bank besser zu bestimmen und sie zu trennen mit einer Norm, die jedoch die Kreditbank mitverantwortlich macht gegenüber dem Unternehmen, das den Kredit für die finanzielle Gesundung günstiger erhält.

Für die *Arbeitskosten* hat sich die Diskussion immer mehr auf die »scala mobile« zugespitzt (als Alternative« zu einer massiven Besteuerung, wobei man für 1977 nicht sehen kann, wie sie die Defizite decken soll, angesichts der bereits gegebenen Höhe noch ungedeckter Ausgaben) und insbesondere, auf die von der Regierung und der Confindustria (zentraler Unternehmerverband, d. Übers.) vorgebrachte Forderung, das Berechnungssystem der scala mobile entweder durch Modifikationen des Warenkorbs oder durch den Übergang von einer dreimonatigen zu einer halbjährigen Angleichung zu verändern.

Ich teile völlig die Polemik von Pedone mit all denen, die diese Frage von anderen abtrennen wollen: *für den Kampf gegen die Inflation ist es viel wichtiger, gleichzeitig, sei es auch nur in beschränktem Maße, bei einer ganzen Reihe von Faktoren einzugreifen, als massiv (angenommen, es wäre möglich) auf nur einen einzuwirken, und den anderen ihren freien Lauf zu lassen.* In diesem Sinne kann die Auseinandersetzung über die scala mobile nicht nur nicht von der Frage der öffentlichen Ausgaben oder der Reform der lokalen Finanzen oder der Effizienz und Produktivität der öffentlichen Verwaltung getrennt werden, sondern kann ebenso nicht, wie Pedone klarmachte, von bestimmten präzisen Anstrengungen in der Frage der Preise getrennt werden.

Was nun insbesondere die Arbeitskosten bestrifft, was sicherlich ein wirkliches Problem ist ebenso wie die anderen wirklich Probleme sind, so sehen wir eine schwere Unterschätzung der Zugeständnisse, zu denen sich die Gewerkschaften mit einem großen Verantwortungsgefühl auf dem Gebiet der gegliederten Tarifverhandlungen bereit erklärt haben: das betrifft sowohl die präzisen Vorschläge zur Abschaffung anomaler Formen des Inflationsausgleichs (scala mobile) als auch die Reduktion seiner Anwendung auf früher erworbene Ansprüche (gemeint ist die »Abfindung« bei Ausscheiden aus dem Arbeitsleben, d. Übers.). Unter anderem fehlt eine genaue Berechnung, inwieweit sich dadurch die Arbeitskosten verringern würden; ohne die Abschaffung einiger Festtage und ohne die Produktivitätssteigerungen hinzunehmen, würden sie um mehr als 5 % die für 1977 vorgesehene Zuwachsrate unterschreiten. Wenn man die Fiskalisierung (staatliche Übernahme von Soziallasten, d. Übers.), beschränkt auf einzelne Posten, die sich für das italienische Unternehmen wie eine Strafe auswirken, hinzunimmt, könnte man zu einer gesamten mittleren Verringerung der Arbeitskosten in der Ordnung von 8 – 9 % (und für einige Bereiche zu höheren Werten) gelangen.

Warum soll man nicht von dieser Realität ausgehen, indem man untersucht, wie diese bereits mögliche Kostenreduzierung am besten zu nutzen ist?

Demjenigen, der auf Modifikationen des Systems der scala mobile besteht, halten wir eine viel klarere Argumentation entgegen, die uns Voraussetzung dafür zu sein scheint, um die Diskussion zu verfolgen; wer Korrekturen am System der scala mobile vorschlägt, macht das offensichtlich nicht, wie uns scheint, um den Schutz der Löhne und Gehälter zu vergrößern, sondern um ihn zu schwächen. Nun, wir wollen jetzt das Problem exakt quantifizieren.

Professor Spaventa hat errechnet, daß mit dem System der scala mobile, das auf Grundlage der interkonföderalen Übereinkommen (der Gewerkschaften und Unternehmerverbände, d. Übers.) vom Februar 1977 an wirksam werden wird und das bekanntlich für jeden Punkt der dreimonatigen Veränderung des Lohnindex der Lebenshaltung eine monatliche Lohnerhöhung von 2 389 Lire (= 6,70 DM, d. Übers.) vorsieht, – daß mit diesem System die volle Absicherung des Reallohns über das ganze Jahr hinweg bei Monatslöhnen von rund 300 000 Lire (= 840,– DM) besteht (in Wirklichkeit schwankt diese Zahl in Abhängigkeit von Zufallsfaktoren, was eine gewisse Irrationalität des Mechanismus beweist). Nun: wer Modifikationen der scala mobile vorschlägt und darüber ein fruchtbares Gespräch eröffnen will, muß klar sagen, ob er für eine undifferenzierte und unterschiedslose Verringerung der Absicherung für alle ist (was inakzeptabel wäre), oder ob er meint, daß es ein vollständig abgesichertes Niveau geben muß, über das hinaus der Schutz sich verringert. Und er muß den Mut und die Verantwortlichkeit haben, dieses Niveau anzugeben.

Es ist, wie ich glaube, richtig zu betonen, daß wir es mit äußerst verantwortungsbewußten Gewerkschaften zu tun haben. Für eine Gewerkschaftsbewegung ist es schwierig, der Versuchung zu widerstehen, die Interessen jeder Gruppe zu verteidigen so wie sie historisch entstanden sind, statt sich verantwortlich und als Repräsentant der Interessen der gesamten Masse der Werktätigen zu fühlen, der Beschäftigten und Arbeitslosen, der in regulären und in irregulären Bereichen Beschäftigten, in denen es weder die scala mobile noch den Versicherungsbeitrag gibt. Man muß erfassen und bewerten können, wie sehr dieses nicht-korporative Denken eine Neuerung darstellt, und die falschen linken Positionen entlarven, die de facto die Erhaltung des gegenwärtigen Ungleichgewichts betreiben, indem sie immer mehr Schutz für schon beschützte Schichten suchen und dabei die Massen Süditaliens, die Opfer der Schwarzarbeit, die schwächsten Schichten ihrem Schicksal überlassen. Diese Auffassung scheint nicht immer geläufig zu sein.

11. Ich komme zum Schluß meines Referats.

Es könnte jemandem fremd erscheinen, daß ich nicht versucht habe, einen numerischen Rahmen herzustellen, um die Geldmittel abzustimmen. Das war Absicht.

Die Rechnungen müssen aufgestellt werden, und die Abstimmung der Geld- und Finanzmittel muß zu jedem Augenblick bewußt sein. Bei jeder Entscheidung muß man sich fragen, wieviel sie kostet, welche Einwirkung sie auf die öffentlichen Ausgaben und auf das Defizit hat, und auch welche Steigerung der laufenden Ausgaben jede öffentliche Investition mit sich bringt. Wir befinden uns in einer Phase, in der nicht nur unnütze sondern auch weniger wichtige Ausgaben gestrichen werden müssen. Zu diesem Punkt wird der PCI ein gesondertes Treffen über die öffentlichen Ausgaben, über ihre Verringerung und Neubestimmung organisieren.

Aber jeder Diskussion über die Zahlen muß die Diskussion über die Probleme und die realen Finanzflüsse vorausgehen.

Heute zu diskutieren, ob man 2500 oder 3500 Milliarden Steuern einkassieren muß, ist sinnlos (oder bekommt nur in einer Logik der Anpassung nach unten einen Sinn), wenn vorher nicht die anstehenden Dinge beschlossen sind. Dann kann mit der Kraft und dem Konsens, die sich aus der Sicherheit, daß solche Dinge wirklich gemacht werden, ergeben können, das notwendige Gespräch darüber beginnen, wie diese Vorhaben finanziell gedeckt sind. Dabei nähern wir uns sukzessive den Problemen der finanziellen Deckung an, was selbstverständlich auch dahin führen kann, diese Vorhaben neu zu dimensionieren oder weiterhin abzustufen.

In diesem Prozeß ist es jedoch wichtig, von gesicherten und nicht falschen Zahlen auszugehen, vor allem, was die in den Bilanzen versteckten Haushaltslöcher betrifft, das gilt vor allem für die Jahre 1975 und 1976 (Defizit der Krankenkassen, Krankenhausfonds etc.). Es besteht die Gefahr, daß durch diese Löcher das Bemühen, 1977 den Nettobedarf des Haushalts von 9800 Milliarden Lire nicht zu übersteigen, rein nominell wird. Diese Bedarfrechnung halten wir auch für unterschätzt, da die Bedürfnisse der lokalen Körperschaften zu tief kalkuliert sind; gleichzeitig halten wir die Vorhersage für die Eingänge für zu niedrig. Deshalb verlangen wir noch einmal von der Regierung einen klaren und wahrheitsgetreuen Überblick über die Haushaltslage.

Die rigoroseste und exakteste Information ist absolute Voraussetzung, um eine Konjunkturpolitik zu betreiben und um sich der Schwere der Lage bewußt zu werden, auch wenn Sicherheiten, Kraft und Zustimmung nicht so sehr daher kommen, daß man bestimmte Rechnungen in einer Tabelle zusammenbringen kann, sondern von dem politischen Rahmen, den wir schaffen werden, von dem Grad an politischer Gemeinsamkeit, die wir sofort, ohne Pausen, verwirklichen werden, um einen Notstand zu bewältigen, der sich weder in Tagen noch in Monaten mißt.

Amos Cecchi
Maßnahmen zur Beseitigung der Jugendarbeitslosigkeit*

Ein schwerwiegender Aspekt der allgemeinen italienischen Krise ist zweifellos das Problem der *Jugendarbeitslosigkeit*: wir wollen hier nur eine einzige Angabe der Daten-Forschung Isofol-Doxa erwähnen, wonach 1974 620 000 Jugendliche im Alter von 15 bis 24 Jahren ihre erste Anstellung suchten. Wir wollen hier sofort betonen, daß die herrschenden Klassen Italiens und die Regierungen unter der Führung der Christdemokraten in den letzten Jahrzehnten wegen ihrer Entscheidungen in der Entwicklungspolitik auf wirtschaftlicher und sozialer Ebene, im Schulwesen im allgemeinen und in der Ausbildung im besonderen die Verantwortung dafür tragen. Diese Entscheidungen haben sich, wie es die Krise bewiesen hat, auf die gesamte italienische Gesellschaft negativ ausgewirkt, im besonderen auf die soziale Lage der Jugend.

Wir sind fest davon überzeugt, daß nur ein wirtschaftliches und soziales Entwicklungsmodell, das sich von dem Modell, welches sich momentan in der Krise befindet, wesentlich unterscheidet, eine angemessene und organische Lösung des Problems bietet: damit in engem Zusammenhang steht eine Perspektive der *Umstellung*, der *Erweiterung* und der *technologischen Entwicklung* der produktiven Basis, die den Mezzogiorno zu einer Antriebskraft der Volkswirtschaft machen kann. Diese Perspektive muß die internationale Abhängigkeit Italiens erheblich zurückdrängen, so daß das Land keine untergeordnete Position in der internationalen Arbeitsteilung einnimmt. Weiterhin muß eine tiefgreifende Schul- und Universitätsreform, eine intensive Entwicklung der Wissenschaft und der Technologie in Angriff genommen werden, die von einer Ausdehnung der *produktiven Arbeit* und einer *Angleichung* der Arbeitsbedingungen, des Gehalts und der Normen, bei gleicher Leistung in den verschiedenen Bereichen, begleitet ist.

Die spezifische Lösung des Problems der Jugendarbeitslosigkeit und die allgemeine Lösung der Krise der italienischen Gesellschaft hängen unmittelbar zusammen: deshalb orientieren wir die Jugend auf die Perspektive hin, zusammen mit der Arbeiterbewegung und den fortschrittlichen und demokratischen Kräften Italiens für eine tiefgreifende Veränderung und Erneuerung unseres Landes zu kämpfen.

* Aus: Politica ed economia, Heft 2/3, Rom 1976, Übers. von Edith Zettel.

Zu dieser Perspektive gehört – ausgehend von den gegebenen Tatsachen – unser Vorschlag zur Behebung der Jugendarbeitslosigkeit, den wir hier weiter erklären und diskutieren.[1] Der Vorschlag setzt sich aus drei spezifischen Punkten zusammen: 1) *Die Realisierung eines nationalen Programms der Einführung in die Arbeitswelt und einer sofortigen außerordentlichen Anstellung jener Jugendlichen, die eine erste Anstellung suchen; 2) die Herstellung von neuen Beschäftigungsmöglichkeiten in der Schule für arbeitslose Lehrer; 3) die Reform des gegenwärtigen Gesetzes über das Lehrlingswesen.*

In unserem gesamten Vorschlag sind wir von folgenden Überlegungen ausgegangen: – innerhalb der allgemeinen Arbeitslosigkeit befinden wir uns vor einer äußerst ernsten sozialen Lage der Massen von arbeitslosen Jugendlichen, die teilweise gut ausgebildet sind. Die Ursache dieser Situation ist struktureller Art, da sie eine Konsequenz der *Qualität* und *Quantität* der Nachfrage nach Arbeitskräften ist, die von dem gegenwärtigen Entwicklungsmodell produziert wurde;[2] – auf *breiter* Ebene neue, feste und qualifizierte Arbeitsplätze zu schaffen, ist nur auf längere Sicht zu realisieren, da sie nur das Resultat eines anderen Entwicklungsmodells sein können; – zwischen der Qualität des Angebots und der Nachfrage der Arbeitskraft besteht kein Zusammenhang, besonders, wenn man von der Perspektive einer Entwicklung neuen Typs ausgeht; und das betrifft hauptsächlich die Jugend.

1) Für den nationalen Plan schlagen wir eine bezahlte Teilnahme an *berufsausbildenden Kursen* und an *Formen der außerordentlichen Anstellung* vor – also die Hälfte Studium, die Hälfte Arbeit – für junge Leute bis zu 26 Jahren, die eine erste Anstellung suchen.[3]

Mit den *Kursen* soll eine *Qualifikation* und eine *Umschulung* der Arbeitskraft erreicht werden, die die Verwirklichung eines Entwicklungsmodells vorantreiben kann, das sich völlig von dem gegenwärtigen unterscheidet. So müssen diese Kurse die Jugend für eine *produktive* industrielle und landwirtschaftliche *Arbeit* anleiten. Von den *Formen außerordentlicher Arbeit* erhofft man einen sofortigen und *gesellschaftlich nützlichen* Einsatz dieser wichtigen Komponente der gesamten Arbeitskraft.[4]
2) Die Kurse (innerhalb derer keine spezifischen Momente der *praktischen Ausbildung* fehlen dürfen) werden in der *gegenwärtigen* öffentlichen Struktur der Berufsausbildung stattfinden, ohne *parallele* Strukturen entstehen zu lassen.[5]

Die Beschäftigung der Jugend in Arbeiten und Dienstleistungen von öffentlichem Nutzen

3) Was die Formen der außerordentlichen Arbeit anbelangt, schließen wir im allgemeinen den Bereich der industriellen und landwirtschaftlichen Produktion und den Handel aus, um das Entstehen neuer Widersprüche (hohe Ausbeutung und die Ersetzung von beschäftigten Arbeitern) in die-

sen spezifischen Bereichen des Arbeitsmarktes zu vermeiden: grundsätzlich wollen wir die arbeitslosen Jugendlichen, die am *Plan* teilnehmen, bei den Arbeiten und Dienstleistungen von öffentlichem Nutzen einsetzen, wobei qualifizierte öffentliche Ausgaben reaktiviert und entfaltet werden. In diesem Sinne haben wir, vor allem um die Fehlentwicklungen der vergangenen Eingriffe zu vermeiden, gleichzeitig vorgeschlagen, bestimmte Teile des öffentlichen tertiären Bereichs von besonderer Bedeutung, wie z. B. die der Kulturgüter und der Sozialfürsorge, besser zu organisieren, z. B. durch Beschäftigung der Jugendlichen, die bei dem »Plan« mitwirken, nach dem Rotationsprinzip.

4) Der »Plan« kann verwirklicht werden, wenn die Regionen regelmäßig Pläne zur Berufsausbildung (die sich auf die regionalen Entwicklungspläne beziehen) und zur Verwendung der Arbeitskraft von jugendlichen Arbeitslosen (nach den Angaben der lokalen Körperschaften) ermöglichen.

5) Um den *Plan* zu finanzieren, schlagen wir die Einrichtung eines *Fonds ad hoc* vor, der einerseits zum größten Teil der Bezahlung der Jugend dient, und andererseits der Kostendeckung der Regionen für die erforderliche Berufsausbildung. Was die Verteilung des Fonds auf die Regionen anbelangt, haben wir auf Grund der Anzahl an arbeitsloser und ausgewanderter Jugend beschlossen, dem Süden Italiens den Vorrang zu geben.

6) In Einschätzung der bemerkenswerten Ausdehnung des Phänomens und ohne demagogisch zu werden haben wir festgestellt, daß jährlich etwa 150−200 Tausend Jugendliche an dem *Plan* teilnehmen werden.

7) Die Bezahlung muß unserer Meinung nach für alle *gleich* sein, sie darf nicht zu dem Studienstipendium oder sonstigen Stipendien zugeschlagen werden und muß sich nach einem tarifvertraglich festgelegten Gehaltsniveau richten. In diesem Sinne haben wir folgenden Vorschlag gemacht: die Hälfte − entsprechend der Hälfte der Arbeitszeit − des durchschnittlichen Reallohnes eines Arbeiters im Bauwesen: ca. 100 000 Lire ohne soziale Kosten, außer dem Krankenkassen- und Unfallversicherungsbeitrag.

8) In unserem Vorschlag dauert die Beteiligung des arbeitslosen Jugendlichen am *Plan ein Jahr*; er kann nicht wiederholt daran teilnehmen und hat keine automatische Berechtigung zur weiteren Anstellung.

9) Der Antrag zur Beteiligung am *Plan* wird durch die Eintragung *in besondere Listen* gestellt. Die Beteiligung am Projekt »Hälfte Studium, Hälfte Arbeit« wird durch eine Rangliste geregelt, die auf objektiven Kriterien (die bestimmt werden müssen) gegründet und von einem öffentlichen Organismus, der sich aus verschiedenen sozialen Komponenten zusammensetzt, kontrolliert wird.

10) Um die Beteiligung der Frauen zu forcieren, schlägt man vor, daß sich die Beteiligung der jungen arbeitslosen Frauen *nach ihrem Prozentsatz* in den besonderen Listen richtet. Sie kann in einem noch zu bestimmenden Rahmen *erhöht* werden.

Die Einwände gegen den Regierungsentwurf

Auch wenn wir das Interesse der Regierung an den von uns diskutierten Problemen hervorheben, bezeugen wir gemäß unseren Vorschlägen unsere Mißbilligung des Entwurfs der gegenwärtigen Regierung (dessen Kern der Vorschlag, direkt von der französischen Regierung übernommen, der *Berufsausbildungsverträge* bildet, d. h. der zum größten Teil staatlich bezahlten *Lehrzeit*): diese Mißbilligung gilt nicht nur der lächerlichen Zahl der Jugendlichen, die in den *Plan* einbezogen werden, sondern hauptsächlich der *Qualität* des Vorschlags. Unsere Einwände resultieren aus der Überlegung, daß man im Regierungsentwurf: a) nicht von wirklicher (sei es auch zeitlich befristeter) Arbeit spricht, b) eine neue und schlechtere Form des Lehrlingswesens schafft, während es notwendig wäre, die gesamte Einrichtung zu erneuern, c) bei der Arbeit Ausbildungsmomente als eine spezifische Form des Studiums und als Möglichkeit, eine Einheit zwischen Schule und Arbeit herzustellen, mit der Berufsausbildung in keinen Zusammenhang setzt. Tatsächlich schlägt man wieder die Trennung dieser beiden Bereiche vor, obwohl dies zu einer immer notwendiger werdenden allgemeinen Berufsausbildung *als öffentlicher Aufgabe unter gesellschaftlicher Leitung* in Widerspruch steht. Diese neue Form der Berufsausbildung soll eine umfassend ausgebildete tüchtige und keine subalterne Arbeitskraft ausbilden, die den Veränderungen in der Arbeitsorganisation und im Produktionsprozeß gewachsen und die fähig ist, diese Veränderungen in Gang zu setzen, d) keinen Prozeß der sektorialen und sozialen Neuverteilung der gesamten Arbeitskraft mit Hilfe einer Berufsausbildung, die auf die Entwicklung der *produktiven Arbeit* orientiert, in Gang bringt, wie es angebracht wäre. Man müßte deshalb die gegenwärtige Arbeitsmarktstruktur und die Tendenz zur Ausweitung des tertiären Bereichs (im besonderen des öffentlichen Bereichs) ablehnen: der Regierungsentwurf zielt im großen und ganzen in diese Richtung. Die Lehrzeit, die unter anderem dazu dient, bei der Einstellung in den öffentlichen Dienst bevorzugt zu werden, führt zu einer weiteren Verstärkung korporativer und klientelwirtschaftlicher Machenschaften bei einer (festen) öffentlichen Anstellung; e) das Risiko enthält, daß die schon beschäftigte Arbeitskraft ersetzt wird.

Mit unserem Vorschlag, den man als *außerordentlich* und *experimentell* bezeichnen muß, möchten wir für das schwerwiegende und wichtige Problem der Verwendung der Arbeitskraft der Jugend eine Lösung *anbieten* – indem wir sie einerseits, wenn auch nur in zeitlich begrenztem Maße, gesellschaftlich nützlich einsetzen, andererseits, indem wir sie auf Grund einer anderen wirtschaftlichen und sozialen Entwicklung qualifizieren und umstellen. Gleichzeitig schlagen wir vor, wichtige Bereiche der Jugend *gesellschaftlich zusammenzuschließen*, damit neue gesellschaftliche Subjekte entstehen, die fähig sind, selbst direkte Akteure in dem gegenwärtigen Kampf für die Vollbeschäftigung und für ein anderes Entwicklungsmodell zu sein, um somit einen wichtigen Schritt voran in der Vereinheitlichung und für eine politische Initiative der gesamten Kampfbewegung der Beschäftigten und der Arbeitslosen zu leisten.

Der *wirtschaftlich-soziale, politische und moralische* Wert eines Vorschlags, wie wir ihn gemacht haben, ist somit offensichtlich.

Wir sind uns gleichzeitig der Gefahr bewußt, daß dieser Vorschlag als eine *Art Fürsorge* in die Realität umgesetzt werden kann, oder daß die Form der zeitlich begrenzten Einstellung im öffentlichen Bereich Folgen hat, wie sie Francesco Aberoni in seinem jüngsten Artikel vorausgesehen hat[6]: diese Folgen zu vermeiden hängt nur von der politischen Fähigkeit der demokratischen Kräfte und der Arbeiterbewegung ab, die hervorgerufenen Prozesse zu kontrollieren und eine reale Perspektive der wirtschaftlichen und sozialen Entwicklung zu eröffnen.

Für die Ausdehnung der Beschäftigung in der Schule schlagen wir aufgrund des Ausbildungsbedarfs (und des Bedarfs an Alphabetisierung) der Massen, also des Entwicklungsbedarfs der Schule – ohne jeglichen korporativen Gedanken zu hegen – folgendes vor: *die Institutionalisierung* der 150-Stunden-Kurse (oder ihre Integration in die gesamte Struktur der staatlichen Schule) und in Süditalien die Realisierung eines *außerordentlichen Entwicklungsprogramms* von Kursen nach Art der 150-Stunden-Kurse, die Verwirklichung der Vorschule und der ganztägigen Pflichtschule: in diesem Rahmen – der Kurse des 150-Stunden-Typs – kann und muß die *Kampagne zur Alphabetisierung im Süden* entwickelt werden, die von der Studentenbewegung und der FLM. (Metallarbeitergewerkschaft, d. Übers.) vorgeschlagen wurde. Gleichzeitig müssen phantastische und degenerative Ansätze zurückgewiesen werden, wie jene, die darauf hinzielen, daß sich diese Initiative ohne Institutionalisierung und ohne eine weitere Perspektive für eine Entwicklung und eine Reform des gesamten Schulsystems entfaltet.[7]

Um die Beschäftigung und die Qualifikation der Jugend, insbesondere in der Kleinindustrie und im Handwerk, voranzutreiben, schlagen wir eine Reform des gegenwärtigen Gesetzes für die Lehrzeit vor, die als zentrale Punkte die Verkürzung der Arbeitszeit und die Erweiterung der Berufsausbildung beinhaltet: auf diesem Weg kann man unserer Meinung nach sowohl eine Entwicklung der (produktiven) Beschäftigung der Jugend, als auch eine *reale* Ausbildung ihrer Arbeitskraft erreichen. Diese Möglichkeit kann eine wichtige Grundlage für die Perspektive einer qualifizierten Entwicklung in den weniger produktiven industriellen Bereichen darstellen.

Sehr wichtig ist die schon auf politischer Ebene und auf der Ebene der Massenbasis in verschiedenen Teilen des Landes entfaltete vielseitige Initiative zum Problem der Jugendarbeitslosigkeit: insbesondere muß man den Einsatz der demokratischen politischen Jugendorganisationen und den Anfang einer Diskussion zwischen ihnen und der gesamten Gewerkschaftsbewegung hervorheben; das Entstehen von *einheitlichen Komitees und Verbänden* der arbeitslosen Jugendlichen – auch wenn diese sich noch im Anfangsstadium befinden – in einigen Teilen Süditaliens; die Initiativen, die die *demokratischen Einrichtungen* auf regionaler und lokaler Ebene entwickeln, und die sich entweder in verschiedene Momente der Analyse, des Vorschlags und der Diskussion zwischen den verschiedenen Mitgliedern der Gesellschaft und den politischen Kräften umsetzt (wie z. B. die *Konferenzen* über die Jugendarbeitslosigkeit), als auch in Untersuchungen, die jenseits der offiziellen Arbeitsangaben die realen Dimensionen und Merkmale des Angebots an Jugendarbeit und seine Möglichkeiten zur außerordentlichen und festen Einstellung einschätzen; die breite Diskussion, die sich entwickelt hat und noch in den Zeitungen, innerhalb der demokratischen Institutionen, in der Arbeiterbewegung und in der Studentenbewegung auf breiter Massenbasis weitergeht. Es ist jedoch notwendig, über das alles hinauszugehen.

Das ist jedoch offensichtlich nur möglich, wenn die momentan vorhandenen Grenzen in der gesamten Kampfbewegung für die Beschäftigung überwunden werden und ein anderes Entwicklungsmodell erreicht wird.

In diesem Sinne ist der Aufbau einer *einheitlichen Massenbewegung* aller jugendlichen Arbeitslosen, besonders in Süditalien, von großer Bedeutung. Sie muß spezifische autonome Organisationsformen haben, sowie eine positive und dauernde Verbindung zu den Gewerkschaftsorganisationen der Werktätigen, den demokratischen Institutionen und mit den anderen Massenorganisationen unter den Jugendlichen, vor allem mit der Studentenbewegungen unterhalten.

Auf diese Weise kann die neue Generation in noch entscheidenderem Maße eine erstrangige Rolle spielen und einen wesentlichen Beitrag für den Kampf zur wirtschaftlichen, sozialen und politischen Erneuerung der italienischen Gesellschaft leisten.

Anmerkungen:

[1] Hier können wir uns nur auf bestimmte spezifische Punkte beschränken: wir verweisen jedoch darauf, wie notwendig und dringend eine Gesamteinschätzung der Arbeitsmarktsituation und der allgemeinen Grundzüge einer aktiven Politik für Arbeitsfragen für ein neues wirtschaftliches und soziales Entwicklungsmodell ist.

[2] vgl. Massimo Paci, *Arbeitsmarkt und soziale Klassen in Italien*, Bologna, il Mulino, 1973 und Michele Salvati, *Wirtschaftliche Entwicklung, Arbeitsnachfrage und Beschäftigungsstruktur*, Bologna, il Mulino, 1976

[3] In einem im *Manifesto* erschienenen Artikel »Zivildienst oder neue Beschäftigung?« vom 28. März 1976, legt Luciana Castellina unseren Vorschlag »Hälfte Studium, Hälfte Arbeit« eindeutig falsch aus. Dieser Vorschlag hat wenig mit dem gemein, was das *Manifesto* als politische Gruppe 1970 vorgeschlagen hat, da man hier eine Forderung für die Jugend *mit Schulabschluß* (auf verschiedenen Ebenen) aufstellt, in der die zwei Momente des Studiums und der Arbeit unabhängig voneinander sind.

[4] Wir sind der Meinung, daß wir uns *heute* nicht in einer Situation befinden, wie die USA in den Jahren der »großen Depression« und des Anfangs des »new deal«, als die berühmten Maßnahmen zugunsten der Arbeitslosen beschlossen wurden.

Noch sind wir in einer Situation, in der in unserem Land die Forderung von seiten der Klassengewerkschaft für einen Kampf um einen *Arbeitsplan* aufgestellt wird (wie ihn die CGIL 1950 ausarbeitete, d. Übers.). Es gibt mehrere qualitative Unterschiede: sowohl wegen des Niveaus der Arbeitslosigkeit, der Entlassungen und der gesamten materiellen Bedingungen der Volksmassen als auch wegen der Qualität und der Struktur der Arbeitslosigkeit, und auch (hauptsächlich im Verhältnis zu den 30er Jahren in den USA) wegen der Bedeutung und der politischen Reife der Arbeiterklasse.

Wir haben trotzdem zwei schwerwiegende Probleme zu lösen, die vor allem mit den materiellen Bedingungen der neuen Generation zusammenhängen: insbesondere im Süden Arbeit zu geben, auch wenn sie nur zeitlich beschränkt ist, andererseits die Arbeitskraft der Jugend durch ein höheres Qualifikationsniveau und durch eine potenzierte Verteilung auf die industriellen Bereiche für ein neues Entwicklungsmodell, das die vollständige Ausnutzung der vorhandenen produktiven Kräfte ermöglicht, funktional zu gestalten.

Für die Lösung dieser Probleme machen wir unseren Vorschlag, der sich deutlich von einer neo-kapitalistischen Politik der Kontrolle der sozialen Spannungen und des wirtschaftlichen Zyklus (wie die Politik des »new deal«) unterscheidet. Sie unterscheidet sich auch von der Politik im Sinne des *Arbeitsplans*, obwohl sie in ihrer *Kontinuität* steht, da sie auf eine Veränderung des gesamten Entwicklungsmodells hinzielt.

[5] Unser Vorschlag der *Kurzzeit-Kurse* (mit der Dauer eines Semesters) kann den Anfang einer neuen Realität bedeuten, aber gerade deshalb verlangt er nach einer umfassenden Ausbildungsreform und einer Reform der gesamten Oberstufe. Dieser Vorschlag soll zur *Vereinheitlichung* dieser Reform führen und (indem Kurzzeit-Kurse durchgeführt werden) zum *Anschlußpunkt* mit der Arbeit werden, die den Abschlüssen (nach einer 2- und 3jährigen Ausbildung) entspricht. In diesem Sinne muß man sich unseren spezifischen Gesetzentwurf vornehmen, dessen Hauptpunkte sind: a) die Berufsausbildung muß als Mittel zur demokratischen Planung erkannt werden, für die die Notwendigkeiten der Qualifikation und die daraus resultierenden Berufsbilder klar definiert werden müssen; b) die öffentliche Kontrolle und die gesellschaftliche Lenkung des gesamten Bereichs; c) die vollständige Übergabe des Fonds für die Berufsausbildung an die Regionen.

[6] vgl. F. Alberoni: »Wie man das Problem der Jugendarbeitslosigkeit lösen soll«, *Corriere della Sera* v. 3. 12. 1975

[7] vgl. Rossana Rossanda: »50 000 ›Intellektuelle‹ arbeiten im Süden«, *il Manifesto* v. 12. 12. 1975

Luciano Barca
Schritte zu einer neuen Landwirtschaft*

Der Genosse Malacuso hat völlig zu Recht auf die Verflechtung von Wirtschaftskrise und politischer Krise hingewiesen. Die strukturellen Ursachen der Wirtschaftskrise dürfen jedoch nicht dazu verleiten, die naheliegenden politischen Faktoren, die sie verschärfen und in ihr eine Rolle spielen, außer acht zu lassen.

Die parlamentarische Abstimmung vom Donnerstag betrifft nicht nur die Abtreibung, sondern wird auch schwere Folgen für die Wirtschaft haben, wenn die DC den Appell und die Mahnungen der Direktion unserer Partei nicht befolgt und schleunigst die Abstimmung revidiert. Das Abstimmungsergebnis, falls es nicht korrigiert wird, stellt bei der momentanen Zusammensetzung der Parlamentsfraktionen die Fähigkeit der Democrazia cristiana in Frage, Vereinbarungen mit den anderen demokratischen Parteien zu treffen und einzuhalten und vergrößert die Unsicherheit auch im Hinblick auf die unmittelbare Zukunft.

Im Ausland spricht man viel von der Glaubwürdigkeit Italiens; was kann jedoch weniger glaubwürdig sein als ein Land, das damit beschäftigt ist, ein absurdes Referendum zu beschließen, um Gesetze außer Kraft zu setzen, deren Abschaffung vom Parlament schon einstimmig beschlossen ist, weil sie für die große Masse der Bürger untragbar sind; ein Land, das dieses Referendum auch verwirklicht, während die Lira immer tiefer in eine unkontrollierbare Spirale zu fallen scheint und während ein ungeheurer Engpaß auf dem Kreditmarkt die sofortige Ergreifung von Maßnahmen fordert, jedoch nicht monetärer, sondern selektiver und gesetzlicher Art?

Neben den politischen Konsequenzen, die dieser Wortbruch der Democrazia cristiana nach sich ziehen wird, wirken noch andere spezifische politische Faktoren zusammen, die die Krise verschärfen. Unter anderem die Fehler, um nichts schlimmeres zu sagen, des Abgeordneten Colombo bei der Verwaltung der Staatskasse und der Kassenführung, die jeder Kontrolle entzogen war und verwaltet wurde, als wäre sie das Eigentum von zwei oder drei Personen, sowie die unverantwortliche Polemik, die mit der Banca d' Italia eröffnet wurde.

* Rede auf der 4. nationalen Agrarkonferenz am 2./3. 4. 1976 in Pugnochiuso (Foggia), in: *Una nuova agricultura*, Editori Ruiniti, Rom 1976. Übers. von Angela Thaller.

Es ist die Unvorsichtigkeit, die jedesmal zu akuten Krisen führt. In Großbritannien wurde zweimal in den letzten Jahren der Benzinpreis verdoppelt und jede englische Kommunalbehörde verfügt schon über alle notwendigen Gutscheine für Benzin oder andere Lebensmittel, die im Not- oder Unglücksfall knapp werden könnten. Wir sind nicht einmal in der Lage, 100 Liremünzen zu prägen; und wenn die Benzinpreisverdoppelung zur Aufrechterhaltung der niedrigen Preise von Konsumgütern notwendig wird, dann werden die Minister, die Hauptverantwortlichen dieser Mängel, erzürnt (ich meine hier immer noch den Abgeordneten Colombo, jedoch auch Industrieminister Donat-Cattin) und machen sich zum Sprecher der Interessen der Ölkonzerne und der FIAT; sie beginnen mit anderen Ministern zu polemisieren, wodurch sie die Konfusion im Lande noch vergrößern.

Neben all den anderen politischen Fehlern gibt es einen grundlegenden Fehler, der seit Jahren begangen wird: der Fehler, die Probleme unseres Landes unter dem Aspekt zweier voneinander getrennter Zeitphasen anzugehen: die Zeit des Aufschwungs und der Hochkonjunktur und die der Reformen, die Notstandszeit und die Zeit der Perspektive, die Zeit der Permissivität und des billigen Geldes und die Zeit der restriktiven Maßnahmen.

Diesen Aspekt möchte ich etwas näher ausführen, denn darunter hat vor allem die Landwirtschaft zu leiden.

Im allgemeinen wird die Landwirtschaft im kapitalistischen System infolge der zwangsläufig dominanten Stellung des kapitalistischen Kräfteverhältnisses, angefangen von der Industrie, und in besonderem Maße im italienischen Kapitalismus aus historischen Gründen, die ich hier nicht in wenigen Minuten untersuchen kann, zu einem *Relikt*. Man entzieht diesem Sektor Geld, verhindert Kapitalakkumulation und stellt ihm erst dann Mittel für Investitionen oder andere Zwecke zur Verfügung, wenn die anderen Sektoren, und nicht nur die Industrie oder der Dienstleistungssektor, sondern auch der Bereich der Finanzspekulationen mit genügend Geld versorgt, bzw. überhäuft worden sind.

Es ist interessant zu beobachten, daß die Landwirtschaft nicht nur bezüglich der Finanzierung, sondern auch was die Nutzung gewisser Ressourcen betrifft, stiefmütterlich behandelt wird; so zum Beispiel in bezug auf die Nutzung von Wasser. Man hat viele Milliarden Lire aufgebracht, um aus Lukanien und Apulien das Wasser für ITALSIDER herbeizuschaffen, aber die wenigen Milliarden, um einen kleinen Teil dieser Wassermenge für die Bewässerung Lukaniens und des Tavoliere abzuführen, konnten nicht aufgebracht werden, und in Wahrheit fand sich nicht einmal das Geld, um die Bewohner von Petenza mit Trinkwasser zu versorgen.

Ich will mich hier nur mit dem Aspekt des Geldes beschäftigen, das zur Zeit für alle Arbeiter, sowie für die kleinen und mittleren Unternehmen und für die Landwirtschaft sehr knapp geworden ist.

Nun, in diesem Zusammenhang ist die Landwirtschaft der Sektor, der für die Zweiphasenpolitik am meisten gezahlt hat. In der Tat ist sie der letzte Sektor, der zu Zeiten des Überflusses Geld erhält, und in deflationären Perioden ist sie der erste, dem der Geldhahn wieder zugedreht wird. Nicht zufällig galt derjenige antizyklische Erlaß, der nicht eine Lira bewegt hat, gerade für die Landwirtschaft, während die Bauwirtschaft, wenn auch mit Hilfe von Vorschüssen, wieder einigermaßen angekurbelt wurde. Die Situation verschlimmerte sich in dem Maße, wie die aufeinanderfolgenden Phasen der Permissivität und der Rezession immer neurotischer wurden, wobei die Phasen der Deflation klar die Oberhand gewannen.

Um eine Wende in der Landwirtschaft zu erreichen, ist es absolut notwendig, die Zweiphasenpolitik zu überwinden und einigen nach strengen Maßstäben ausgewählten Bereichen feste Garantien für die Finanzierung zu gewähren, während unwichtige Sektoren, die heute privilegiert sind, zu Residuen gemacht werden; auf diese Weise kann die Landwirtschaft mit Hilfe des Kampfpotentials, das für ihre Probleme mobilisiert werden kann, eine Hebelfunktion für die Überwindung der Krise erfüllen und neue politische Richtlinien erzwingen.

Vor allem bezüglich der Kräfte, die nicht eng zur Landwirtschaft gehören, ist dieses Potential bisher noch nicht völlig ausgeschöpft worden; dafür müssen wir alle büßen, in erster Linie die Arbeiterklasse.

Es ist wirklich beschämend, daß eine Reihe unwürdiger Personen heute dieselbe Kampagne gegen die Arbeiterlöhne schüren, die 1963 (und stärker noch 1969) entfesselt wurde, als die Gewerkschaftskämpfe von 1962 das Lohnsystem der Unterbezahlung, das in den fünfziger Jahren geherrscht hatte, aufbrechen konnten.

Es ist deshalb so beschämend, weil es im Grunde genommen die gleichen Personen sind, die nach der Abschaffung der Unterbezahlung 14 Jahre tatenlos verstreichen ließen, ohne die daraus resultierenden Probleme zu bewältigen.

1963 tagte unser Zentralkomitee häufiger, um die Konsequenzen der neuen Erfolge auf dem Lohnsektor zu diskutieren, wobei wir nicht übersahen, daß dies zu einem verstärkten Konsumtrend vor allem im Nahrungsmittelbereich führen würde; gleichzeitig betonen wir, – wenn wir die Konsequenzen der Lohnerhöhungen für den Verkehrsbereich auch erst mit einiger Verspätung zur Sprache brachten, so kann man uns meiner Meinung nach bezüglich der Landwirtschaft keine Schuld vorwerfen – daß negative Folgen von seiten des Drucks der Zahlungsbilanz und der Inflation unabwendbar wären, wenn die Landwirtschaft nicht in die Lage versetzt wird, positiv auf die gestiegene Nachfrage nach Fleisch und anderen wertvollen Nahrungsmitteln zu reagieren. Diese negativen Folgen sind pünktlich eingetreten, sowohl nach 1962 als in verstärktem Maße nach 1968. Wer ist dafür verantwortlich? Die Lohnabhängigen in Industrie und Landwirtschaft, oder diejenigen, die trotz der Illusionen, die sich manche über den Charakter des Neokapitalismus gemacht hatten, nichts getan haben, um die Angebotslücke in der Landwirtschaft zu verringern und die Strukturen unserer Landwirtschaft zu sanieren?

Die Frage nach der Verantwortung anderer und ihre Beschuldigung darf jedoch eine Kraft, wie wir sie darstellen, nicht an der Selbstkritik hindern, um zu erkennen, ob auf seiten der Arbeiterbewegung, das heißt also auf unserer Seite, volles Bewußtsein geherrscht hat über die Tatsache, daß bei der Transformation der Landwirtschaft vor allem die Möglichkeit zur Verteidigung und Konsolidierung gewisser Fortschritte ohne die Gefahr von Zerreißproben oder Rückschlägen gegeben war. Wir müssen uns umso eingehender damit beschäftigen und die nötigen Korrekturen vornehmen, je deutlicher wird, daß eine neue Entwicklung der Landwirtschaft ohne die Beseitigung gewisser präkapitalistischer Merkmale wie Halbpacht („mezzadria"), Teilpacht („colonia") oder Sozietäten („soccida") in Sardinien, die jede fortschrittliche Entwicklung der Produktivkräfte verhindern, nicht möglich sein kann. Das kann jedoch nicht durch reine Ausbreitung der kapitalistischen Verhältnisse geschehen, sondern ist nur in einer Gesellschaft möglich, die gewissermaßen diese Verhältnisse schon überwunden hat; durch die Einführung von Elementen wie Beteiligung, Zusammenschlüsse, gesellschaftliche Organisation, die gegenüber den kapitalistischen Verhältnissen gesellschaftlich viel fortschrittlichere Verhältnisse präfigurieren, – wir haben sie Keime des Sozialismus genannt – die jedoch nur durch den direkten Einsatz des politischen und kulturellen Kampfes der gesamten Arbeiterklasse erlangt werden können.

Die kritische und selbstkritische Antwort der Konferenz ist, daß unter den linken Kräften und in der Gewerkschaftsorganisation nicht immer das notwendige Bewußtsein und das erforderliche Engagement geherrscht haben.

Mit der Schaffung der »Alleanza contadina«, anderer Organisationen und den Kooperativen haben wir für die Landwirtschaft und die Landbevölkerung große Fortschritte erzielen können, ohne die es keinen 15. Juni (großer Erfolg des PCI bei den Regionalwahlen 1975, d. Übers.) in Italien gegeben hätte. Es genügt meiner Meinung nach nicht, wenn wir der Arbeiterklasse sagen, um die treffenden Worte der Genossin Turtura zu gebrauchen, daß die richtige Verwendung des Wassers und des Bodens der Tiefebene von Apulien wichtiger ist als eine Fabrik, die vom Himmel fällt.

Welche konkreten Punkte müssen einer Korrektur unterzogen werden, Genossen?

Der Genosse Malacuso hat konkrete Hinweise gegeben, mit denen ich einverstanden bin, und die nicht nur gesetzliche Regelungen betreffen, sondern auch Vereinbarungen über Initiativen und Kämpfe, die in jedem Fall gültig sind, welche politische Perspektive sich auch immer zeigen wird.

Professor Orlando hat andererseits hervorgehoben, wie wichtig es ist, daß sich die Bauern- und Gewerkschaftsverbände auf der Ebene der Europäischen Gemeinschaft finden, als Voraussetzung für die Überwindung der Politik der Preisgarantien, mit der die Arbeiterklasse und die Verbraucher sich nicht identifizieren können, und für den Übergang zu einer

Politik, die die Strukturen berührt. Ich stimme in diesem Punkt mit Prof. Orlando überein, den übrigens Macaluso schon eindringlich geschildert hat und möchte nur hinzufügen, daß wir nicht so sehr unter der Präsenz der großen Agrarproduzenten in Brüssel, als vielmehr unter den Großhändlern, den Konservenmonopolen gelitten haben, und vor allem haben wir die fehlende italienische Agrarpolitik zu spüren bekommen.

Ich möchte nur noch kurz zu zwei anderen Problemen Stellung nehmen. Das erste betrifft die öffentlichen Ausgaben und die Kreditpolitik. Hier ist schnelles Handeln geboten, wenn wir wirklich erreichen wollen, daß die Landwirtschaft den ersten und nicht mehr den letzten Platz einnimmt, wenn es um Investitionen und die Finanzierung von Struktur- und Bildungsreformen geht.

Im Zusammenhang mit den öffentlichen Ausgaben will ich nur darauf hinweisen, von welch großer Bedeutung für die Landwirtschaft unsere Vorschläge bezüglich neuer Richtlinien für die Verteilung von Haushaltmitteln an die Regionen sind.

Diese Vorschläge, die auch neulich in einem Dokument aufgegriffen wurden, haben Anlaß zu Einwänden gegeben. Es wurde gesagt, falls wir den Gebietskörperschaften ihre Kassenrestbestände, die diese bei den Banken deponiert haben, entziehen, so würde das zu einem großen Defizit führen, denn diese Restbestände dienen zumindest teilweise zur Deckung von beträchtlichen Schulden, die die Gebietskörperschaften bei den Banken haben.

Dieser Einwand beweist, daß der genaue Inhalt unseres Vorschlags nicht verstanden wurde. Wir haben tatsächlich nicht vorgeschlagen, die vorhandenen Bestände zu konfiszieren (das könnte nur schrittweise geschehen, parallel zur Lösung des Problems der Verschuldung der Gebietskörperschaften), sondern den Vorschlag gemacht, alle zukünftigen Kapitalbewegungen für Investitionen, die in der Hauptsache von der Staatskasse an die Gebietskörperschaften geleitet werden, neu zu regeln, was nicht zu einer unmittelbaren Gefährdung der gesamten Interessenstruktur führt, die sich um die Kassenbestände gebildet hat. Der Einwand zeigt jedoch, daß man die politische Tragweite unseres Vorschlags nicht verstehen will, was dazu führt, daß schließlich eine ganze Reihe tüchtiger Beamter der lokalen Verwaltung sich unbewußt mit Colombo gegen die Neuordnung unserer Landwirtschaft und gegen die Politik der Finanzierung verbünden.

Was sind die bei den Banken deponierten Kassenrestbestände anderes als für die Landwirtschaft und die Bauindustrie bestimmte und nicht ausgegebene Mittel? Und wozu dienen andererseits die Gelder, die man aufgrund dieser Depositen, dieser Kassenrestbestände, zu teurem Preis von den Banken erhält, wenn nicht zur Bezahlung von Gehältern oder für laufende Ausgaben?

Natürlich müssen die Gehälter gezahlt werden, aber solange das mit Geldern geschieht, die für die Land- und Bauwirtschaft bestimmt sind, werden wir die gegenwärtige Krise nicht bewältigen und die produktive

Basis unseres Landes einschränken anstatt sie zu vergrößern.

Es ist gut, daß im Bereich der laufenden Ausgaben einige Probleme zum Vorschein kommen, aber wir müssen in erster Linie die wesentlichen produktiven Ausgaben garantieren.

Diese Korrektur muß auch auf der lokalen Finanzebene geschehen.

Bezüglich der Kreditpolitik stimme ich mit Macaluso und der Bemerkung des Genossen Servi überein, der – nachdem er sehr geschickt eine konkrete Analyse von der Buchhaltung eines landwirtschaftlichen Betriebs gemacht hatte – das Thema der wirtschaftlichen Förderungsprogramme und der Krediterleichterungen angeschnitten hat, ein anderes Thema von weitreichender Bedeutung für eine Neuorientierung der Kreditpolitik.

Der Dschungel der Krediterleichterungen ist schlimmer als der Gehalts-Dschungel, was schon alles sagt. Hier müssen große Anstrengungen zur Vereinheitlichung und Beschleunigung gemacht werden: die Anzahl der Institutionen und vor allem die der verschiedenen Förderungsmaßnahmen muß reduziert werden, wenn wir eine Kreditpolitik zugunsten des landwirtschaftlichen Betriebs machen wollen, indem wir die tausenderlei Posten aufgeben (Maschinen, Wohnungen, Verbesserungen etc.), auf die die Förderungsmaßnahmen abzielen.

Der Genosse Travanut hat einen bemerkenswerten Vorschlag gemacht, nämlich die Einführung einer Steuer auf alle Käufe und Verkäufe von landwirtschaftlichen Nutzungsflächen, die von Nicht-Bauern getätigt werden.

Ich würde mich für den Augenblick mit weniger begnügen. Ich wäre schon zufrieden, wenn die Förderungsmittel, die für die Landwirtschaft bestimmt sind, dieser auch wirklich zukämen, und wenn der Sonderkredit zu 2% und 4%, der in der Tat, verglichen mit den 22–25%, die man sonst für Geld zahlt, ein reines Geschenk ist, nicht den hunderttausenden von Parasiten mit einem monatlichen Einkommen von 3–4 Millionen Lire für den Bau von rustikalen Villen und die Renovierung von Landhäusern gewährt wird, wie es zur Zeit geschieht, sondern tatsächlich an die Bauern geht. Das bedeutet jedoch, daß die Förderungsmaßnahmen vereinheitlicht und ausschließlich für die Landwirtschaft als solche bestimmt werden müssen, während gleichzeitig die Förderung gewisser Teilbereiche, wie der Viehzucht oder anderer territorialer agrarpolitischer Entscheidungen beibehalten wird. Im Bereich der Krediterleichterungen muß offensichtlich eine feste Quote für die Landwirtschaft vorbehalten bleiben, sonst erleidet die Landwirtschaft in diesem Kreditbereich Nachteile.

Zusätzlich zu einer neuen Politik der Sonderkredite müssen Instrumente für die Kontrolle der sogenannten Aktivzinsen, das heißt der Zinsen, die die Banken für die Gewährung von Krediten verlangen, geschaffen werden.

Colombo hat heute morgen in einem polemischen Interview mit einem römischen Journalisten treuherzig erklärt, daß zwischen September und Dezember 1975, als die Liquidität der Banken die 3000 Milliarden

Grenze überschritt – hier muß man sich vor Augen halten, daß die Liquidität im Juni genau die Hälfte betrug, nämlich 1600 Milliarden, was ein Beweis ist für die neurotische Folge der Phasen der Geldknappheit und des Überflusses – eben in einer Phase, als Geld im Überfluß vorhanden war, der Zinssatz gesenkt wurde, aber nur für Kunden von hohem Niveau, das heißt wie er wörtlich gesagt hat, »für die Kunden, die aufgrund ihres Niveaus einen großen Teil des internationalen Handels in ihren Händen konzentrieren«. Das Ergebnis war, – das sind jetzt wieder meine Worte und nicht die von Colombo – daß das billige Geld nur zur Finanzierung der Kapitalflucht gedient hat, während die Landwirtschaft weiterhin teuer für ihre Kredite bezahlen mußte, auch als die Banken nicht mehr wußten wohin mit dem Geld, weil sie 1500 Milliarden mehr hatten als in den Monaten zuvor.

Es ist einleuchtend, daß die Politik der Aktivzinsen revidiert werden muß, während den vorrangigen Sektoren billige Zinssätze mit staatlichen und regionalen Garantien anstelle der augenblicklichen Garantien gewährt werden müssen, und die hohen Zinssätze dem Rest überlassen werden.

Aber auch Garantien für die Finanzierung von Investitionen für die Landwirtschaft genügen noch nicht, Genossen. Die Stabilität der Landwirtschaft und die Disponibilität der Agrarprodukte müssen gewährleistet werden, womit wir beim Thema der Verträge für die Landwirtschaft angelangt wären; wir müssen uns mit diesen beschäftigen wie auch mit dem Thema, das der Genosse Sales gestellt hat – der letzte Punkt, den ich nur flüchtig streifen werde – mit der Sicherung der landwirtschaftlichen Erträge. Ohne sicheren Absatzmarkt für die Produkte und ohne sichere Gewinne wird es keine Investitionen und kulturellen Veränderungen geben.

Das Thema ist sehr umfangreich, weshalb ich nur einen Teilaspekt, den schon Macaluso berührt hat, betrachten werde: den der Staatsbeteiligungen und der ungeheuren Verantwortung der IRI (Institut für den Wiederaufbau der Industrie, d. Übers.) und EFIM (Finanzierungsinstitution für verarbeitende Industrie, d. Übers). Diese beiden Unternehmen, die den größten Teil der Nahrungsmittelindustrie kontrollieren, könnten durch Planung ihrer Einkäufe und mit Hilfe von langfristigen Verträgen mit freiwilligen Konsortien der Landwirte und Bauern Elemente einer langjährigen Planung der Landwirtschaft einführen und vor allem im Süden die Entwicklung von Verbänden fördern.

Hier war viel die Rede von Tomaten, als es um die verheerenden Auswirkungen der aufeinanderfolgenden Phasen ging, in denen man einmal beinahe alles verkaufen kann im Gegensatz zu anderen Jahren, in denen Cirio nicht einmal geöffnet hat. Niemand von uns fordert, daß die Staatsbeteiligungen alles kaufen und von Anfang an den Absatz aller Waren garantieren müssen, aber sie können und müssen für mehrere Jahre ihre Einkäufe planen und der landwirtschaftlichen Produktion Orientierungshilfen geben.

Seit mindestens drei Jahren stellen wir diese Forderungen, und nichts ist geschehen, weder bei IRI noch bei EFIM. Hier ist die starke Initiative der gesamten Öffentlichkeit erforderlich. Die staatlichen Unternehmen haben gut abgeschnitten – oder zumindest weniger schlecht als zu anderen Zeiten – als sie ihre Aktionen zur Erreichung gemeinsamer Ziele koordinierten; damals, als ENI (Ente Nazionale Idrocarburi – Energieholding, d. Übers.) versuchte, die Ölkrise zu bewältigen und IRI sich mit den Problemen im Zusammenhang mit der Stahlindustrie auseinandersetzte. Heute, nach dem Öl- und Stahlproblem muß den Staatsunternehmen meiner Meinung nach ein anderes großes, einigendes Thema gestellt werden: die Ernährung der Italiener, das Thema der Nahrungsmittelindustrie und ihrer Transformation.

Das alles muß getan werden, doch wir wissen, daß dazu das Wesen der Staatsbeteiligungen und das Problem ihrer gegenwärtigen Strukturen untersucht werden muß. Wir müssen für einen neuen Vorstand und eine neue Leitung der IRI kämpfen, da die jetzige Unternehmensleitung ihre Unfähigkeit bei der Lösung dieses Problems gestanden hat. Wieder einmal zeigt sich, daß die Landwirtschaft kein Teilproblem ist, sondern ein Thema, von dem die gesamte Partei und die gesamte Arbeiterbewegung ausgehen können und müssen, und wo sie ansetzen müssen, um die verworrensten Knoten der Wirtschaftskrise zu lösen, von denen einer die Staatsbeteiligungen ist.

Napoleone Colajanni
Der Mezzogiorno – Knotenpunkt für eine geplante Entwicklung*

Eine Politik der industriellen Umstellung für Süditalien

7. Die Umstellung des italienischen Produktionssystems ist die notwendige Bedingung, um die Stagnation zu überwinden und in anderer Form die Entwicklung der nationalen Wirtschaft wieder aufzunehmen.

Die Politik für Süditalien hat eine vorrangige Funktion für die Erreichung dieses Ziels, soweit sie die notwendige Bedingung ist, um in der notwendigen Zeit eine größere Produktivität des Systems zu erreichen.

Wenn wir uns momentan auf einen engen Bereich konzentrieren, können wir feststellen, daß eine Politik der Umstellung der Volkswirtschaft im wesentlichen durch drei Punkte bestimmt ist: eine Veränderung der Landwirtschaft, um durch landwirtschaftliche Produkte zu Konkurrenzpreisen die Importe zu ersetzen; vor allem die Einführung einer Produktion von Investitionsgütern und Dienstleistungen, um der veränderten Weltmarktsituation gerecht zu werden; eine Verlagerung der Industrialisierung gegen Süden, um die ökonomischen und sozialen Kosten der Stagnation zu vermeiden.

Ein Prozeß der landwirtschaftlichen Umwandlung muß an erster Stelle die Landwirtschaft Süditaliens betreffen. Im Mezzogiorno existieren nämlich Voraussetzungen, um in vielen Bereichen mit erfolgversprechender Perspektive zu produzieren. Man muß jedoch feststellen, daß eine landwirtschaftliche Produktion, für die der Mezzogiorno besonders geeignet ist (Garten- und Obstbau), stark in den Handel und in die umzugestaltende Industrie integriert werden muß, um konkurrenzfähig zu sein. Wenn die landwirtschaftliche Produktion auf dem gegenwärtigen Niveau bleibt, wird sie der Konkurrenz mit den anderen Ländern des Mittelmeerbeckens, die neben den analogen klimatischen Bedingungen noch zusätzlich den Vorteil der geringen Kosten haben, schwer standhalten. Die Veränderung und die vertikale Ausdehnung der Landwirtschaft müssen gleichzeitig vorangehen. Die Ausdehnung der bewässerten Gebiete kann zusätzlich für eine Vergrößerung der Viehzucht zur Fleischgewinnung genutzt werden, unter der Bedingung, daß die Besonderheiten der

* Referat auf der Tagung des CESPE vom 24./25. 10. 1975 in Palermo (Auszug), in: Quaderni di *Politica ed economia* (Auszug), Heft 14, Rom 1976. Übers. von Edith Zettel.

süditalienischen Situation berücksichtigt und nicht Erfahrungen kritiklos übernommen werden, die nur anderswo gültig sind.

Auf jeden Fall ist es unzulässig, eine Veränderung des Mezzogiorno auch für die Industrie zu konzipieren, ohne gleichzeitig die Landwirtschaft tiefgreifend zu verändern. Wie die Erfahrung eingehend bewiesen haben sollte, zeigt die Rückständigkeit in der Agrikultur nicht nur Auswirkungen in der landwirtschaftlichen Produktion selbst, sondern prägt die gesamte soziale Umwelt und verursacht eine gewisse Mißwirtschaft, die von außen auch auf der Industrie lastet. Die Vorstellung, das Problem der Beschäftigung in Süditalien ausschließlich durch die Industrialisierung zu bewältigen, ohne die momentane landwirtschaftliche Beschäftigung durch angemessene Einkommenssteigerungen zu festigen, ist völlig abstrakt. Wird die Industrialisierung nicht von einer gleichzeitigen Veränderung des landwirtschaftlichen Sektors begleitet, löst sie eine sofortige Landflucht aus. Der Zustrom der Arbeitskräfte in die Städte und in die industriellen Ballungsräume wird immer die tatsächliche Nachfrage der Industrie nach Arbeitskräften übersteigen, mit dem Ergebnis, daß neue Massen von Arbeitslosen entstehen, die auf das unzulängliche Sozialgefüge der Städte und der Industriegebiete drücken, mit der daraus folgenden immensen Kostenbelastung für die Industrialisierung. Im Mezzogiorno wird es notwendig sein, Industrien mit neuen Produkten anzusiedeln, in der Weise, wie wir es skizziert haben, und zwar nicht nur im Bereich der Großunternehmen, da für die neuen Produkte die Funktion der Klein- und Mittelbetriebe oft von entscheidender Bedeutung ist. Es geht darum, Unternehmen, die sich auf dem nationalen und internationalen Markt behaupten, nach Süditalien zu verlegen. Wir halten die Perspektive einer Industrialisierung Süditaliens, die sich an der lokalen Nachfrage oder der Integration der Landwirtschaft orientiert, für falsch. Die gesamte italienische Industrie, deren Produktion erneuert wird, muß sich nach Süditalien verlagern.

Jede Konzeption für den Mezzogiorno, die allein »Fürsorge« der Industrialisierung und der Beschäftigung ist, muß abgelehnt werden. In einer Politik der Umstellung des Produktionsapparates kann es keinen Platz für solche Konzeptionen geben: selbst im Bereich der fortgeschrittenen Industrien, der neuen Produkte, wird man zwischen jenen unterscheiden müssen, die Italien reelle Perspektiven für den Markt eröffnen, und jenen, für die solche Perspektiven nicht existieren. Die einzig realistische Position zielt auf eine Zunahme der Beschäftigung im Mezzogiorno, die unter klaren Richtlinien vor sich geht, d. h. ohne daß man undifferenziert einen beliebigen Anstieg der Beschäftigung anstrebt.

Man muß jetzt einen Einwand einschätzen, der an anderer Stelle unserem Vorschlag einer Industrialisierung des Mezzogiorno auf hohem technologischen Niveau entgegengehalten worden ist, und zwar im Hinblick auf die mangelnde Auswirkung für die Vollbeschäftigung. Wir halten diesen Einwand für nicht gerechtfertigt, da wir glauben, daß die Errichtung von industrieller Produktion mit hohem (finanziellen und technischen)

Wert sich vielfältiger auf das lokale Wirtschaftsleben auswirkt, als andere Formen der Industrie; dies ist im übrigen theoretisch nachgewiesen. Ein Teil der zusätzlichen Arbeitskräfte ginge sicherlich in den tertiären Bereich, dessen Steigerung deswegen aber nicht von vornherein als negativ angesehen werden darf. Hier wird es darum gehen, die Frage nach einer Requalifikation des tertiären Bereichs zu stellen und nicht nach einem Aufbau, der dazu führt, daß in der Industrie die Vollbeschäftigung nicht erreicht wird.

Auf gleiche Weise kann man auch Raum für die Industrie des lokalen Marktes schaffen, an die momentan die Klein- und Mittelbetriebe Süditaliens angeschlossen sind.

8. Ein derartiger Prozeß kommt nicht automatisch in Gang. Im Gegenteil: es gibt eine grundsätzliche politische Schwierigkeit bei diesem Vorschlag, die bei jeder Politik der Umstellung angegangen werden muß; und nicht nur in der Politik für Süditalien, auch wenn sie hier in stärkerem Maße vorhanden ist. Der Aufbau eines neuen produktiven Sektors, die technologische Veränderung eines bestehenden Sektors und eine Verschiebung des Industrialisierungsschwerpunkts erfordern Investitionen mit unterschiedlicher Rentabilität. Wenn die Ressourcen forciert eingesetzt werden, führt das nicht in kurzer Zeit zu Steigerungen der Produktion und somit der Konkurrenzfähigkeit. Um in Zukunft größere Konkurrenzfähigkeit zu erreichen, muß deshalb eine Periode durchgestanden werden, in der die Produktion in den vorhandenen Sektoren gesteigert wird. Allerdings ist es notwendig, dafür die Ressourcen zu bestimmen.

Eine neue und bewußte ökonomische Führung ist notwendig

Wenn es kein System gibt, das durch bewußte Führung die Ressourcen verteilt, lenkt der Prozeß sie automatisch nur dorthin, wo sie sich unmittelbar rentieren. Es reicht nicht aus, Bedingungen für die Industrialisierung herzustellen, Bewässerungsanlagen zu errichten, die ab einem gewissen Punkt nicht mehr erweiterungsfähig sind, wenn man nicht bei wirklich wichtigen Investitionsentscheidungen eingreift.

Traditionell ging man dieses Problem aber genau entgegengesetzt an. Und zwar nach dem Modell der zwei Phasen: zuerst müssen ein neues Einkommen und neue Ressourcen bereitgestellt werden, indem von den vorhandenen Strukturen ausgegangen wird, und erst anschließend wird man den »surplus« nutzen können, um die Reformen und die Investitionen mit differenzierter Rentabilität für den Mezzogiorno zu finanzieren. Die Polemik über die lange oder die kurze Phase für den Mezzogiorno, die in der Vergangenheit geführt wurden, ging genau über diesen Punkt.

Die Erfahrung hat jedoch gezeigt, daß im ökonomischen System Italiens, auch aus politischen, historischen und gesellschaftlichen Gründen, das »danach« nie kommt. Eine Politik, die darauf zielte, Profitraten wiederherzustellen, um später investieren zu können, ist diejenige Politik gewesen, die während der letzten Zeit praktiziert worden ist. Sie führte zum Rückgang der Investitionsquóte im Verhältnis zum Sozialprodukt und zu ihrem Sturz im Mezzogiorno, entgegen dem, was für Süditalien und die Volkswirtschaft nötig gewesen wäre. Wesentlich ist deshalb, daß mit der Politik der industriellen Umstellung die Politik der wirtschaftlichen Expansion, die von der vorhandenen produktiven Basis ausgeht, Hand in Hand geht.

Wir sind uns der Schwierigkeiten bewußt, ein Gleichgewicht zwischen diesen beiden Zielen zu erreichen, denen eigentlich nicht eine jeweils verschiedene Politik entspricht, sondern die zwei Aspekte derselben Politik sind. Dieses Gleichgewicht kann nur erreicht werden, wenn jede einzelne Entscheidung genau in ihrem Verhältnis zu den vorhandenen Möglichkeiten analysiert wird. Es ist also ein Problem, das sich oft als Problem der vorhandenen Finanzmittel stellt, das nur außerhalb starrer Schemata durch kontinuierliche Überprüfung gelöst werden kann. Auf diesem Hintergrund sollen die Probleme Süditaliens in der nationalen wirtschaftspolitischen Diskussion angegangen werden.

Zu Recht kann man jedoch, wie es uns scheint, davon ausgehen, daß beim gegenwärtigen Stand der Dinge die finanziellen Mittel zur Verfügung stehen, um unmittelbar mit einer angemessenen Wirtschaftspolitik zwei Problemen zu begegnen: 1. kurzfristig einen wirtschaftlichen Aufschwung herbeizuführen und 2. die Politik der industriellen Umstellung zu verwirklichen. Der staatliche Eingriff im Mezzogiorno muß integraler Bestandteil dieser Politik sein. Aus diesem Grund ist die Diskussion über das neue Gesetz für den Mezzogiorno eine aktuelle Frage, die nicht nur an den Ablauf der »Cassa del Mezzogiorno« am 31. Dezember dieses Jahres gebunden ist.

9. Der Erfolg dieser nationalen und süditalienischen Strategie ist sicherlich ein sehr kompexer Prozeß, der noch harte Auseinandersetzungen erfordern wird. Dieser Prozeß ist dermaßen vielschichtig, daß die italienische Krise schon grundsätzliche Probleme des wirtschaftlichen Systems Italiens und die wesentlichen Merkmale der herrschenden Schichten betrifft, die Kreise also, die in der Vergangenheit das gesellschaftliche System in harten Auseinandersetzungen mit anderen gesellschaftlichen Kräften geführt haben.

Heute ist es legitim, in Italien von einer Krise des Großunternehmens zu sprechen. Um auf die Krise reagieren zu können, verfolgen die großen Konzerne im wesentlichen eine Politik der Stagnation. FIAT bevorzugt noch immer die Produktion von Autos gegenüber einer Differenzierung und Erneuerung der Produktion, allerdings mit dem Ziel, im Jahre 1978 oder 1980 dieselbe Produktion wie 1972 zu erreichen. Montedison braucht Tausende von Milliarden in zwei Jahren, nicht um sich auf die Sekundärchemie umzustellen, sondern einfach damit die Investitionen der vergangenen Jahre nicht verloren sind, ohne Produktionssteigerung, ja sogar mit einer Verringerung der Beschäftigten und ohne Verlagerung nach Süditalien. Dies sind Beispiele, die man beliebig erweitern könnte.

Die großen Konzerne hoffen, durch einen Inflationsaufschwung die Profite von 1974 zu erreichen, wobei sie sich auf der gegenwärtigen Produktionsstruktur ausruhen...

Ein neues demokratisches Bewußtsein und ein neuer Kampf für Süditalien

10. Die Wiederaufnahme der Politik für Süditalien im Rahmen einer Umstellung des Produktionsapparates und eines Aufschwungs der Produktivkräfte ist deshalb eine Aufgabe, deren Schwierigkeit klar erkannt werden muß. Eine Einschätzung der positiven Ergebnisse, vor allem im politischen Bereich, im Mezzogiorno und im ganzen Land muß einen Beitrag dazu leisten. An erster Stelle hat sich das demokratische Bewußtsein auf breiter Massenbasis im ganzen Land durchgesetzt und wird der Widerspruch zwischen Mittelschichten und Arbeiterklasse ansatzweise überwunden. Der gemäßigte und anti-süditalienische Block, der im Mezzogiorno und in ganz Italien die Massenbasis einer Poltik des status quo gebildet hat, ist durch fortschrittlichere Klassenbündnisse ersetzt worden.

Im nationalen Bereich hat diese Tatsache eine immense Bedeutung und stellt wahrhaft einen politischen Bruch dar. Jedoch muß man feststellen, daß dieser Prozeß auch im Mezzogiorno stark vorangeschritten ist. Daß dieser Prozeß auch im Mezzogiorno vehement verlaufen ist, muß besonders hervorgehoben werden. Man vergegenwärtige sich nur, was sich in den Süditalienischen Städten ereignet hat, den traditionellen Mittelpunkten für den »Sanfedismus« (für die reaktionären Tendenzen), den Anziehungspunkten für Massen von Arbeitslosen und Mittelschichten, die zusammengehalten werden durch eine Machtführung, die an der Verteilung der »Produkte des Parasitismus« verankert ist. In diesen Städten hat sich die Bewegung für eine soziale Emanzipation entwickelt und neue Kräfte sind zugunsten des ökonomischen und politischen Fortschritts des Mezzogiorno freigesetzt worden.

Zu dieser Entwicklung leistet die Stärkung der Arbeiterklasse, die noch in den »cattedrali« (abseits liegende Industriebetriebe, d. Übers.) eingeschlossen wird, die durch die Gesellschaft, wie sie auch heute noch ist, und das Machtsystem Süditaliens geprägt wird, einen wesentlichen Beitrag und stellt somit einen wichtigen Faktor für den gesellschaftlichen Fortschritt dar.

Einen anderen Faktor stellt die Stärkung des landwirtschaftlichen Unternehmens dar, das auf der Suche nach wirtschaftlichen Bedingungen, um konkurrenzfähig zu werden und um sich aus den Ketten des Parasitismus und der Ausbeutung zu befreien, seine ersten Erfahrungen mit Assoziativen macht. Schließlich ist die Kluft zwischen dem politischen System Italiens und dem des Mezzogiorno der relevanteste politische Faktor. Diese Kluft ist, das soll klar gesagt werden, im Mezzogiorno nicht so tief wie auf der nationalen Ebene. Jedoch bietet diese Tatsache große Entwicklungsmöglichkeiten, wenn der politische Prozeß von den politischen und sozialen Kräften konsequent durchgeführt wird.

Eine geplante Führung der Politik für Süditalien

11. Der Politik für Süditalien sind sicherlich schwer zu bewältigende Aufgaben gestellt, um eine Veränderung der Produktionsstruktur des Mezzogiorno einzuleiten im Rahmen der großen Perspektive, das gesamte Produktionssystem in Italien umzustellen, um den nationalen Bedürfnissen entsprechen zu können.

Es muß klar gesagt werden, daß es nicht ausreicht, günstige Bedingungen, die einen selbständigen Prozeß einleiten und unterstützen, herzustellen, um diese Ziele verwirklichen zu können – wie wir schon vorher erwähnten. Der Eingriff des Staates kann sich nicht ausschließlich auf der Ebene des Ersetzens oder Verbesserns bewegen, sondern muß die Ursache für die Schwäche des italienischen Unternehmenssystems erkennen, um in der Frage der Investitionsentscheidungen wirksam Durck auszuüben. Das ist die erste Politik gewesen, die im Verlauf der 25 Jahre der außerordentlichen Intervention praktiziert worden ist. Als man nach und nach feststellen mußte, daß sie fortlaufend scheiterte, hat man ständig die Techniken angepaßt. Jede Ausbesserung wurde als Wende in der Politik Süditaliens begriffen, ohne jemals die wahre Ursache des Problems zu erkennen. So haben wir reihum die Pole der Entwicklung, den Koordinationsplan, die programmierte Tarifverhandlung, die besonderen Pläne durchgeführt, und jeder Aufschub der »Cassa del Mezzogiorno«, der natürlich nicht länger als 5 Jahre dauerte, wurde von seiner guten Idee begleitet.

Für den Mezzogiorno und für Italien ist jedoch eine Politik notwendig, die eine effektive Verteilung der Ressourcen nach klar erkennbaren Zielen ermöglicht, wobei man die entsprechenden Risiken eingeht. Das ist eine Politik der Planung. Diese Politik darf sich nicht Ziele setzen, die sich aus der Konstellation der makroökonomischen Größen ergeben. Sie muß sich präzis auf Entscheidungen in den einzelnen Bereichen und sogar auf ganz konkrete Projekte beziehen. Eine kritische Analyse der italienischen Erfahrung mit der Planung und eine Selbstkritik einiger ihrer Hauptakteure können einen wesentlichen Beitrag für die Wiederaufnahme einer wirksamen Planungspolitik auf neuer und eigenständiger Basis leisten.

Folgende vier Faktoren scheinen uns tatsächlich eine wirkungsvolle Planung zu garantieren: die Ziele müssen gesondert bestimmt werden, die mitwirkenden Unternehmer müssen spezifisch angeleitet, Interventionstechniken bereitgestellt, die finanziellen Mittel sichergestellt werden. Daß die Ziele gesondert ausgewiesen sein müssen, ist nötig, da es sich um eine Planung handelt, die ein Programm der industriellen Umstellung sein will und deshalb nicht vage formuliert werden darf, sondern die Umstände einschätzen und Entscheidungen treffen muß.

127

Anleitung der Wirtschaftsunternehmer und Interventionstechniken stehen in unmittelbarem Zusammenhang. Die sektorialen Pläne und die Entwicklungspläne sind die effektivsten Formen, um Investitionsentscheidungen herbeizuführen; im Rahmen der Investitionsentscheidungen muß man bestimmen, welche spezifischen Techniken eingesetzt und in welcher Weise die Beteiligten angeleitet werden sollen. Sicherlich ermöglicht dieser Ansatz ein hohes Maß an Entscheidungsspielraum für den Eingriff mit der Planung. Daß viele Wirtschaftsunternehmen, öffentliche und private Unternehmen, kleinere und mittlere Betriebe, öffentliche Körperschaften eingreifen können, soll ein politisches Ziel der Planung sein, weil man nicht zulassen kann, daß bei dem relativen Mangel an Unternehmerfähigkeit in Italien auch noch irgendeine Eingriffsmöglichkeit verloren geht. Die Vielfalt kann jedoch nicht durch automatische Intervention abgesichert werden, weil somit keine Möglichkeit mehr gegeben ist, auszuwählen und die Richtung anzugeben und die Pluralität zugunsten der Stärken verloren geht.

Die Pluralität muß durch inhaltliche Entscheidungen im Bereich der sektorialen Pläne oder durch die genaue Festlegung der Entwicklungspläne abgesichert werden. Aber eine solche Vorgehensweise erfordert eine politische und keine verwaltungstechnische Kontrolle über die Planung. Umso weniger soll die Kontrolle aus einem System von präventiven Genehmigungen bestehen; dieses würde nämlich den Planungsorganen ihre Flexibilität und Autonomie entziehen. Es ist also unerläßlich, daß diese Organe nicht zu technokratischen Institutionen werden und sich somit jeglicher demokratischer Kontrolle entziehen können, wie das heute für die »Cassa del Mezzogiorno« zutrifft.

Aus diesem Grunde ist es undenkbar, daß so komplexe Aufgaben, wie die einer Planung neuen Typs, die ein großes Maß an freier Entscheidung für brennende Probleme fordert, der »Cassa del Mezzogiorno« zugeteilt werden. Wir wollen die Kritik, die im Laufe der Erfahrungen mit der »Cassa del Mezzogiorno« geäußert worden ist und die wir für völlig berechtigt halten, hier nicht wiederholen. Um den Vorschlag für eine Auflösung der »Cassa« zu rechtfertigen, reicht es völlig aus, daß ein Organ wie die »Cassa« mit der zur Lösung der aktuellen Probleme notwendigen Planung nicht vereinbar ist. Wir sind der Meinung, daß ein Vorschlag, die Planung wiederaufzunehmen, nicht die Ausarbeitung eines neuen Plans bedeutet, sondern vielmehr beabsichtigt, Programme für einen Produktionsbereich und ein daran anknüpfendes Programm für den Mezzogiorno aufzustellen. Die Verantwortlichkeit für die Planung muß direkt beim Staat und bei den Regionen liegen, gegenüber den Vertretungsorganen Parlament und regionale Versammlungen, die die notwendige politische Kontrolle mit den wirksamen Machtmitteln sichern müssen. Diese müssen jedoch über eine nicht klar definierte und ineffektive Ausübung der gewöhnlichen Überwachungsfunktion hinausgehen. Die Planung als nationale politische Aufgabe vorzuschlagen, die vom Mezzogiorno ausgeht, ist nicht anmaßend. Tatsächlich hat es sich konkret in der Vergangenheit herausgestellt, daß gerade angesichts der Situation im Mezzogiorno die Planung im nationalen Maßstab notwendig ist. Die »Cassa del Mezzogiorno« ist trotz aller ihrer Schwächen der erste Versuch, einen Teil der öffentlichen Intervention zu strukturieren. Als die Mitte-Links-Regierung, deren Erfahrung jetzt schon abgeschlossen ist, ihre Regierungspolitik in Angriff nahm, wurde die Lösung der süditalienischen Frage als vorrangiges Problem verstanden.

Eine neue Wirtschaftspolitik und eine neue Funktionsbestimmung für die Industrie

12. Die Verwirklichung der von uns vorgeschlagenen Politik führt notwendigerweise zu einer anderen territorialen Verteilung der Industrie und somit der Beschäftigung. Daraus folgt, daß man nicht gleichzeitig mehr Beschäftigung im Norden und im Süden Italiens anstreben kann. Im Norden wird die industrielle Umstellung hauptsächlich darin bestehen, daß an die Stelle bestehender Industriebetriebe neue gesetzt werden. Eine Politik, die die Beschäftigung in ihrer jetzigen Struktur erhalten will, könnte nicht dazu beitragen, den Rückstand in der durchschnittlichen Produktivität des Landes zu überwinden. Sie wäre also keine Politik, die die Entwicklung der Produktivkräfte fördert und wäre somit auch keine Politik für Süditalien. Die Territoriale Mobilität der Arbeitskraft ist ein integraler Bestandteil des Vorschlages für die Umstellung des nationalen Produktionsapparates.

Das gilt auch für die Berufsausbildung. Diese muß, um nicht unbestimmt zu bleiben, mit den Entscheidungen der Entwicklungs- und Interventionspolitik in Einklang gebracht werden. Die Voraussetzung für eine Politik der Berufsausbildung, die die notwendigen Kräfte zur Einrichtung von landwirtschaftlichen und industriellen Produktionen von hoher Qualität herausbildet, ist im Mezzogiorno schon vorhanden. Und zwar ist das der Fortschritt in der Einschulung. Die Massen der süditalienischen Akademiker bilden keinen negativen Faktor der Instabilität, sondern sind unerläßliche Voraussetzung für die Entwicklung Süditaliens – unter der Bedingung einer Politik, die diese Massen auf produktive Tätigkeiten leiten kann.

13. Eine nationale Politik für Süditalien muß außerdem imstande sein, eine Vielzahl von Problemen, die nicht nur direkt ökonomischer Art sind, aufzugreifen. Die wirtschaftlichen Probleme Süditaliens hängen mit anderen relevanten Fragen eng zusammen, wie z. B. mit der EWG-Politik. Die Bedeutung dieser Zusammenhänge muß begriffen werden. Wir sind nicht der Meinung, daß der regionale Entwicklungsfonds der EWG-Politik für die Entwicklung der Wirtschaft in Süditalien eine wesentliche Bedeutung hat. Vielmehr stellen wir die negative Rolle, die die Landwirtschaftspolitik der EWG für diese Entwicklung gespielt hat, fest, indem sie die Veränderung einer Reihe von landwirtschaftlichen Produktionsarten

verzögert und sogar Veränderungen, die schon in Gang waren, wie z. B. beim Weinanbau, aufgehalten hat. Auf Grund des Protektionismus der EWG ist es angemessener, bestimmte Gebiete, die man bewässern könnte, trocken zu lassen, da die Mechanisierung des Getreideanbaus unmittelbar höhere Gewinne ermöglicht. Im Großen und Ganzen sind wir durch die von uns vorgeschlagene Politik der industriellen Umstellung mit einer Vielzahl von Problemen konfrontiert. Eine Politik der industriellen Umstellung muß in Anbetracht der ständigen Gefahr für die nationalen Interessen ihre Entsprechung in einer Außenpolitik haben, die eine internationale wirtschaftliche Zusammenarbeit anstrebt. Bei dem Vorschlag der internationalen wirtschaftlichen Zusammenarbeit kann man sich nicht allein darauf beschränken, sie laufend zu propagieren: man muß auch im konkreten handeln, indem man eine Reihe von wirtschaftlichen und politischen, bilateralen und multilateralen Beziehungen herstellt, ohne zu warten, bis die Bedingungen dazu vollständig erfüllt sind.

Niemand kann z. B. verbieten, daß man, in Anbetracht der Unfähigkeit der EWG, Energiepolitik zu betreiben, selbst die Initiative ergreift, um direkte Beziehungen zu den ölproduzierenden Ländern aufzunehmen und ihnen gegen Rohöl jene Investitionsgüter zu liefern, die die einzige reale Möglichkeit für zusätzliche Exporte bieten. Die Produktion von Investitionsgütern muß nämlich ein wesentliches Element der Industrialisierungspolitik des Mezzogiorno sein.

14. Die Situation und die Aufgaben für eine Politik für Süditalien, die wir skizziert haben, erfordern die verantwortliche Teilnahme einer Vielzahl von gesellschaftlichen Kräften, den Gewerkschaften, den Unternehmern, den Organisationen des produktiven Mittelstandes und insgesamt eine bewußte Lenkung der Wirtschaft. Es ist illusorisch zu glauben, daß man solche Probleme durch eine Zentralisierung der Intervention oder durch die Überzeugunsarbeit der öffentlichen Hand lösen kann.

Dazu sind offene Beziehungen zwischen den sozialen und politischen Kräften auf der politischen, aber in gewisser Weise auch auf institutioneller Ebene nötig. Somit kann jeder die notwendigen Anregungen und Einflüsse nicht nur wirtschaftlicher Art erhalten, die die notwendigen Veränderungen für eine Wiederaufnahme der Entwicklung einleiten. So können die Unternehmer der öffentlichen und privaten Unternehmen nur durch ein offenes und effektives Verhältnis zur Arbeiterklasse – was nicht einem idyllischen Verhältnis gleichzusetzen ist –, eine positive Anregung erhalten.

Ein offener und demokratischer institutioneller Rahmen

Es ist wesentlich, daß die öffentliche Intervention nicht zentralisiert wird, sondern offen bleibt und durch demokratische Formen bestimmt wird. Wir haben schon erwähnt, daß die »Cassa del Mezzogiorno« mit einer effektiven Planung nicht vereinbar ist. Wir wollen nur hinzufügen, daß eine

Zentralisierung des Eingriffs in der »Cassa del Mezzogiorno« verhindern würde, daß sich in den autonomen Organen, im besonderen in den Regionen und in den Gemeinden, rechtzeitig Führungskräfte heranbilden, die den Transformationsprozeß der süditalienischen Wirtschaft vorantreiben. Die Entwicklung des Mezzogiorno wird ohne den Beitrag und die Anstrengung von Tausenden von Führungskräften nicht möglich sein.

Hier zeigt sich die entscheidende Bedeutung, die der Region im Mezzogiorno zukommen könnte. Die Region hat die notwendigen Voraussetzungen, um in die Wirtschaft einzugreifen. Die regionale Dimension ist für eine Wirtschaftspolitik, in der man nicht fremde Erfahrungen auf völlig unterschiedliche Situationen mechanisch übertragen kann, unerläßlich. Die Funktion der Region ist ebenso wichtig für die Raumordnung, da einige süditalienische Metropolen an Bedeutung gewonnen haben; und weiterhin angesichts der Notwendigkeit, die wirtschaftliche Intervention durchzusetzen. Das regionale Wirtschaftsprogramm hat deshalb eine eigene Rechtfertigung, da es undenkbar ist, daß sich der Region, die ausschließlich über die Sachkenntnis der Landwirtschaft und die Raumordnung verfügt, ein anderes Gremium, das die Zusammensetzung des Territoriums und die Landwirtschaftspolitik bestimmt, überordnet.

Man hat eine Politik der wahren Enteignung der südlichen Regionen von Seiten der »Cassa del Mezzogiorno« betrieben. Als die regionalen Pläne verfaßt worden sind, wurden sie schließlich zu mittelmäßigen Voranschlägen, nach dem Muster des nicht übermäßig wirkungsvollen Wirtschaftsprogramms. Statt Planer und Wissenschaftler einzusetzen, die sich mit konkreten Fakten befassen, wurden in den Regionen Forschungsarbeiten von Ökonomisten gefördert. Die Schwäche der Regionen herangezogen, um die Enteignung zu rechtfertigen und zu bestätigen.

Wenn wir alle Lebenskräfte des Südens mobilisieren wollen, müssen die Regionen wieder ihre Funktionen erhalten; ihre Fähigkeit zu intervenieren soll sogar, wenn nötig, durch eine staatliche Ermächtigung gefördert werden. Das zentralisierte System muß, angefangen bei der staatlichen Intervention, durchbrochen werden. Der staatliche Zentralismus wird zu oft nachgeahmt. Ein Beweis dafür stellen die Verfahren dar, die von den Regionen auf die Gemeinden und ihre Kreise übertragen werden und die für die Regionen nicht vorhanden sind.

Die Regelung der Ausgaben der Regionen durch Dekrete ist nicht nur durch das wirksamste Ausgabensystem (die Gelder, die am schnellsten ausgegeben werden, sind jene, die den Gemeinden zugeteilt werden), noch eine abstrakte Forderung nach Befugnissen. Es ist vielmehr das Mittel, um zu erreichen, daß die Beteiligung der aktiven gesellschaftlichen Kräfte an einem Programm, dessen Schwierigkeiten man sich bewußt machen muß, noch breiter wird.

In die gleiche Richtung müssen Maßnahmen zielen, die das Funktionieren einer Reihe von Organen verbessern, mit denen die öffentliche Hand in die Wirtschaft eingreift. Das System der staatlichen Beteiligungen kann nicht so bleiben wie es momentan ist, ohne der ständigen Gefahr von

Willkürakten, Pflichtverletzungen und Korruption ausgeliefert zu sein. Die staatlichen Beteiligungen müssen wie andere öffentliche Einrichtungen einer Gesellschaft, die sich erneuern will, gerecht werden. So müssen sich auch eine Reihe von Organen der öffentlichen Intervention strukturell mit den kooperativen Organisationen der Produzenten, besonders was die Agrikultur betrifft, verbinden. Auf diese Weise unterstützt man auch die Herausbildung eines authentisch süditalienischen Unternehmertums...

Kapitel 4
Das politische System
der Übergangsperiode

Luciano Gruppi
Über Demokratie und Sozialismus*

Wer heute die Organisierung des italienischen Staates betrachtet, findet eine Besonderheit, zu der es wie mir scheint keine Analogien im kapitalistischen Europa gibt. In Kürze: seit den fünfziger Jahren ist die Konzentration und Zentralisation des Kapitals in der monopolistischen Form – und in der Form der internationalen Trusts – vorangeschritten. Dieser Prozeß hat sich im vorhergehenden Jahrzehnt beschleunigt und setzt sich noch heute fort. Es ist natürlich, daß dieser Zentralisation des Kapitals eine Zentralisierung in der Organisation des Staates entsprechen muß, die in Gang gekommen ist, als die antifaschistische Einheit zerbrach und die Kommunisten und Sozialisten aus der Regierung ausgeschlossen wurden, (Mai 1947) und die seit 1948 weitergeht.

Die politischen Kräfte haben sich um die Democrazia cristiana zentriert, nachdem jenes starke Element der Differenzierung und des Vergleichs, das durch die großen Parteien der Arbeiterbewegung hergestellt wurde, aus der Regierung entfernt wurde. Selbst in der DC beobachten wir diese Zentralisierung: der »linke« Flügel der Dossettianer wurde zuerst unschädlich gemacht und dann ausgeschaltet. In dem Maße, wie die DC Ausdruck der Machtrestauration des Großkapitals wurde und ihrer Logik gehorchte, band sie sich selbst und den italienischen Kapitalismus an das Finanzkapital und den US-Imperialismus. Sie verlor somit die ursprüngliche Inspiration der Dezentralisierung, die noch den Partito popolare (Volkspartei, Vorläufer der DC, d. Übers.) von Luigi Sturzo auszeichnete, um im Vergleich dazu etwas ganz anderes zu werden.

Dieser Prozeß fand 1953 seinen Höhepunkt in dem Vorschlag eines Wahlgesetzes, das der Mehrheit eine besondere »Prämie« verschaffen sollte. Dieses Gesetz hätte auch im Parlament zu einer Zentralisierung ge-

* aus: *Critica marxista* Heft 2, Rom 1976. Übers. von Helmut Drüke.

führt, die auf der Ebene des Staates die Vielfalt der in der italienischen Gesellschaft wirkenden Kräfte geschmälert hätte. Aber auch nachdem die »legge truffa« (das Betruggesetz) verhindert wurde, schritt die Zentralisierung zu einem bürokratischen und autoritären Polizeistaat voran, wodurch ein Staatsapparat geschaffen werden sollte, der der ökonomisch-politischen Machtform, die schon entstand, entsprach. Man braucht hier nicht die Einzelheiten und die weitere Entwicklung zu analysieren. Man muß nur hinzufügen, daß die Entwicklung des Staatskapitalismus und die Verbindungen, die ihn an den Staatsapparat hielten, in immer stärkerem Maße dazu führten, daß er sich mit dem Parteiapparat der DC verwickelte. Die Zentralisierung im Staate wurde identisch mit der Errichtung eines Klientelsystems, das sich vom Zentrum auf die Randsphären verzweigte, und das es der DC nicht nur erlaubte, mit Unterstützung der Kirche ihre Macht zu sichern – dank ihrer Fähigkeit, zwischen dem Großkapital und den Volksmassen zu vermitteln –, sondern auch aus eigener Kraft viele Wege zu finden, ihre Macht zu vermitteln: sie manövrierte mit dem öffentlichen Bereich der Wirtschaft, mit den Cliquen, die sich auf den verschiedenen Ebenen des Staatsapparates gebildet hatten, wodurch sie eine Reihe von korporativen Interessen schuf, stimulierte und wirken ließ. Daß die Entscheidungszentren sich immer mehr außerhalb des Parlaments und der demokratischen Kontrolle verlagerten, wurde von den Kommunisten und nicht nur von ihnen unzählige Male als eine der größten Gefahren für die Demokratie aufgezeigt. Es bildete sich tatsächlich ein Staatstypus heraus, im Widerspruch zu dem, den die Verfassung bestimmte und vorschrieb. Nicht nur der wirkliche Staat und der von der Verfassung bestimmte Staat standen im Widerspruch, sondern auch der wirkliche Staat und das Bewußtsein der großen Volksmassen, für die die Grundsätze der Verfassung bereits zu einer realen, einheitlichen politischen Kraft wurden.

Aber genau das ist der Punkt: gerade weil die bürokratische Zentralisierung so ungestüm und offensichtlich voranschritt, erwuchs aus der demokratischen und Arbeiterbewegung immer umfassender und bewußter die Forderung, die Staatsmacht zu dezentralisieren. Das warf die Frage nach der Selbständigkeit und der Rolle der lokalen Körperschaften auf und rückte die Forderung nach Regionen in den Vordergrund. Diese Forderung reifte besonders in der zweiten Hälfte der fünfziger Jahre heran und fand dann Unterstützung im Programm der Mitte-Links-Regierung. Mit der Mitte-Links-Formel versuchten die herrschenden Kreise und in erster Linie die DC, eine Grundlage des Konsens wiederzufinden, der durch die zentristischen Regierungen untergraben worden war: die Arbeiterbewegung sollte gespalten werden, indem ein Teil (der PSI) untergeordnet und der andere Teil (der PCI) isoliert würde. Aber dazu wurde es notwendig, einige Forderungen der Linken aufzunehmen. Die Mitte-Links-Regierungen umgingen insgesamt gesehen das Reformprogramm, mit dem sie angetreten waren und bewiesen somit, wie unmöglich es ist, eine echte Reformpolitik zu betreiben, die sich nicht auf die Einheit der

Arbeiterbewegung und damit auf die Stärke des PCI stützt. Man mußte tatsächlich bis 1970 warten, damit die Regionalräte Wirklichkeit wurden, nachdem vorher ein breiter Druck entstanden war.

Aber hier stellt sich ein anderes Problem: waren die Regionen nur – was sie sicherlich vor allem waren – eine Errungenschaft der Linken, oder entsprach diese Forderung zu einem gewissen Zeitpunkt nicht auch einer Notwendigkeit, die die herrschenden Kräfte selbst sahen? Ich setze dieses Fragezeichen, da man vertreten kann, die weitere bürokratische Zentralisierung des Staates könne nicht zu jener »Rationalisierung« des Zentralismus passen, zu jener Reorganisierung, die sich von Gesichtspunkten der »Effizienz« leiten ließ, die der einzige Versuch war, das zentralisierte Staatssystem aufrechtzuerhalten. Außerdem ging es darum, das Personal des Staatsapparates schrittweise auszuwechseln, das immer noch im wesentlichen eine traditionelle, juristisch-humanistische Ausbildung hatte, während man stattdessen vor allem Ökonomen, Fachleute in der industriellen, landwirtschaftlichen Organisation, Städteplaner etc. benötigte (auch wenn die neuen Führungskader des öffentlichen Bereichs der Wirtschaft nach vorne drängten und sich in gewisser Weise bemerkbar machten). Die Staats»maschinerie« stand kurz vor ihrer Lähmung. Das ist der Grund, weshalb die Forderung nach Regionen aufgegriffen wurde, nicht etwa, um zu der Verfassungsidee eines dezentralisierten Staates zurückzukehren, nicht etwa, weil die ursprüngliche Vorstellung von Luigi Sturzo in der DC wiederaufgenommen wurde, insgesamt also nicht, um die politische Macht des Staates zu dezentralisieren und das Staatssystem zu demokratisieren, sondern um die Verwaltung besser zu verzweigen, um den Arm des bürokratischen Zentralismus zu verlängern, um neue Klientelsysteme und neue Instrumente zu gewinnen, die die konservative Herrschaftsform vermitteln. Darum geht seit 1970 die wohlbekannte Auseinandersetzung zwischen der demokratischen und Arbeiterbewegung einerseits und den Regierungen der DC andererseits: wie muß die Region organisiert sein, um ein wirksames System zu verwirklichen, das Selbständigkeit und Pluralismus gewährleisten kann – immer im einheitlichen nationalen Rahmen – und um einen neuen Typ der Demokratie entstehen zu lassen, der auf der bewußten und aktiven Teilnahme der Bürger an der Leitung des Staates und der Gesellschaft beruht?

Aber gerade wenn die politische Orientierung der Regierung und die innere Logik der zentralisierten Bürokratie enorme Schwierigkeiten für eine tatsächliche Dezentralisierung in den Regionen, Gemeinden und Provinzen schaffen, macht sich ein Bestreben nach Dezentralisierung geltend, das sich wie eine Welle ausbreitet. Die Regionen und die zahlreichen Gemeinden, die von der Linken verwaltet werden, ermöglichen ein demokratisches Verhältnis zu den Bürgern, das weitgehend die Staatsorganisation erneuert: die Stadtteilräte (consigli di quartiere) entstehen und werden dann gesetzlich institutionalisiert, im Rahmen der Regionen entwickelt man »comprensori« (s. A. d. Übers. im Wahlprogramm), die Gemeinschaften in den Bergen (comunità montane) bilden sich heraus. Daneben entstehen – wenn auch mit einigen Mängeln – in der Schule Repräsentativorgane; die Schulversammlung richtet sich ein, wenn auch in unangemessener Form. Das Ministerium – die Zentralgewalt – bemüht sich noch einmal, die Repräsentativorgane der Schulen zu lähmen und zu schwächen, die es gezwungen wurde anzuerkennen. Wenn auch zu beobachten ist, daß die Eltern und die Studenten sich nicht mehr in dem Maße an der demokratischen Verwaltung der Schulen beteiligen – wobei diese Entwicklung danach untersucht werden muß, was schwerwiegend und gefährlich ist, und die auf die Verantwortlichkeit derjenigen verweist, die alle zusammen diesen Prozeß bestimmen –, so berührt das nicht die Tatsache, daß sich ein enormer Bereich demokratischer Beteiligung eröffnet hat. Gleichzeitig bestehen nunmehr seit Jahren Delegiertenräte in den Betrieben und die Gebietsräte der Werktätigen. Die Versammlung der Werktätigen ist zu einer festen Einrichtung geworden. Dieser zweite Typ demokratischer Teilnahme unterscheidet sich formell vom ersten, da diese Institutionen vertraglich (von den Tarifparteien, d. Übers.) anerkannt sind und nicht durch ein Gesetz des Staates. Aber der gesamte Prozeß entspringt und gehorcht demselben Antrieb. Offensichtlich bezieht diese Bewegung nicht alle italienischen Bürger mit ein, aber gewiß einen großen Teil. Es gibt ein diffuses Bestreben nach Demokratie von unten und nach Basisdemokratie, nach politischer Dezentralisierung des Staates (der nicht bürokratisch, aber politisch vereinheitlicht sein muß) und nach aktiver Beteiligung des Bürgers am Staate und an der Gesellschaft.

Hierin besteht die italienische Besonderheit, auf die ich anfangs Bezug nahm: die Zentralisation des Kapitals, die noch immer anhält, hat sich nicht vollends in ein Staatsystem umgesetzt, das organisch den Erfordernissen des Monopolkapitalismus und des Staatskapitalismus entspricht, wie es z. B. in Frankreich mit dem Gaullismus geschehen ist. Dieser Tendenz steht durch den Kampf der Werktätigen und der Volksmassen ein mühsamer Prozeß der Dezentralisierung gegenüber, der nicht ohne Grenzen und Mängel ist. Deshalb klaffen die Zentralisierung der ökonomischen Macht, die bürokratische Zusammenballung des Staates, die weiterhin besteht, und das Aufkommen des Bestrebens, das System der öffentlichen Gewalt in neuer Weise zu organisieren, auseinander. Das Staatssystem ist somit widersprüchlich strukturiert, da auf der einen Seite seine bürokratische Zentralisierung – und auch die Entwicklung zum Polizeistaat – bestehen bleibt, und auf der anderen Seite bereits neue Formen der Dezentralisierung verankert sind. Dieser Widerspruch ist eine italienische Besonderheit. (Die *Länder*, die wir als die regionalen selbständigen Institutionen der Bundesrepublik Deutschland bezeichnen könnten, sind etwas ganz anderes, da sie nicht aus einem politischen Prozeß und aus dem artikulierten Volkswillen hervorgehen, wie es bei uns der Fall war.)

Diesen summarischen Hinweisen muß noch etwas hinzugefügt werden. Das Anwachsen der Demokratie von unten, oder auch nur ein derartiges Bestreben ging einher mit sozialen Bewegungen, die bald eine mehr oder weniger bestimmte politische Physiognomie bekommen haben, und zwar war das und ist noch der Aufruhr von gesellschaftlichen Gruppen, die von der Krise der Gesellschaft betroffen sind. Wenn es zutrifft, daß eine Bedingung für ihr Entstehen im Kampf der Parteien der Linken zu sehen ist, so treten diese gesellschaftlichen Gruppen jedoch auch zum Vorschein, weil die Forderungen, die sie vertreten, nicht immer ausreichend von den Parteien aufgegriffen werden, so daß diese Bewegungen Bereiche belegen, die von den Parteien nicht hinreichend abgedeckt sind. Ich spreche von der Studentenbewegung von 1968 sowie von den verschiedenen und unterschiedlichen feministischen Bewegungen von heute. Sie enthielten nicht nur eine Kritik (und enthalten noch, zumindest teilweise), sondern auch eine gefährliche und politisch fragwürdige Ablehnung der Parteien. Jedoch: auch wenn diese Bewegungen, die aus realen Situationen entstanden sind und Probleme der italienischen Gesellschaft ausdrücken, die mit Macht hervordrängten, einige Schwierigkeiten für die politischen Kräfte geschaffen haben, so haben sie doch nicht deren Rolle gemindert. Im Gegenteil haben sie die Parteien veranlaßt, diese Probleme anzugehen, mit der Konsequenz, daß die Parteien ihr Gespür in diesen Bereichen verbessert haben. Ich würde sagen, daß diese Bewegungen, die angetreten sind, um den Parteien ihre Funktion zu »bestreiten«, schließlich mit ihnen in Beziehung treten mußten, auch polemisch, und somit den Parteien objektiv ihren Charakter als tragende Elemente des demokratischen Systems bestätigten. Offensichtlich gilt diese Einschätzung nicht in gleicher Weise für alle politischen Kräfte. Diese neuen Gegebenheiten haben deutlich werden lassen, wie fern einige Parteien der gesellschaftlichen Wirklichkeit sind; dieser Rückstand wurde durch die neuartigen Prozesse noch vergrößert. Das galt vor allem für die Democrazia cristiana. Man muß verfolgen, wie auf dem direkt politischen oder auf dem religiösen Gebiete Tendenzen wirksam wurden, deren Träger vor allem beträchtliche Gruppen von Katholiken, vor allem Jugendliche, waren. Auf der anderen Seite gab es in gewissen Fällen Organisationen, die unheilvoll antikommunistisch geprägt waren (man kann sich nicht »Kommunisten« nennen, wenn man nicht versteht, welche Beziehung man mit den Arbeiterparteien, den Gewerkschaften sowie den demokratischen Institutionen herstellen muß; die Beziehung kann kritisch, muß aber immer konstruktiv und einheitlich sein). Gerade weil vielen klar wurde, wie steril ihre Diskussionen und Initiativen sind, führte dieser Prozeß im weiteren dazu, daß ein bedeutender Teil ihrer Kräfte politisch reif wurde und in den PCI eintrat. Nachdem anfängliche Friktionen überwunden waren, wurde dieser Antrieb nach Demokratie von unten in der Arbeiterklasse später von den Gewerkschaften aufgenommen, nicht um ihr demokratisches Leben zu lähmen, sondern zu bereichern, so daß sich neuerdings die breite Diskussion mit der Basis in der Vorbereitung und Durchführung der Kämpfe durchsetzte. Somit wurde das Verhältnis der Gewerkschaften zu den Werktätigen einerseits komplexer und andererseits vielfältiger und fruchtbarer.

Diese Prozesse, die aus dem Innersten der Gesellschaft hervorgebrochen sind, bezeugen die Krise und das Scheitern der politischen, kulturellen und moralischen Hegemonie der herrschenden Kräfte. Ihr Verhältnis zu den Linksparteien und zu den Gewerkschaften verbindet sich deshalb mit der demokratischen Dezentralisierung des Staates, mit der Entstehung neuer demokratischer Einrichtungen an der Randsphäre oder an der Basis, die in erster Linie von diesen Parteien angestrebt werden.

Deshalb ist die parlamentarische Demokratie nicht in die Krise geraten (auch wenn einige Bewegungen es wollten oder wollen). In Wirklichkeit hat das Parlament an Durchschlagkraft gewonnen, gerade weil es begonnen hat, sich besser mit einer Reihe von peripheren repräsentativen Institutionen zu verbinden. Wenn man verfolgt, wie das Parlament in den letzten Jahren arbeitete, kann man nicht von ihm behaupten, in vollem Umfang das Zentrum zu sein, wo die großen nationalen Entscheidungen fallen, und das reale Machtzentrum, wo sich zwar nicht ausschließlich aber doch wesentlich die Volkssouveränität ausdrückt. Aber man kann beobachten, daß das Parlament – auch wenn noch unangemessen – größere Möglichkeiten gewonnen hat, einzugreifen. Das hängt zum einen von der größeren Kraft der Linken im Parlament ab und ergibt sich zum andern aus der Art und Weise, wie es sich auf die anderen Repräsentativorgane (die Regionen und die lokalen Körperschaften im allgemeinen), die Gewerkschaften und die verschiedenen Vereinigungen einstellen muß. Man siehe zum Beispiel, wie sich das Parlament in gebührendem Maße der Probleme bewußt werden mußte, die von der Frauenbewegung aufgeworfen wurden.

Die gegenwärtig in Italien ablaufenden Prozesse bestätigen – so kann man behaupten – eine marxistische These: der *Parlamentarismus* schmälert die Demokratie und kann sie auch zerbrechen und untergraben. Aber diese Entwicklung macht noch etwas weiteres deutlich: statt die Demokratie von Grund auf zu retten und zu erneuern, indem man mit dem Parlamentarismus auch das parlamentarische System ablehnt, kann man vielmehr dieses System durch Formen dezentralisierter Demokratie stärken, die die direkte Beteiligung der Bürger am Leben der Gesellschaft und des Staates ermöglichen. Natürlich kann es nur darum gehen, einen schwierigen und mühsamen Prozeß in Gang zu setzen, der im Moment erst in seinen Anfängen steckt. Das Element der Spontaneität, das in der Basisdemokratie vorhanden ist, darf nicht sich selbst überlassen bleiben, sondern muß aufgewertet werden, indem Formen gesucht werden, wie das Parlament systematisch mit den peripheren Institutionen zu verbinden ist. Man kann nun die Frage stellen: müssen *repräsentative* und *delegierte* Demokratie notwendig identisch sein? Oder beginnen sie nicht vielmehr (beginnen nur!), sich zu unterscheiden. Können die repräsentativen Institutionen wirksam mit den Organen der Basisdemokratie zusammenarbeiten, – mit den »comprensori«, den Gemeinschaften in den Bergen, den Stadtteilräten und den Steuerräten –, können sie die Formen der direkten Teilnahme der Bürger fördern und somit die *delegierte* Demokratie, d. h. eine wesentliche Schranke der bürgerlichen Demokratie überwinden, obwohl sie samt und sonders Institutionen sind, die zur traditionellen Demokratie gehören oder von ihr stammen? Dieses Zusammenwirken ist bereits ein Element jener Demokratie »neuen Typs« oder der »fortschrittlichen Demokratie«, die ein Ziel des nationalen Befreiungskrieges war und die sich heute in vollständig veränderter Lage und auf andere Art erneut stellt. Wenn die direkte Beteiligung der Bürger an der Organisation des Staates und an der Führung der Gesellschaft erreicht wird, so ist das ein *Element* des Sozialismus, das man in einem Kampf weiterentwickeln muß, der einheitlich sein muß und gewiß große Schwierigkeiten zu überwinden haben wird.

Die Wirklichkeit des Staates erscheint nun in all ihrer Komplexität. Die Staatsmacht ist einheitlich und dabei zugleich vielfältig und widersprüchlich strukturiert. Wenn die Exekutive – Regierung, Minister, Präfekturen, der Unterdrückungsapparat etc. – und nicht das Parlament den Kern der Staatsmacht, der Klassenmacht, der sie darstellt, ausdrückt, wie es in einem vollkommen demokratischen System der Fall sein müßte, gehören jedoch auch die Regionen, die Gemeinden, die Provinzen, die Stadtteilräte etc. zu den Institutionen des Staates. Der Staat wird ebenso repräsentiert von den Vorsitzenden der Linksregierungen in den Regionen, vom Bürgermeister von Bologna, Turin oder Neapel und nicht nur vom …Chef des SID! (italienischer Geheimdienst, d. Übers.). Der Klassenkampf findet nicht nur zwischen dem Staat (der gesellschaftlichen Klasse, die im Besitz der Macht ist) und den gesellschaftlichen Klassen statt, die in Opposition zu dieser Staatsform und *außerhalb* stehen, sondern auch *innerhalb* des Staates. Heute befinden sich die Arbeiterklasse und die Werktätigen sowie ihre Parteien *im* Staat nicht nur wie in der Vergangenheit mit einer bestimmten Anzahl Parlamentarier als Minderheit oder mit einigen Bürgermeistern, die vom Präfekten »bevormundet« werden. Vielmehr sind sie viel weiter verbreitet und können auf die Gesetzgebungsarbeit und auf die ganze Staatsorganisation ganz anderen Einfluß nehmen.

Somit stellt sich die Frage nach der Abschaffung des Staates vielschichtiger als in der Vergangenheit. Wenn man Lenin richtig liest (man nehme die Schrift *Können die Bolschewiki die Staatsmacht erhalten?*), so bedeutet dieser Begriff für ihn nicht, daß der *ganze* Staat abgeschafft werden muß, sondern nur sein reaktionärer Apparat: die Bürokratie, die Polizei und das Berufsheer; man muß also nicht den Bereich des Staatskapitalismus zerstören, der vielmehr – nach Lenin – erhalten und demokratisch reformiert werden muß. Heute kann die Abschaffung des Staates – d. h. seines Zentralismus in der Bürokratie und in der Polizei – schon beginnen, *bevor* die Arbeiterklasse mit ihren Bündnispartnern an die Macht kommt. Im Laufe des Kampfes für die Umwälzung der Staatsmacht und für seine Leitung durch einen breiten Kreis gesellschaftlich unterschiedlicher Volkskräfte, der von der Arbeiterklasse geführt wird, kann sich dieser Prozeß vollziehen. Übrigens haben wir seit langem den Kampf um Reformern in dieser Weise verstanden.

Wir haben es hier mit der Frage zu tun, die Togliatti in seinem *Bericht* auf dem X. Parteitag des PCI (Rom, 1962) aufgeworfen und mit besonderer Klarheit in den *Memoiren von Jalta* (1964) ausgedrückt hat: »Somit entsteht die Frage, wie die werktätigen Klassen Machtpositionen innerhalb eines Staates erlangen können, der seinen Charakter als bürgerlicher Staat nicht verändert hat, und ob der Kampf um eine fortschreitende Veränderung dieser Natur von innen möglich ist.« (Übertragung ins Deutsche vom Übersetzer). Es handelte sich damals wie heute um eine mutige und riskante Frage. Ich würde sagen, sie gehört zu jenem noch »unerforschten« Weg zum Sozialismus, den die italienische Arbeiterbewegung in ihrem Kampf um die demokratische und sozialistische Revolution gehen muß. Riskant, da ja hier ein Thema der zweiten Internationale wieder aufgegriffen wird. Ebenso wird mit der Betonung, die wir auf den Kampf um Reformen legen, ein Thema der zweiten Internationale wiederaufgegriffen, das später von den kommunistischen Parteien in den ersten Jahren ihrer Existenz (mit Ausnahme der Bolschewistischen Partei) fallengelassen und sogar zurückgewiesen wurde. Aber es gibt einen Unterschied: der Kampf um Reformen wurde auch immer vom linken Flügel der zweiten Internationale, von Rosa Luxemburg und von Lenin, vertreten und so mit dem Kampf um die Macht verbunden, daß diese Konzeption deutlich im Gegensatz zum Revisionismus und zum Reformismus stand. Die Umwälzung des Klassencharakters des bürgerlichen Staates *von innen* wurde nicht von der Linken vertreten, und war stattdessen ein typisches Thema der Rechten und der »Mitte«.

Wenn man zeigen will, daß es möglich ist, den Klassencharakter des Staates von innen umzuwälzen, muß man, um nicht »revisionistisch«, reformistisch oder opportunistisch zu sein – nenne man's wie man will – davon ausgehen, was nach der zweiten Internationale und nach Lenin geschehen ist. Man muß anknüpfen an den nationalen Befreiungskampf, an die Erringung der Demokratie und ihrer auch traditionellen Institutionen dank eines Kampfes, der die Arbeiterklasse an der Spitze eines breiten nationalen Bündnisses sah. Man muß davon ausgehen, daß es die Arbeiterklasse und die anderen demokratischen Kräfte waren, die nach der Befreiung die politischen Freiheiten gegen die Angriffe der zentristischen Regierungen von de Gasperi und Scelba verteidigt, die Verfassung geschützt und das parlamentarische System vor der »legge truffa« von 1953 gerettet haben. All dies hat zu einem neuen Verhältnis zwischen der Arbeiterklasse und den demokratischen Institutionen geführt und den Kampf um die Demokratie im Rahmen dieser Institutionen zum organischen Terrain für den Vormarsch der Werktätigen gemacht. Also: auch wenn ein bürgerlicher Klassenstaat vollständig wiederhergestellt wurde, der im Widerspruch zur Verfassung stand, so wirkte einerseits diese Verfassung als einheitliches demokratisches Bewußtsein großer Massen, als reale politische Kraft, und andererseits wirkte die Arbeiterbewegung weiterhin innerhalb der Institutionen des bürgerlichen Staates. Außerdem findet der Kampf im Innern des Staates seine effektive Grundlage und seinen Antrieb in der Aktion sozusagen von *außen,* in der Massenbewegung, im Klassenkampf, der im Lande stattfindet. Und genau das ist immer das Wesentliche und Entscheidende.

Der Zweifel, der zu Togliattis Frage aufkommen kann, löst sich heute auf angesichts des Charakters, den der Kampf konkret erlangt hat und angesichts der gegenwärtigen Entwicklung. Was damals zum großen Teil eine Perspektive war, ist heute eine reale Tatsache, wenn auch noch nicht vollendet. Mit dem Kampf im Lande und im Innern der staatlichen Institutionen haben die Parteien der Arbeiterklasse in der Tat den politischen Machtblock der Großbourgeoisie in eine Krise gestürzt, zu Fall gebracht und dabei die Möglichkeit eines neuen Kräfteverhältnisses eröffnet, in dem die Arbeiterklasse vereint und selbständig vertreten ist. Dieses Verdienst kommt in erster Linie der Kommunistischen Partei zu (denn die Politik der Sozialistischen Partei in den Mitte-Links-Regierungen stellte eine Schwächung der Klassenposition dar und war nicht die geeignete Art und Weise, im Innern des Staates zu wirken, denn dazu ist es notwendig, die Selbständigkeit und Einheit der Arbeiterbewegung zu erhalten). Der gegenwärtige Prozeß, in dem der Staat in stärkerem Maße demokratisch strukturiert wird, leidet an der Zersplitterung des bestehenden politischen Gefüges und an der Krise der Gesellschaft. Aber gleichzeitig ist dieser Prozeß der einzig wirksame Weg, um darauf zu reagieren und aus der gegenwärtigen Lage herauszukommen. Dementsprechend kann man die von Togliatti aufgeworfene Frage positiv beantworten.

Aber diese Frage verbindet sich mit einer anderen, nicht weniger entscheidenden, die Togliatti im Bericht auf dem X. Parteitag stellte: »Ist sie (die Arbeiterklasse d. Verf.) imstande, in der entwickelten kapitalistischen Gesellschaft jene Massenkraft zu finden, die sich aus der Übereinkunft, der Zusammenarbeit und dem Bündnis mit nicht-proletarischen Bevölkerungsschichten ergibt, wie es in anderen Ländern die großen, undifferenzierten Massen der armen und landlosen Bauern waren?« (Übertrag. v. Übers.) Kann man in dieser Gesellschaftsform ein System von Zusammenarbeit und Bündnissen herstellen, das noch breiter und gegliederter als jenes ist, das für die russische Revolution notwendig und ausreichend war, in einer Situation, in der »die bürgerliche Gesellschaft in ihren Anfängen steckte und noch nicht verfestigt war«, während sich hier die bürgerliche Gesellschaft »auf einer robusten Kette von Festungen und Kasematten« (Gramsci) aufrechterhält? Togliattis Antwort ist positiv. Aber Togliatti kann nur deshalb so antworten, wie ich glaube, weil er diese Vorstellung eines Bündnissystems, das notwendig und herstellbar ist, mit der Konzeption des Kampfes im Innern des bürgerlichen Staates verbindet, um seine Klassennatur zu verändern, der mit der Aktion von außen verknüpft ist. Wie soll in einer Gesellschaft wie dieser, die in einem System demokratischer Institutionen lebt, die Zustimmung breiter und unterschiedlicher gesellschaftlicher Schichten von städtischer und ländlicher Klein- und Mittelbourgeoisie gewonnen werden, die sich in den traditionellen demokratischen Institutionen wiedererkennen, wenn man einen Kampf führt, der auf außerstaatlichen demokratischen Institutionen beruht, die den staatlichen (gemeint sind die staatlichen demokratischen Institutionen), entgegenstehen? Diese Kräfte können für die politischen Ziele der Arbeiterbewegung gewonnen werden, nicht nur indem man sie um die Organisationen der Arbeiterbewegung sammelt, was unabdingbar ist, sondern auch um die demokratischen Institutionen des Staates. (Parlament, Regionen, Gemeinden, Stadtteilräte, Schulräte etc.)

Nun stellt sich das Problem der neuen Strategie, die im kapitalistischen Europa notwendig ist und über deren wesentliche Züge heute die großen kommunistischen Parteien Europas, und nicht nur diese, übereinstimmen. Es geht darum herauszufinden, wie in diesen Ländern der extreme Grad der Konzentration des Kapitals in der monopolistischen, privaten und staatlichen Form und des internationalen Monopolismus neue Widersprüche innerhalb der Bourgeoisie, zwischen der großen kapitalistischen Bourgeoisie und den verschiedenen Schichten der Mittelstände, zwischen dem Großkapital und der kleinen und mittleren Industrie bestimmt hat. Diese neue Konstellation erlaubt der Arbeiterklasse, je nach der nationalen Situation, im antikapitalistischen Kampf viel breitere Bündnisse als in der Vergangenheit zu verwirklichen. Aber gerade wegen ihrer Breite und spezifischen Gliederung müssen sich diese Bündnisse auch auf politischer Ebene in einer Vielfalt von Parteien, von Bewegungen und im freien Vergleich der kulturellen Auffassungen ausdrücken. Man muß es noch deutlicher sagen: der Pluralismus reduziert sich nicht auf die Vielfalt der Parteien – die immerhin eines seiner wesentlichsten Bestandteile ist – sondern ist Pluralismus staatlicher Institutionen, gesellschaftlicher Organisationen, bedeutet Selbständigkeit der Gewerkschaften gegenüber den Parteien und selbst gegenüber dem sozialistischen Staat. In diesem Prozeß verknüpfen sich Demokratie und Sozialismus immer enger, was einer Konstanten des Marxismus und den heutigen Kampfesaufgaben des Proletariats entspricht. Die demokratischen Forderungen der Mittelstände, wenn sie einmal von der Arbeiterbewegung übernommen werden, richten sich tatsächlich in der modernen Gesellschaft nicht gegen die Aristokratie, sondern gegen den Monopolkapitalismus, der die Achse ist, um die sich das kapitalistische System dreht. Die monopolistische Herrschaft niederzuschlagen, die wirtschaftspolitische Orientierung, die sie aufzwingt, zu besiegen, ist nicht nur der einzige Ausweg aus der ökonomischen Krise, die die Länder Westeuropas betrifft. Diese Strategie ist auch der einzige Weg, den Übergang vom Kapitalismus zum Sozialismus in neuen und eigenen Formen vorzuschlagen. In dieser Übergangsphase kann der öffentliche Bereich der Wirtschaft die Führung haben, wenn er von einem neuen politischen Willen getragen und in ein neues Verhältnis zur Gesellschaft und zu den ökonomischen Kräften, die sich in ihm bewegen, gestellt wird. Aber genau deswegen muß der Kampf für den Sozialismus in der größten Erweiterung der Demokratie, in der Achtung und vollen Annahme der politischen, kulturellen und religiösen Freiheiten ablaufen; Freiheit und Demokratie müssen sich um konkretere und fortschrittlichere ökonomische und gesellschaftliche Inhalte bereichern. Die Bedeutung, die in diesem Rahmen der Kampf um Reformen der Staatsstrukturen gewinnt, muß hier natürlich besonders hervorgehoben werden. Was Italien betrifft, so sind wir beim Thema des Bündnissystems, des Machtblocks, den Togliatti in seinem Bericht auf dem X. Parteitag des PCI vorschlug, indem er die Perspektiven entwikkelte und vervollständigte, die schon von den *Elementen einer Programmatischen Erklärung* angedeutet wurden, die vom VIII. Parteitag (1956) angenommen wurde. Togliatti sagte: Angesichts unseres Programms der Strukturreformen wird der anscheinend ernsthafte Einwand gemacht: der Kampf um diese Ziele verläuft innerhalb des gegenwärtigen Staates, der seine Natur als bürgerlicher Staat beibehält, solange es nicht zum qualitativen Sprung kommen wird. Nun gut. Der Klassencharakter des Staates, den wir wohl kennen, wird nicht durch die Billigung einer oder mehrerer Nationalisierungen modifiziert. Selbst unsere Verfassung, die keine sozialistische Verfassung ist, hat nicht die Natur des Staates verändert. Diese Überlegung ist aber noch abstrakt. Um sie zu konkretisieren, muß man dazu hinabsteigen, die Art und Weise zu untersuchen, wie der gegenwärtige Machtblock der herrschenden Klassen entstanden und organisiert ist, sowie sehen, ob und wie es möglich ist, ihn mit einem politischen Vormarsch umzuwälzen... Es geht darum zu sehen, ob es möglich ist, eine Bewegung zu entfalten und Resultate zu erzielen, die den gegenwärtigen Machtblock verändern und die Voraussetzung für einen neuen Machtblock schaffen, zu dem die werktätigen Klassen gehören und in dem sie die Rolle erlangen können, die ihnen zukommt. Dazu muß man von der gegenwärtigen Struktur des Staates ausgehen und sich auf dem Terrain jener demokratischen Organisation bewegen, an der heute die großen Volksmassen teilnehmen, wodurch sie die eingreifenden Reformen verwirklichen, die von der Verfassung vorgesehen sind. Indem wir diese Perspektive akzeptieren, die Perspektive eines Marsches zum Sozialismus in der Demokratie und im Frieden, führen wir den Begriff einer graduellen Entwicklung ein, in der es schwierig ist, den Zeitpunkt des qualitativen Wandels genau zu bestimmen. Was wir für Länder des entwickelten Kapitalismus und verwurzelter demokratischer Organisation voraussehen, ist ein Kampf, der sich über eine lange Zeitperiode erstrecken kann und in dem die werktätigen Klassen kämpfen, um die herrschenden Klassen zu werden und um somit den Weg zu eröffnen, die gesamte Struktur der Gesellschaft zu erneuern.« (Übertrag. ins Deutsche v. Übers.)

Der neue Machtblock zeigt an, welches Bündnis hergestellt werden muß, um die Demokratie zu entwickeln und um den Übergang zum Sozialismus zu beginnen; er verweist auf die breite gesellschaftliche, politische und kulturelle Basis, die notwendig ist, um den Sozialismus selbst aufzubauen. Vorschläge mit Regierungscharakter, die in den verschiedenen Momenten unmittelbar auf die Situation des Landes eingehen, sind dadurch nicht ausgeschlossen sondern vielmehr impliziert. Gerade mit diesen unmittelbaren Vorschlägen kann man über ihre Wirksamkeit und den

Konsens, den sie finden können, die demokratischen Voraussetzungen schaffen, so daß man ein neues Bündissystem, einen neuen Machtblock zu errichten beginnen kann.

Diese dargelegte Konzeption unterscheidet sich offensichtlich vom Reformismus: der Kampf um Reformen wird dort eng mit dem Kampf um die Macht verknüpft, wo der Reformismus darauf verzichtet, Forderungen nach der Macht zu stellen. Dabei verblieb der Reformismus in der Illusion, auf diese Weise die Reformen leichter erreichen zu können oder aber er wurde Gefangener einer Politik, die zwar einen Teil der Forderungen der Arbeiterbewegung übernahm, sie aber dann in eine Politik der herrschenden bürgerlichen Kräfte eingliederte, die den Konsens für die Macht der Bourgeoisie verbreiterte und ihr die Arbeiterklasse unterwarf. (Nehmen wir zum Beispiel die Politik Giolittis; man kann daran erinnern, daß eine Reformbewegung der Arbeiter, die nicht die süditalienische Frage an die erste Stelle setzte und stattdessen die Spaltung zwischen den Werktätigen des Nordens und den Bauern des Südens akzeptierte, Gefangene der bürgerlichen Hegemonie blieb und sie sogar konsolidierte.)

Der neue *Machtblock,* den Togliatti beschrieb, geht logisch und politisch der Errichtung eines neuen *historischen Blocks* vorher, zu verstehen in Gramscis Sinne als Einheit zwischen einer neuen ökonomischen Basis und einer neuen Organisierung der Staatsmacht, die von der Ideologie zusammengehalten wird (in unserem Falle muß es sich um eine demokratische und sozialistische Ideologie handeln, die sich pluralistisch äußern kann). Gramscis Begriff des historischen Blocks erfährt in unserer Formulierung eine Bereicherung. Für Gramsci war – das kann man wohl sagen – das sowjetische Bündnis der Arbeiterklasse mit den armen Bauern und später mit den Mittelbauern ein historischer Block.

Aber Gramsci untersucht vor allem, glaube ich, die historischen Blöcke, die in der Vergangenheit errichtet wurden; er fragt sich, wie es möglich war, Blöcke aus heterogenen gesellschaftlichen und politischen Kräften herzustellen. Insgesamt versteht er den historischen Block schon als eine Gesamtheit ziemlich komplexer gesellschaftlicher Kräfte. Unter anderem setzt für Gramsci die Hegemonie, die den historischen Block herstellt, voraus, »daß sich ein gewisses Gleichgewicht des Kompromisses bildet, daß nämlich die führende Gruppe ökonomisch-korporative Opfer bringt, aber es steht auch außer Zweifel, daß diese Opfer und dieser Kompromiß das wesentliche betreffen können.« (Gramsci: Hefte aus dem Gefängnis, Übertrag. ins Deutsche v. Übers.)

Der Begriff des Machtblocks, den Togliatti prägt, ergibt sich wahrscheinlich aus einer Reflexion über Gramscis Verständnis des historischen Blocks; mit diesem Begriff ist in der Notwendigkeit, einen neuen *Machtblock* zu schaffen, auf die Möglichkeit verwiesen, zu einem neuen *historischen Block*, zu einer neuen ökonomischen Basis und einer neuen Organisierung des Staates sowie zu einer neuen Gesellschaft überzugehen. In diesem Punkte wird unsere Vorstellung vom Aufstieg der Arbeiterklasse und ihrer Verbündeten zur Macht bereichert. Nicht nur die traditionellen Positionen der kommunistischen Bewegung oder unsere Positionen vom VIII. Parteitag des PCI werden reicher. Das gilt vielmehr auch im Vergleich mit der *Programmatischen Erklärung* dieses Parteitages, die an der Perspektive der »Erlangung der Mehrheit durch die Parteien der Arbeiterklasse« nicht nur im Parlament, sondern vor allem im Lande innerhalb der gesellschaftlichen und politischen Kräfte festhielt.

Heute aber stellt sich der neue Machtblock als viel breiter dar, angefangen bei der Arbeiterklasse und den Werktätigen über die städtische und ländliche Klein- und Mittelbourgeoisie, wobei die kleinen und mittleren Unternehmen nicht nur in den Kampf um den Sozialismus einbezogen werden, sondern für eine lange Phase des Aufbaus des Sozialismus. Es handelt sich um einen gegliederten und auch widersprüchlichen Block (man denke nur an das Verhältnis zwischen den Arbeitern und den Besitzern der Klein- und Mittelindustrie). Solch ein Block kann also nicht mit Zwang zusammengehalten werden. (Übrigens schloß schon Lenin den Zwang gegenüber den Klein- und Mittelbauern und den »Spezialisten« bürgerlicher Herkunft aus.) Dieser Block ist so komplex, daß er nicht nur in einer Partei Ausdruck finden kann. Wegen der Komplexität seiner gesellschaftlichen Zusammensetzung kann er nur in demokratischen Beziehungen, auf der Grundlage des Konsens, zusammengehalten werden und muß sich deshalb auch politisch in einer Mehrzahl von Parteien und Institutionen ausdrücken können. Diese Parteien werden zusammenarbeiten müssen, aber sie werden auch in Konkurrenz und Kampf stehen, die in einigen Fällen hart sein werden. Die Arbeiterklasse, ihre Parteien, die Gewerkschaften und die verschiedenen gesellschaftlichen Bewegungen müssen nicht nur fähig werden, diesen neuen Machtblock zu errichten (wobei sie auf unmittelbar notwendige Regierungslösungen hinwirken), sondern ihn zusammenzuhalten, seine Widersprüche, die ihn in Gefahr bringen können, in gesellschaftlich und politisch fortschrittlicher Art zu lösen. Diesem Machtblock, weit davon entfernt, eine allgemeine politische und gesellschaftliche Eintracht darzustellen, wird die harte und hinterlistige Gegnerschaft des internationalen und nationalen Großkapitals und der in ihren Interessen betroffenen privilegierten Schichten gegenüberstehen. Diese Opposition muß hartnäckig bekämpft werden, aber ihr darf nicht das Recht auf politische Ausdrucksform im Rahmen der Achtung der demokratischen Legalität des Staates abgesprochen werden. Man kann auch annehmen, daß zu einem gewissen Zeitpunkt der Entwicklung des Machtblocks gewisse seiner Komponenten zur Opposition übergehen, mit dem vollen Recht, sie innerhalb der Demokratie auszuüben.

Wir haben bereits gesagt, daß der extreme Grad der kapitalistischen Zentralisation und die Widersprüche, die dieser Prozeß im Innern der Bourgeoisie eröffnet, die Errichtung eines solchen Blocks möglich machen. Was Italien betrifft, wo der öffentliche Bereich der Wirtschaft sehr breit ist, so muß man in ihm ein entscheidendes Instrument der Führung und ein Machtmittel des neuen Blocks sehen. Aber ebenso muß man begreifen, daß dieser politisch und gesellschaftlich gegliederte Block nicht nur im Rahmen des heute existierenden demokratischen Lebens konzipiert wird und nicht nur in der Überwindung seiner Schranken und Mängel. Darüberhinaus soll die demokratische Dezentralisierung des Staates im großem Stil weiter vorangetrieben sowie das Leistungsvermögen und die immer wichtiger werdende Funktion der demokratischen Basisinstitutionen verstärkt werden. Man kommt somit zu einem entscheidenden Punkt der marxistischen Theorie des Staates und der Politik im allgemeinen: dem Begriff der *Diktatur des Proletariats.* Was das Denken der Lehrer des Marxismus in diesem Punkte betrifft, verweisen wir auf den folgenden Aufsatz von Nicolao Merker. (»Methode und Gewichte in der marxistischen Staatstheorie«, Critica marxista, Jg. 1976, Nr. 2, d. Übers.) Was den PCI betrifft, müssen wir zuallererst die »Sünde« eingestehen, im allgemeinen bei theoretischen Fragen und in der direkten Auseinandersetzung mit den grundlegenden Texten des Marxismus zu diesem Thema schüchtern und zurückhaltend gewesen zu sein. Heute, aber mit dem späteren Bewußtsein, könnte man feststellen, daß schon der damals formulierte Begriff der *fortschrittlichen Demokratie,* – für die wir im Befreiungskrieg kämpften, – nicht nur eine neue und eigenständige Art und Weise ausdrückte, zum Sozialismus zu gelangen, sondern vielleicht auch die Möglichkeit enthielt, im revolutionären Sinne, nicht als Rückzug oder aus Propaganda, ein Begriff der Diktatur des Proletariats zu überwinden. Das geschah aber dennoch nicht. Eugenio Curiel, der sich mehr als jeder andere – im Nachdenken über diesen Begriff Togliattis – darin vertiefte, das Verhältnis zwischen fortschrittlicher Demokratie und Diktatur des Proletariats zu untersuchen, schrieb: »Im besetzten Italien kann man dem, was für unsere Kämpfer absolut notwendig ist, nicht entgegenkommen, ohne das kapitalistische Privileg zu beschneiden, ohne den Großkapitalisten, die nicht die Pflicht der nationalen Solidarität spüren, einen Zwangsbeitrag aufzuerlegen. Sicherlich können morgen die bedrückenden Probleme der Rekonstruktion nicht im Rahmen der traditionellen Produktionsverhältnisse des Monopols an Kapital und Grundbesitz gelöst werden. In der fortschrittlichen Demokratie tritt die Arbeiterklasse konsequent für die höheren nationalen Aufgaben ein. Sie ist nicht an die Verteidigung irgendeines Privilegs oder partikularistischen Interesses gebunden; sie ist die *nationale Klasse,* Träger und Interpret der Interessen des Volkes, das die Nation darstellt. Die Kommunisten kennen die objektiven Schranken, die der fortschrittlichen Demokratie, für die sie heute kämpfen, dadurch gesetzt sind, daß das Prinzip des kapitalistischen Eigentums weiterexistiert und nicht radikal ausgeschaltet wurde. Sie wissen, daß diese Schranken nur von der Diktatur des Proletariats beseitigt werden können, die die höhere Form der Demokratie, die Arbeiterdemokratie verwirklicht, für die die Sowjetunion das leuchtende Beispiel gibt. Aber die Diktatur des Proletariats ist nicht und kann nicht, wie es ihre Feinde oder ihre eilfertigen Sprachrohre behaupten, die Diktatur einer ›entschlossenen Minderheit‹ sein. In der Diktatur des Proletariats realisiert sich unter der Führung der Arbeiterklasse die *Volksunion* – der überaus großen Mehrheit der Unterdrückten und Ausgebeuteten –, um die grandiose Aufgabe durchzuführen, jede Ausbeutung des Menschen durch den Menschen abzuschaffen und die kommunistische Gesellschaft aufzubauen: und nur diese unerschütterliche *Volksunion* hat der Sowjetunion die Kraft gegeben, alle Prüfungen zu meistern.« (*Warum die Kommunisten heute in Italien um eine fortschrittliche Demokratie kämpfen.* Übertrag. ins Deutsche v. Übers.)

Die fortschrittliche Demokratie stellt sich hier dar als eine Phase des neuen und eigenständigen Übergangs zur Diktatur des Proletariats.

In einem bislang unveröffentlichtem Aufsatz geht Curiel der Sache weiter auf den Grund: »Die fortschrittliche Demokratie zu verwirklichen bedeutet gerade, der großen Mehrheit der Nation die Richtung zum Weg des Fortschritts und zum Sozialismus zu weisen. Denn die fortschrittliche Demokratie bedeutet nicht nur eine Etappe, eine Phase, die man erreicht und in der man verharrt, um Atem zum Weitermarsch zu holen: *die fortschrittliche Demokratie ist die politische Ausdrucksform des gesellschaftlichen Prozesses der permanenten Revolution.* Die fortschrittliche Demokratie ist keine Gleichgewichtsbedingung der sozialen Kräfte; ihre Existenz ist bestimmt von dem fortwährenden gesellschaftlichen Prozeß, von der immer entschiedeneren Beteiligung des Volkes an der Regierung, von der immer reiferen Hegemonie der Arbeiterklasse. Und in dieser Phase – der fortschrittlichen Demokratie – werden die Hindernisse fallen, die der Erringung des Sozialismus entgegenstehen, während sich immer deutlicher die Identität der allgemeinen Interessen der Gesellschaft mit den besonderen Interessen der Arbeiterklasse herausstellen wird… Die Diktatur des Proletariats ist das Instrument der Arbeiterklasse, um den Sozialismus zu erlangen. Die fortschrittliche Demokratie ist das Instrument der Arbeiterklasse und der anderen fortschrittlichen Schichten der Nation, um dem Land die Wege des gesellschaftlichen Fortschritts zu bereiten. Der Begriff der fortschrittlichen Demokratie hat einen weiter gefaßten Inhalt als der Begriff der Diktatur des Proletariats; denn dort werden die Wege für den gesellschaftlichen Fortschritt präzise bestimmt und die politische und gesellschaftliche Hegemonie der Arbeiterklasse unterstrichen. Deshalb unterstellt der Übergang von einer Gesellschaftsstruktur zu einer anderen die Polarisierung der fortschrittlichen Kräfte in einer bestimmten gesellschaftlichen Schicht und für ein bestimmtes Ziel. Wie diese Polarisierung zustande kommt, kann man nicht vorhersehen. Wenn die gesellschaftlichen Kräfte und die politischen Ziele derart konzipiert werden, ist selbst eine qualitative Umwälzung der Gesellschaftstruktur und somit der Bruch in der gesellschaftlichen Entwicklung vorausgesetzt; es ist aber nicht genau zu bestimmen, wie dieser Bruch aussieht. Sich unbedingt darauf zu beziehen, wie dieser Bruch in der UdSSR aussah, ist ein historisch falsches Kriterium. Denn die historische Erfahrung zeigt, daß sich die großen Etappen des gesellschaftlichen Fortschritts durch einen eingreifenden Bruch in einem Lande realisieren oder durch eine langwierige qualitative Umwälzung in anderen Ländern, die bisweilen nicht vorherzusehen und nicht auszumachen ist (bürgerliche Revolution, Frankreich und andere Länder, Sklavenrevolution im römischen Weltreich)«. (*Zwei Etappen der Geschichte des Proletariats.* Übertrag. ins Deutsche v. Übers.)

Jeder kann den enormen Wert der Tatsache erfassen, daß sich *bereits jetzt* für Italien ein Weg zum eigenen Sozialismus abzeichnet, und zwar ausgehend von der historisch erneuerten Realität des Befreiungskrieges und der darin verwirklichten antifaschistischen Einheit, sowie von der antifaschistischen Komponente, die als wesentliches Element in der italienischen sozialistischen Revolution fallengelassen wurde; niemand kann die enorme Bedeutung der Tatsache leugnen, daß die russische Revolution nicht länger als ein »Modell« präsentiert wurde. Über die Notwendigkeit, einen eigenen italienischen Weg zum Sozialismus zu suchen, sollte sich Togliatti in seinem Beitrag auf der nationalen Parteikonferenz von Florenz im Jahre 1947 äußern. Aber diese Suche sollte unterbrochen werden durch den Kalten Krieg, durch die Spaltung der Welt in zwei entgegengesetzte Blöcke und noch stärker durch die Verurteilung, die die Kominform mit einigen kommunistischen und Arbeiterparteien gegen die Kommunistische Partei Jugoslawiens 1946 aussprach. Diese Suche sollte später mit größerer Energie mit dem VIII. Parteitag von 1956 wiederaufgenommen werden können. Vom V. bis zum VIII. Parteitag kehrte das Thema der Diktatur des Proletariats nicht wieder. Wir hatten es mit anderen, nicht nur taktischen, sondern auch strategischen Fragen zu tun. Das war nicht nur den Umständen geschuldet, die die internationale kommunistische Bewegung bestimmten, sondern auch unserem ausgeprägten Sinn für die konkrete Situation. Der Begriff der Diktatur des Proletariats war aber in unserem Verständnis nicht fallengelassen worden. Und sobald die Erarbeitung unserer Strategie und Theorie wieder größeren Raum einnehmen sollte, um mit größerer Anstrengung zu bestimmen, was seit damals *der italienische Weg zum Sozialismus* heißen sollte, ist es kein Zufall, daß dieser Begriff zurückkehrt. Aber er wird in der *Programmatischen Erklärung* wiederaufgenommen, wenn allgemein der neue Charakter analysiert wird, den der revolutionäre Prozeß in der Welt dadurch bekommen hat, daß er zunehmend neue Formen gewinnt. Es heißt dort: »Der Kampf um den Sozialismus tritt in eine neue Phase, in der neue Formen des Übergangs zum Sozialismus, neue Organisationsformen der Diktatur des Proletariats, der Machtausübung für den Aufbau der sozialistischen Gesellschaft möglich sind.« (Übertrag. ins Deutsche vom Übers.)

Sobald wir aber stattdessen die strategische Linie des PCI für Italien bestimmen, nehmen wir den Begriff nicht ausdrücklich wieder auf. Wir werden ihn beim X. Parteitag wiederfinden, aber immer in bezug auf die revolutionären Prozesse in der Welt. Nachdem die enge Verknüpfung hervorgehoben wird, die im antiimperialistischen und antimonopolistischen Kampf der Arbeiterklasse zwischen Demokratie und Sozialismus besteht, heißt es: »Unter diesen Umständen verbreitet sich der Konsens um die Arbeiterklasse und in der Diktatur des Proletariats gewinnt die Arbeiterklasse vor allem die Führungsrolle.« (Übertrag. v. Übers.) Der Begriff wird nicht fallengelassen, aber neu konzipiert. Togliatti ging aber, so kann man heute bei näherer Analyse sagen, mit seiner Erklärung des *neuen Machtblocks* auf jenem Kongreß schon über die *Diktatur des Proletariats* hinaus. Ich sage, er geht darüber hinaus und sage nicht, er läßt ihn fallen, da es sich um eine *Aufhebung* handelt, um ein Aufgreifen und eine dialektische Überwindung.

Ich sprach bereits vom Machtblock als einem Büdnissystem, das nur auf demokratische Weise zusammengehalten werden kann. Dem Machtblock steht es zu, die Leitung der Gesellschaft und des Staates im Rahmen einer pluralistischen Demokratie zu übernehmen. Wird somit das Element des *Zwanges* aufgegeben? Sicherlich nicht, da ja die Demokratie nicht zu verteidigen und umso weniger weiterzuentwickeln ist, und man sie nicht zum Sozialismus führt und den Sozialismus selbst aufbaut, ohne einen starken und entschlossenen Zwang gegenüber dem Großkapital auszuüben, um dessen Bande mit dem Imperialismus zu zerschlagen, um einen neuen Gang der Wirtschaft durchzusetzen und um die gesellschaftlichen und Eigentumsverhältnisse umzuwälzen. Aber die Diktatur des Proletariats zeichnet sich in den verschiedenen Definitionen, die von ihr gegeben werden, durch zwei Konstanten aus, die man fast durchgängig bei Lenin finden kann. Zum einen stellt sie die *Führungsrolle* der Arbeiterklasse im Aufbau eines Bündnissystems und in der Leitung der Gesellschaft und des Staates dar. Gleichzeitig repräsentiert sie den *Zwang,* der nicht gegen die Verbündeten des Proletariats, sondern gegen das Großkapital und gegen den Großgrundbesitz ausgeübt wird. Oder auch: in unserem Verständnis des Machtblocks wird die Ausübung des Zwanges von der Arbeiterklasse auf den Machtblock als Ganzes übertragen. Von der Rolle der Arbeiterklasse bleibt ein ununterdrückbares Element: ihre politische und ideelle Selbständigkeit, ihre Führungsrolle. Das unterscheidet uns von der Sozialdemokratie, die der bürgerlichen Hegemonie die politische und theoretische Selbständigkeit sowie die Führungsrolle des Proletariats opfert, die die Verknüpfung zwischen dem Kampf um Reformen und dem Kampf um die Macht aufbricht, und die davon ausgeht, daß das Handeln im *Innern* des Staates leichter ist, wenn der Klassenkampf schwächer wird, während es im Gegenteil seine Verstärkung sowie eine noch wirksamere Massenbewegung erfordert.

Verglichen mit unserer Auffassung vom Machtblock erscheint deshalb der Begriff der Diktatur des Proletariats unzureichend, um den ganzen Reichtum der demokratischen Entwicklung auszudrücken, in der wir den Vormarsch zum Sozialismus sehen, die Breite des Bündnisses, die der Übergang zum Sozialismus erfordert, und die Vielfalt der Kräfte, auf die sich der Aufbau des Sozialismus gründen muß. Wenn Gramsci sich auf die Diktatur des Proletariats bezieht, wie Lenin sie theoretisch bestimmt und praktisch verwirklicht hat, zieht er es sicher nicht aus Zufall vor, sie *Hegemonie* zu nennen, um hervorzuheben, daß das Proletariat die Massen führen, überzeugen, ihre Zustimmung erringen und Protagonist einer intellektuellen und moralischen Reform sein soll. In der Tat hat Gramsci darauf hingewiesen, wie notwendig eine neue Strategie der Arbeiterbewegung in den fortgeschrittenen kapitalistischen Ländern ist, in der vor allem die Arbeiterklasse die Hegemonie anstrebt. Darin besteht seine bekannte Unterscheidung zwischen »Bewegungskrieg« und »Stellungskrieg«.

An diesem Punkt wird uns die Frage gestellt, ob der Machtblock, den wir vorschlagen, *rückgängig* zu machen ist. Man hält uns vor, er sei unwiderruflich und deshalb antidemokratisch. Auf diesen Einwand habe ich teilweise schon zu antworten versucht. Die Frage ist gewiß umfassender als sie von jenen gestellt wird, die an uns diesen Einwand richten. Es geht nicht nur um die Tatsache, daß wir seit der *Programmatischen Erklärung* von 1956 den Grundsatz der freien und demokratischen Herausbildung der Mehrheiten und Minderheiten vertreten haben. Der Grund ist noch substantieller. Wenn sich der Machtblock nur auf Grundlage demokratischer Beziehungen errichten und aufrechterhalten läßt, ist ein unabdingbares Element für sein Weiterleben, daß der Konsens erhalten bleibt. Gewiß denken wir nicht an einen Konsens ohne Gegensätze. Aber wo der Konsens auseinanderbricht, wird der Block zwangsläufig aufgelöst und widerrufen. Offensichtlich zielt jemand, der einen Machtblock errichten will, nicht darauf, daß er widerrufen wird, sondern wirkt darauf hin, daß er sich konsolidiert und voranschreitet. Aber unter welchen Umständen kann das eintreten? Der Machtblock festigt und entwickelt sich, wenn im Kampf gegen das Monopolkapital Reformen der Eigentumsverhältnisse sowie Veränderungen in den Klassenverhältnissen erzielt werden, um den demokratischen Fortschritt zu gewährleisten und um in der Demokratie, im Konsens sowie im freien Vergleich der politischen und kulturellen Positionen die Mehrheit des Volkes für ein sozialistisches Bewußtsein zu gewinnen. Aber das kann nicht aus dem Zwang entstehen, sondern aus der Wirksamkeit der Vorschläge, die die Arbeiterklasse und der Machtblock zur Lösung der Probleme der Gesellschaft zu vertreten imstande sind und aus der Wirksamkeit des Konsens, den sie gewinnen.

Eine letzte Überlegung soll noch angestellt werden. Als Togliatti 1962 ein neues Bündnissystem, den neuen Machtblock, vorschlug, verwies er gerade auf einen Prozeß, dessen Beginn wir nur sehen konnten und dazu noch unter dem Umstand, ihn über jener Mitte-Links-Regierung, die sich schon vorbereitete und sich auf eine ganz andere Perspektive bewegte, im Auge zu behalten. Heute ist der Prozeß, auf den Togliatti sich bezog, in vollem Gange. Der herrschende politische Machtblock ist zerfallen. Die Partei, die seine Achse darstellt – die Democrazia cristiana – steckt in einer äußerst tiefen Krise. Gewiß bleibt die ökonomische Macht der Monopole, unter anderem wegen ihrer internationalen Unterstützung, stark und auf solchen Grundlagen. Aber die Krise des herrschenden Machtblocks zeigt, daß es den herrschenden ökonomischen Kräften, die die Vorherrschaft innehaben, in diesem Moment nicht gelingt, ihren eigenen politischen Ausdruck zu finden. Die ökonomische Herrschaft hat Mühe, sich auf der Ebene des Staates auszudrücken, weshalb es sich hier um die

Krise einer Hegemonie handelt. Stattdessen wird eine Regierung des Landes, in der die Arbeiterbewegung, der PCI, vertreten ist, immer möglicher und notwendiger. Diese Möglichkeit und Notwendigkeit ergibt sich auch aus der Tatsache, daß linke Mehrheiten eine Reihe von Regionen, großen Städten, Provinzen u. ä. regieren. Sie ergibt sich des weiteren dadurch, daß sich verschiedene Kräfte an die Arbeiterklasse anschließen. Dieser Prozeß schreitet ständig voran und geht selbst über die Beziehungen zwischen den politischen Kräften hinaus, die in den repräsentativen Institutionen vertreten sind. Italien befindet sich mitten in einer tiefen Krise der Hegemonie. Die politischen Kräfte, die die Vorherrschaft innehatten, erhalten ihre Herrschaft (die aber bereits zerfällt), aber nicht mehr die Fähigkeit zu führen, die Probleme des Landes zu lösen, ihre eigene Weltanschauung zu verbreiten und ihre eigenen Werte zu behaupten. Stattdessen nimmt die Führungsfähigkeit der demokratischen und Arbeiterbewegung zu. In immer stärkerem Maße werden die Lösungen aufgegriffen, die sie für die Probleme des Landes entwickelt. Ihre Weltanschauung verbreitet sich und aus der eingreifenden Umwälzung der traditionellen Werte entstehen – unter Degenerierungen, die nicht unterschätzt werden können – neue Werte. Man kann sagen, daß in diesem Moment jede Lösung offen bleibt. Das macht die italienische Situation dramatisch und gefährlich. Aber die Alternative liegt nicht zwischen diesem oder jenem Typ der Demokratie. Sie besteht zwischen der Verteidigung und der Entfaltung jener Demokratie, die bereits erobert worden war, ihrer Fähigkeit, sich erneut mit immer fortschrittlicheren ökonomischen und gesellschaftlichen Inhalten zu füllen, die bewußte und aktive Massenbeteiligung der Bürger an der Leitung der Gesellschaft und des Staates zu fördern, oder dem Zerfall einer ganzen Gesellschaft mit den tragischen Gefahren. Daraus erwächst die Frage nach der Regierungsbeteiligung der Kommunisten. Ihr kann man nicht mehr ausweichen, wenn man die Auseinandersetzung akzeptiert, noch kann man sie ausradieren, sobald sich eine breite Übereinkunft zwischen den antifaschistischen und demokratischen Kräften aufdrängt, wodurch die gesamte Arbeiterbewegung, die Kommunistische Partei an der politischen Leitung des Landes beteiligt werden.

Luigi Berlinguer, Francesco Galgano, Cesare Luporini, Stefano Merlini, Giorgio Napolitano, Cesare Salvi

Lenkung der Wirtschaft und Pluralismus*

L. Berlinguer: *Democrazia e diritto* will mit der heutigen Diskussion zur Kontroverse um das grundlegende Problem des Verhältnisses zwischen demokratischer Leitung der Wirtschaft und Formen der Freiheiten einen Beitrag leisten. Um der einfacheren Darstellungsweise willen und nicht um eine logische Unterteilung vorzunehmen, wollen wir mit der näheren Betrachtung zweier Aspekte des Problems beginnen, dem des Arbeiters und dem des Besitzers von Produktionsmitteln.

Wir gehen vom ersteren aus. Es wäre angebracht zu untersuchen, wie sich die *Situation der Arbeiter* vor dem Hintergrund der Freiheiten innerhalb der italienischen Gesellschaft darstellt. Meiner Meinung nach läßt sich nach dem zweiten Weltkrieg eine erste Phase der Gewährung von Garantien feststellen, die von harten Kämpfen für die *Verteidigung* der Rechte des Bürgers und des Arbeiters gekennzeichnet und von erheblichen Erfolgen gekrönt war, und gegen die andauernden Repressionsversuche und den systematischen Abbau der Freiheiten, vor allem in den Fabriken. Diesen Kämpfen ist unter anderem die Verteidigung, das Überleben, ja sogar die Konsolidierung des politischen Systems Italiens und seiner demokratischen Form zu verdanken. Der höchste Erfolg, den die Arbeiter in diesem Bereich errungen haben, der letzte und deutlichste Beweis ist das *Statuto dei diritti dei lavoratori* (vom juristischen Rang vergleichbar mit dem Betriebsverfassungsgesetz, d. Übers.).

In jüngster Zeit haben sich die Arbeitskämpfe jedoch auf ein fortgeschritteneres Niveau verlagert; nach der ausschließlichen Verteidigung der Rechte des Individuums begann man, *aktiv in den Produktionsprozeß einzugreifen*, indem die individuelle Sphäre zum gemeinsamen und organisierten Eingreifen erweitert wurde mit dem Ziel, die Trennung zwischen Arbeiter und Kontrolle der Produktionsmittel zu beseitigen, zumindest im Rahmen des Rechts auf Information und folgender Überprüfung der Produktions- und Investitionsprogramme der Unternehmen (hier denke man an die letzten Erfolge der großen Industriezweige beim Abschluß der Tarifverträge). Wir befinden uns im Bereich der Möglichkeiten, der

* Von der Redaktion von *Democrazia e diritto* (dem PCI nahestehende Zeitschrift) organisierte Diskussion, in: *Democrazia e diritto*, Heft 2, Rom 1976. Übers. von Helmut Drüke und Angela Thaller.

»Freiheiten zu« und der »Rechte zu« vielmehr als in dem der »Freiheiten von« und der »Rechte von«. Zweifellos eröffnen sich hier für die Lage der Arbeiter, ihre Organisationsformen, sowie für die wesentliche Existenzform der Freiheitsrechte der Bürger neue Aspekte von großer Tragweite.

Politisches Engagement und gewerkschaftliche Aktivitäten. Arbeiterkontrolle und Ablehnung der Mitbestimmung.

F. Galgano. Das erste Thema, das Luigi Berlinguer gestellt hat, befaßt sich, wenn man es so allgemein wie möglich definieren will, mit der Erlangung der Kontrolle über die Produktionsmittel durch die Arbeiterklasse; genauer gesagt mit den Formen der Aneignung (der Kontrolle über die Produktionsmittel), die in unserer heutigen Gesellschaft unter Berücksichtigung der gegenwärtigen Klassenverhältnisse Italiens möglich erscheinen.

Man kann zweifellos feststellen, daß unsere Arbeiterklasse schon einen Plan mit genau definierter Angriffstaktik für die Erlangung der Kontrolle über die Produktionsmittel entworfen hat. Es gibt zwei strategische Möglichkeiten: die erste – in der Reihenfolge und nicht in der Rangfolge, wie ich betonen möchte – steht der Arbeiterklasse im Rahmen der politischen Beteiligung zur Verfügung. Hier handelt der Arbeiter als Staatsbürger, sein politisches Engagement spielt sich im Rahmen der Beteiligung des Staatsbürgers an der Leitung des Gemeinwesens ab. Ziel seiner Handlungsweise ist eine möglichst breite und direkte Teilnahme des Volkes an den Entscheidungsprozessen des Staates. Die zweite Möglichkeit besteht im gewerkschaftlichen Handeln: hier handelt der Arbeiter als solcher, als Vertreter der im Laufe der Geschichte entstandenen Arbeiterklasse, oder als Mitglied der Gewerkschaften; er bedient sich der Waffen des Gewerkschaftskampfes, dessen Ziele bis in die Sphäre der Entscheidungen der antagonistischen Klasse über den Produktionsprozeß getragen werden können, wie jüngste Erfolge bewiesen haben.

Die beiden Ansatzpunkte stellen nicht, wie manche glauben, Alternativen dar. Die Arbeiterklasse steht nicht am Scheideweg zwischen politischer Beteiligung und gewerkschaftlichem Kampf; beide Wege können und müssen beschritten werden, beide müssen bis zum Ende gegangen werden. Es hängt nur von der jeweiligen historischen Situation ab, die einmal günstiger für politische Aktionen und ein anderes Mal für gewerkschaftliche Aktionen ist, ob zu bestimmten Zeiten eine Aktionsform vorherrscht und über die andere zu dominieren scheint. Wichtig ist, daß keiner der beiden Wege für sich allein der Arbeiterklasse die Kontrolle über die Produktionsmittel verschafft: weder die rein politische Aktion, noch die rein gewerkschaftliche Aktion. Der Kapitalismus in Italien ist heute auf zwei Ebenen organisiert: auf der unteren Ebene der Produktionseinheiten, wo die großen Monopole ihre direkte Kontrolle ausüben; auf der oberen Ebene der Gesamtorganisation des Wirtschaftssystems, dessen

Fäden in der Hand des Staates zusammenlaufen. Auf der ersten Ebene haben die Gewerkschaften eine neue Kampffront eröffnet, was zu einer Verschärfung des sozialen Konflikts geführt hat. Sie begnügen sich nicht mehr mit Verhandlungen über Lohnforderungen, sondern fordern auch bei betrieblichen Entscheidungen über Investitionen, Ortswahl und Beschäftigungspolitik ein Mitspracherecht. Aber gewerkschaftliche Aktivitäten allein genügen nicht, denn viele entscheidende Hebel der wirtschaftlichen Macht liegen außerhalb der Unternehmen und in den Händen von Politikern, – in einem Bereich, der mit den Mitteln, die den Gewerkschaften zur Verfügung stehen nicht, oder nur vorübergehend getroffen werden kann.

Wir müssen auch mit einem Vorurteil aufräumen, das von einigen vorgebracht wird, wenn das Problem der Emanzipation der Arbeiterklasse mit der politischen Beteiligung verbunden wird. Von manchen Seiten wird der Einwand gemacht, daß eine (politische) Beteiligung im Rahmen der repräsentativen Demokratie, die immer die bürgerliche Demokratie und die politische Form ist, die von der antagonischen Klasse im Dienste des Kapitals geschaffen wurde, niemals zu einer echten Emanzipation führen kann. Hierzu will ich nur zwei kurze Bemerkungen machen: erstens sind die heutigen Regeln der repräsentativen Demokratie in hohem Maße das Ergebnis des eigenen Beitrages der Arbeiterbewegung, die im Grunde genommen diese Regeln mit Leben erfüllt hat, die sonst, wie schon so oft, nur leere Worte geblieben wären. Kann man wirklich behaupten, daß diese Regeln einzig und allein der Bourgeoisie dienen? Ich bin der Überzeugung, daß man im Gegenteil klar unterscheiden muß zwischen den Elementen der repräsentativen Demokratie, die den Forderungen der Bourgeoisie genügen und solchen, die hingegen eine revolutionäre Strategie beinhalten.

Eine zweite, noch treffendere Anmerkung in diesem Zusammenhang ist, daß der heutige Staat nicht mehr wie früher der politische Hüter des Kapitalismus ist; er ist nicht nur der »Nachtwächter«, der über die bürgerlichen und wirtschaftlichen Freiheiten wacht, die Staatsmaschinerie, die die öffentliche Ordnung und den sozialen Frieden gewährleistet. Heute lenkt der Staat den Ablauf der Wirtschaft: er regelt als höchste Instanz die Reproduktionsprozesse des Kapitals, spielt darin gleichzeitig die Hauptrolle und ist selbst Kapitalist unter den Kapitalisten. Auch wenn diese Änderung, wie allgemein bekannt, eine Folge innerer Zwänge des kapitalistischen Wirtschaftssystems ist, so kann man nicht leugnen, daß politische Beteiligung heute eine andere Bedeutung hat: sie ist nicht dazu verdammt, an der »Oberfläche« des Kapitalismus haltzumachen und ihren Wirkungskreis auf die Überbaustrukturen der kapitalistischen Gesellschaft zu beschränken. Das Recht auf politische Beteiligung bedeutet heute das Recht, an der Leitung des Wirtschaftsprozesses mitzuwirken. Dieses Recht bietet der Arbeiterklasse die Möglichkeit, die Kontrolle über die Produktionsmittel zu erlangen und ist ein Mittel, um den Produktionsprozeß zu sozialisieren.

Das eigentliche Problem besteht nicht darin, den »bürgerlichen« Charakter der repräsentativen Demokratie anzuprangern, sondern, wenn überhaupt, die antidemokratische Rückentwicklung in unserem Lande, die schwindende Autorität des Parlaments und der anderen Volksvertretungen, sowie die »Tertiarisierung« der Regionen und Gebietskörperschaften aufzudecken, deren Funktionen auf die von Geldinstituten mit der Aufgabe, Geldmittel für vorbestimmte Zwecke bereitzustellen, beschränkt wurde. Als Reaktion auf den wachsenden Einfluß der öffentlichen Hand auf den Produktionsprozeß hat sich in Italien eine gegenläufige Tendenz entwickelt, die – das gleichzeitige Auftreten der beiden Phänomene ist sicherlich kein Zufall – zu einer Konzentration der öffentlichen Macht und zu ihrer Erstarrung in immer zentralisierteren und bürokratischeren Strukturen geführt hat. Eine weitere Folge war die maßlose Übertragung von Befugnissen, wobei man bis an die Grenze des Legalen ging, die fortschreitende Verschiebung der Achse der nationalen Politik von den Volksvertretungen zur Exekutive, die Schaffung jenes gigantischen »abgetrennten Körpers« des Systems der Staatsbeteiligungen, das der Regierungsgewalt unterliegt und jeder Möglichkeit der demokratischen Kontrolle entzogen ist. Das wirkliche Problem liegt nun darin, die verfassungsmäßigen Funktionen der Volksvertretungen in vollem Umfang zu verlangen. Unsere erste Forderung muß lauten: die Macht, die Wirtschaft zu lenken, muß auf allen Ebenen an die gewählten Volksvertretungen zurückgegeben werden.

Eine andere Möglichkeit ist die gewerkschaftliche Aktivität. Hier muß man sofort feststellen, und zwar mit Nachdruck, daß die Organisationsfreiheit der Gewerkschaften, die unabdingbares Recht der Werktätigen ist, keiner Form der gesetzlichen Fixierung der Ziele und Strategie der Gewerkschaften unterworfen werden darf. Tatsächlich haben die italienischen Gewerkschaften seit einiger Zeit ihre Forderungen zuerst von Lohnfragen auf den Bereich der großen Strukturreformen verlagert, wobei sie die Regierung als ihren Gesprächspartner erkannten, und dann das Problem der entscheidenden wirtschaftspolitischen Maßnahmen im Unternehmensbereich bei Verhandlungen mit der Kapitalseite zur Sprache gebracht. Diese Tatsache ist von geschichtlicher Tragweite, aber sie muß eine Tatsache bleiben: die Macht der Gewerkschaften liegt in ihrer Macht, je nach der historischen Situation Ziele und Mittel ihres Kampfes bestimmen zu können. Heute halten die Gewerkschaften es für angebracht, den Verhandlungsweg einzuschlagen und die betriebswirtschaftlichen Entscheidungen zu analysieren; morgen könnten sie genauso gut eine andere Strategie verfolgen. Die Schlichtungsstelle muß sich darauf beschränken, den vollen Umfang der gewerkschaftlichen Freiheiten zu fordern, und sie über die engen Grenzen hinaus zu reklamieren, die das Verfassungsgericht mit seinem Urteilsspruch über den politischen Streik gesetzt hat. Eine Kristallisierung der im Laufe der Geschichte errungenen Siege in Form von Gesetzesnormen würde nur zu einer Schwächung der Gewerkschaften und zu einer Stärkung ihrer Gegner führen.

Dies gilt für die Strategie der Gewerkschaften, die sich nicht in die vorgezeichneten Gleise des Gesetzes zwängen lassen darf. Für die Arbeiterkontrolle in den Betrieben gelten andere Überlegungen. Den Werktätigen muß das diesmal gesetzlich verankerte Recht zuerkannt werden, Einblick in die wirtschaftlichen Daten des Betriebs zu erlangen; außerdem muß die ungehinderte Verwendung dieser Informationen gewährleistet sein, sei es zum Zweck gewerkschaftlicher Lohnpolitik, sei es um eine gewerkschaftliche Auseinandersetzung mit der Betriebsleitung über die wirtschaftlichen Maßnahmen des Unternehmens zu führen, oder auch um die Mitsprache bei der Planung auf nationaler und lokaler Ebene zu fordern.

Diese Forderung der Klasse der Werktätigen ist in der Verfassung vorgesehen: Art. 41, Abs. 3 der Verfassung besagt, daß wirtschaftliche Aktivitäten öffentlicher oder privater Träger nicht nur programmiert, sondern auch kontrolliert werden müssen, um sie nach sozialen Gesichtspunkten auszurichten. Gewöhnlich wurde diese Verfassungsvorschrift so interpretiert, daß sich die Kontrollen im Wirtschaftsbereich auf öffentliche Kontrollen beschränken, die von staatlichen Organen oder Behörden durchgeführt werden. In diesem Verfassungsartikel wird jedoch nicht ausgeschlossen, daß die darin vorgesehenen Kontrollen auch von der Gesellschaft durchgeführt werden können, und besonders von Gewerkschaftsvertretungen, wenn es sich um Kontrollen von Einzelbetrieben oder um territoriale Kontrolle ganzer Betriebsketten handelt. Die in der Verfassung vorgesehene Kontrollfunktion, deren Ziel eine »soziale Ausrichtung« der wirtschaftlichen Entscheidungen ist, verlangt unmittelbar die Emanzipation der werktätigen Klasse; sie fordert dazu auf, die Werktätigen selbst als Träger der wirtschaftlichen Kontrollen zu sehen.

Andererseits hat sich die Diskussion um die Arbeiterkontrolle schon am ›Statuto dei diritti dei lavoratori‹ entzündet: wir alle wissen, daß die Werktätigen laut Art. 9 mit Hilfe ihrer Vertretungen die Einhaltung der Vorschriften zum Schutze ihrer Gesundheit und körperlichen Unversehrtheit kontrollieren können. Diese Möglichkeit kann und muß erweitert werden: den Werktätigen muß darüberhinaus das Recht auf Kenntnis der wirtschaftlichen Lage des Betriebes zugebilligt werden. Dieses Recht ist Bedingung für jede gewerkschaftliche Tätigkeit, und nur unter dieser Voraussetzung können die Gewerkschaftsorganisationen ihren Beitrag zur Entwicklung, Realisierung und Überprüfung der Wirtschaftsplanung auf nationaler oder lokaler Ebene leisten und läßt sich eine konstruktive Beziehung zwischen Gewerkschaften und Volksvertretungen verwirklichen.

Solche Rechte sind in anderen Ländern, vor allem in der Bundesrepublik Deutschland der werktätigen Bevölkerung zuerkannt worden. Das Gesetz über die betriebliche Mitbestimmung gewährt den Werktätigen nicht nur ein Mitspracherecht bei der Leitung des Unternehmens, sondern räumt ihnen auch weitreichende Befugnisse auf dem Gebiet der Information und Kontrolle, der Einspruchs- und Vorschlagsmöglichkeiten hinsichtlich aller »wirtschaftlichen Fragen« des Unternehmens ein, die die Interessen der Werktätigen in erheblichem Maße betreffen können. Das Mitbestimmungsrecht schließt außerdem klar die Möglichkeit aus, daß das Unternehmen sich gegenüber den Arbeiterkontrollorganen, denen ausschließlich Arbeiter angehören, auf das Betriebsgeheimnis berufen kann.

Bei der deutschen Erfahrung ist es für uns nicht unmöglich, zwischen dem zu unterscheiden, was wir als Sieg der deutschen Werktätigen bezeichnen können, d. h. das Recht auf Information und Kontrolle, und dem, was hingegen als Niederlage bewertet werden muß, d. h. die Mitbestimmung. Wenn die italienische werktätige Klasse die Mitbestimmung ausdrücklich ablehnt, so spricht aus dieser Haltung eine große Klugheit und das Wissen, daß die Logik der wirschaftlichen Entwicklung im Bereich der einzelnen Produktionseinheiten auf der Logik der Notwendigkeit beruht, daß die Handlungsräume auf höherer Ebene, auf der des Finanzkapitals liegen, dort, wohin nicht einmal in Deutschland die Stimmen der Werktätigen vordringen, und vor allem auf der Ebene der Gesamtorganisation des Wirtschaftssystems, wo die Beteiligung der Werktätigen bei weitem nicht als Mitbestimmung denkbar ist, sondern nur als politische Beteiligung. Aus diesem Grunde fordert die italienische Arbeiterbewegung ihr eigenes Mitspracherecht; sie will mit Regierungsmacht an der politischen Leitung des Landes mitwirken. Aber dies ist auch der Grund, warum die Bestimmung über Zeitpunkt und Art der Einmischung in die Betriebsleitung von seiten der Arbeiter Teil der gewerkschaftlichen Freiheit ist und sein muß. Dies bedeutet keinen Verzicht auf die Austragung von Konflikten in industriellen Verhältnissen, sondern eine Ausweitung des Konflikts auf Fragen der Betriebsleitung.

Vom »garantismo«* zur »Konditionierung« der Unternehmensführung; von der Fabrik zur Lenkung der Volkswirtschaft. Gewerkschaftliche Tätigkeit, Planung und Betriebsverwaltung.

G. Napolitano. Ich gehe von dem zweiten der Punkte aus, die Galgano erörtert hat, wobei ich mit seiner Gesamtdarstellung weitgehend übereinstimme. Galgano sagte vor kurzem, daß das Problem, wie das Recht auf Information und Investitionskontrolle zu erlangen ist, das Zentralthema der Gewerkschaften bei den letzten Tarifverhandlungen, in dem Maß an Bedeutung gewann, wie die einheitliche Gewerkschaftsbewegung den Ausbau der Investitionen und die Schaffung neuer Arbeitsplätze zum vorrangigen Ziel ihrer Politik erhob.

Tatsächlich aber haben die Erfahrungen, die die Gewerkschaftsbewegung im Laufe der letzten Jahre infolge fundamentaler Errungenschaften, wie des ›Statuto dei diritti dei lavoratori‹, gemacht hatten, den Anstoß zu

* gewerkschaftliche Politik der reinen Lohnabsicherung, d. Übers.

neuen Forderungen im Bereich der Investitionskontrolle auf Unternehmens- und Gebietsebene gegeben. Was will ich damit sagen? Luigi Berlinguer sprach von den Rechten, die das ›Statuto …‹ sanktioniert, das seinerseits Endpunkt, die feierliche, juristische Sanktionierung von Erfolgen verkörpert hatte, die bereits weitgehend durch Aktion der Gewerkschaften und der »Garantien«, die darin liegen, verwirklicht worden waren. Auf diese Weise gelang es, die elementaren Interessen der Werktätigen an ihren Arbeitsplätzen zu schützen, auf die schon Galgano hingewiesen hat: Schutz der Gesundheit des Werktätigen, Sicherung des Arbeitsplatzes auch in Krisenzeiten und vor allem die Garantie der freien politischen und gewerkschaftlichen Meinungsäußerung als Schutz gegen repressive Maßnahmen, wie zum Beispiel die Entlassung. Durch diese und andere Erfolge zur Sicherung der Rechte der Werktätigen und zum Schutz ihrer Interessen haben die Gewerkschaften während der letzten Jahre großen Einfluß auf die Unternehmensleitung gewonnen.

Neben dem ›Statuto dei diritti dei lavoratori‹ denke ich an einen anderen Aspekt, der gerade in letzter Zeit an Bedeutung gewonnen hat: die Verhandlungen über die Mobilität oder, wie man zeitweise zu sagen pflegte, – meiner Meinung nach sehr unpassend oder zweideutig – die Verteidigung der »Unverrückbarkeit« (rigidità) der Arbeitskräfte. Unbestritten ist jedoch, daß es den Gewerkschaften gelungen ist, die durch keinen Vertrag geregelte Mobilität der Arbeitskräfte einzudämmen, was zu einer echten Unverrückbarkeit beim Einsatz von Arbeitskräften geführt hat. Auf vielerlei Arten also wurde wachsender Einfluß auf die Unternehmen bei der freien Disponierung und Organisation der Produktionsfaktoren ausgeübt.

Dies alles hat jedoch auch zu Krisensituationen geführt; andererseits war es zweifellos richtig, die Forderungen der Arbeiterbewegung vor allem mit Hilfe der Durchsetzung höherer Löhne und später auch bestimmter Rechte zu unterstützen, wodurch ein gewisser Entwicklungsmechanismus und eine gewisse Form der Unternehmungsleitung und der Wirtschaftsführung allgemein in die Krise gestürzt wurden.

Außerdem möchte ich behaupten, daß gerade im Laufe dieser Erfahrungen den Arbeitern und den Gewerkschaften selbst auch die Grenzen all dieser Errungenschaften bewußt geworden sind, was bedeutet, daß man nicht über eine negative Einflußnahme auf die Leitung von Unternehmen und Wirtschaft im allgemeinen, und über eine Behinderung der antigewerkschaftlichen oder unsozialen Unternehmensleitung hinausgelangt ist. Die Hauptschwierigkeit und das Hauptproblem lagen darin, die einheitliche Kraft, die Fähigkeit der Arbeiterbewegung, Druck auszuüben und auch die Führung zu übernehmen, die vor allem in den Gewerkschaften zum Ausdruck kommt, zu mobilisieren, um die nationale Entwicklung der Wirtschaft insgesamt und in diesem Rahmen auch die Leitung der Unternehmen, in erster Linie der Großunternehmen, in eine neue Richtung zu lenken.

In der Erfahrung der Arbeiter und der Gewerkschaften konnte eine sehr interessante Kontinuität beobachtet werden, die es hervorzuheben gilt, und die dazu geführt hat, daß die Arbeiterbewegung sich nicht mehr begnügt, Garantien zu fordern und zu erkämpfen: sie fordert vielmehr neue Rechte, um in die Führung der Unternehmen, vor allem der Großunternehmen, und in die Führung der Wirtschaft eingreifen zu können. Diese Tendenz kam sowohl im Vorschlag der Gewerkschaftsbewegung für Richtlinien der Wirtschaftspolitik zum Ausdruck auf der Ebene der Auseinandersetzung mit der Regierung (und dann auch mit dem Parlament und den Parteien), wie auch bei der Formulierung der Richtlinien, die 1975 die Plattform für die Erneuerung der Arbeitsverträge in der Industrie bildeten; und zwar in dem Teil, der die von Galgano erwähnten Informations- und Kontrollrechte betraf.

Damit die Arbeiterbewegung und insbesondere ihre gewerkschaftlichen Organisationen im nationalen Rahmen einen Einfluß auf die Wirtschaftslenkung und vor allem auf die Industriepolitik ausüben können, ist es von größer, ja geradezu entscheidender Bedeutung, daß es ihr gelingt, in den Entwicklungs- und Entscheidungsprozeß der Großunternehmen, Konzerne und Wirtschaftsbereiche einzugreifen, und sich im Bereich der mittleren und kleinen Unternehmen auf lokaler Ebene direkt mit den Arbeitgebervertretern auseinanderzusetzen. In diesem Punkt stimme ich voll mit Galgano überein, wobei ich nichts hinzuzufügen habe. Das kann natürlich in dem Maße funktionieren, wie die neugewonnenen Rechte, die hauptsächlich – aber nicht ausschließlich – Informationsrechte sind, wirkungsvoll eingesetzt werden. Es lohnt sich, noch einmal darauf hinzuweisen, daß die Gewerkschaften aufgrund der jüngsten Erfolge bei den Tarifverhandlungen jetzt nicht nur ein Recht auf Informationen und Zugang zu den Zahlen der Betriebsleitung haben, sondern auch berechtigt sind, der Gegenseite – seien es die Betriebsleitungen (von Großunternehmen) oder seien es die Unternehmerverbände – bei der Durchsetzung ihrer Investitions- und Produktionsprogramme Widerstand zu leisten.

Was verstehe ich unter wirkungsvoller Ausübung dieser Rechte? Ich meine damit nicht nur Ausübung dieser Rechte auf Betriebs- und lokaler Ebene, sondern auch die Notwendigkeit, daß die Gewerkschaftsbewegung die im Laufe der Zeit gewonnenen Daten und Erfahrungen gewissermaßen zentralisiert. Wenn es der Gewerkschaftsbewegung auch in technischer Hinsicht nicht gelingt, die Informationen und Ergebnisse der Auseinandersetzungen über die Investitions- und Produktionsprogramme der einzelnen Unternehmen, Konzerne oder der *lokalen* Zusammenschlüsse der kleineren Unternehmen landesweit zu sammeln und zu koordinieren, so fehlt jene unabdingbare Voraussetzung, um diese neuen Rechte für ein immer qualifizierteres Eingreifen der Gewerkschaften in die Richtlinien der allgemeinen Wirtschaftspolitik umzusetzen.

Die beiden folgenden Aspekte sind für mich eng miteinander verflochten: die wirksame Ausübung der neuen Rechte, die in den Verträgen festgelegt sind, und der Einsatz dieser Rechte für ein qualifizierteres Eingreifen der Gewerkschaften in die gesamte Wirtschaftspolitik. Dies kann auch zu einer enormen Bereicherung der regionalen und nationalen Planung führen und den Gewerkschaften größere Autonomie bei der Gestaltung der Programme verleihen.

Die Erringung dieser Rechte im Unternehmensbereich (lassen wir im Moment die Konfrontation auf Gebeitsebene mit den Unternehmerverbänden der kleineren Unternehmen beiseite) bedeutet jedoch nicht – und hier möchte ich an die Rede Galganos auf dem Kongreß von Florenz erinnern –, daß dadurch den Arbeitern die Türen zu den Entscheidungsgremien der Unternehmen geöffnet werden; hier scheint der Hauptunterschied zwischen der heutigen Position der italienischen Gewerkschaftsbewegung und der Erfahrung, die in anderen Ländern wie in der Bundesrepublik Deutschland mit der Mitbestimmung gemacht wurden, zu liegen. Von Galgano stammt auch der meiner Meinung nach berechtigte Hinweis, daß zu untersuchen ist, ob man gewisse allgemeingültige Elemente der Gesetzgebung der BRD, jedoch nicht das Gesetz zur betrieblichen Mitbestimmung auf die italienische Situation übertragen könnte, die in historischer, gesellschaftlicher und politischer Hinsicht eine völlig andere – und man kann hinzufügen – viel fortschrittlichere Struktur aufweist. Wir müssen uns jedoch auch bewußt sein, daß mit der Erringung neuer Rechte, die nicht nur einerseits das Recht auf Information und andererseits auf Kontrolle beinhalten, auch neue Probleme auftauchen. Außerdem – und hier kehre ich zu meiner Ausgangsfrage zurück, auf der ich bestehe – wenn diese Rechte nun so beschaffen wären, bliebe unverständlich, worin dieses Kontrollrecht besteht: Kontrolle worüber? Nur über die Realisierung der Programme, die das Unternehmen einseitig festgelegt hat? Nein, denn die Konfrontation beginnt schon bei den Programmen selbst. Zwischen Information, d. h. dem Zugang zu den Daten der Betriebsleitung und Kontrolle liegt die Auseinandersetzung über die Programme, wie in den jüngsten Verträgen festgesetzt wurde. Konfrontation bedeutet offensichtlich nicht nur, die negativen Seiten, Mängel oder Grenzen der von den Unternehmen ausgearbeiteten Programme aufzudecken oder Fragen über diese Programme zu klären. Konfrontation bedeutet für die Vertreter der Werktätigen auch die Möglichkeit, Gegenvorschläge einzubringen; und wenn die Gelegenheit zu Gegenvorschlägen gegeben ist, so kann man die Hypothese einer Übereinstimmung nicht ausschließen. Auf diese Weise können Konflikte vermieden werden: denn die Beziehungen müssen nicht unbedingt als Konflikte aufgefaßt werden.

C. Luporini. Bei den Verhandlungen jedoch, und nicht, wenn es um Mitsprache geht.

G. Napolitano. Ich stimme Dir zu und halte diesen Punkt fest, jedoch sage ich auch, daß es nicht mehr genügt, von Nichtbeteiligung in den Entscheidungsgremien zu sprechen. Wir müssen wissen, daß man auf der Ebene der Konfrontation – ich weiß nicht einmal, ob ich den Ausdruck Verhandlungen verwenden soll, denn ich bin, offen gestanden, ein wenig verblüfft über die Bezeichnung Investitionsverhandlungen – auch zu einer weitgehenden Übereinstimmung zwischen den Verhandlungspartnern gelangen kann, wenn das Programm als zufriedenstellend betrachtet wird, oder mittels der Auseinandersetzung gemäß den Wünschen der Arbeitervertreter geändert wird. In diesem Fall kann der Konflikt übrigens während der Kontrollphase ausbrechen, wenn man feststellt, daß die übernommenen Pflichten nicht eingehalten werden; hier nun kann auch die Frage eventueller Sanktionen wegen Nichteinhaltung des Vertrages auftreten. Wir müssen uns in der Tat mit dem Problem beschäftigen, wie die Gewerkschaften sich in den folgenden zwei Fällen verhalten oder reagieren sollen: sei es, daß sich der Konflikt über die Investitionsprogramme nicht lösen läßt, weil das Unternehmen an seinen, in den Augen der Gewerkschaften negativen Entscheidungen festhält, oder sei es, daß bei der Kontrolle von Programmen, deren Mängel zufriedenstellend gelöst wurden, Vertragsbruch festgestellt wird. Wie soll sich die Gewerkschaft in solchen Fällen verhalten, wie soll sie darauf reagieren, und umgekehrt, wie soll sie sich verhalten, wenn der Konflikt zur allgemeinen Zufriedenheit beigelegt wurde und wenn auch die Kontrolle die Einhaltung der Vertragspflichten festgestellt hat? Wie können diese Verhaltensweisen, diese positiven oder negativen Reaktionen zum Ausdruck kommen? Sie können in Stellungnahmen und Entscheidungen zum Ausdruck gebracht werden, die jedoch, was ich ausdrücklich betonen möchte, den Gewerkschaften in Selbständigkeit zukommen, – jedoch auf welchem Gebiet? Zum Beispiel durch geringere Lohnforderungen, wenn die Investitionsprogramme und die Leitlinien der Beschäftigungspolitik zur Zufriedenheit ausgefallen sind, und im Rahmen höherer Lohnforderungen, wenn das Gegenteil der Fall ist? Kann man daran denken, die Lohnpolitik der Gewerkschaften, die äußerst anpassungsfähig und flexibel ist, auf diese Art und Weise einzusetzen? Dieses Problem wirft natürlich viele Fragen auf, aber ich will hier zum Ende kommen mit dem Hinweis auf neue Probleme, die sicherlich entstehen werden und die sehr bald diskutiert werden müssen, nachdem eine äußerst wichtige Phase des Kampfes um die neuen Tarifverträge für die Industrie zu Ende gegangen ist.

Ablehnung der Sozialdemokratisierung, Hegemonie der Arbeiter und fortschrittliche Demokratie.

C. Luporini. Ich möchte von den Beobachtungen ausgehen, die Giorgio Napolitano soeben gemacht hat, wobei ich mich natürlich auf meinen eigenen Informationsstand beschränken muß. Ich habe während der letzten Jahre versucht, mir ein ungefähres Bild von der realen Situation einer bestimmten Anzahl von Unternehmen zu machen, wobei ich nicht weiß, ob sie charakteristisch sind für die Wirtschaft unserer Provinz, doch sind sie zumindest an große Konzerne angeschlossen und gehören diesen an, wie z. B. Galileo oder Pignone in Florenz, und die folglich auch einen Teil der lokalen Wirtschaft beeinflussen. Nun scheint es mir, daß alle, die bisher gesprochen haben, sich immerhin über zwei Punkte einig sind. In erster Linie über die Abschaffung der Garantiepolitik, die während der letzten großen Konflikte um die Tarifverträge in den vergangenen Monaten und während dieser ganzen letzten Periode verfolgt wurde. Ich beziehe mich hier auf die Grenzen der Garantiepolitik, die durch das ›Statuto dei lavoratori‹ selbst gesetzt sind und auf die im übrigen schon einige Wissenschaftler hingewiesen haben.

Dann gibt es noch eine weitere Tatsache, die eine allgemeine Errungenschaft darstellt, nämlich der Schritt nach vorn im gewerkschaftlichen Handeln (der meiner Meinung nach gefestigt ist), mit dem die Gewerkschaften über die Grenzen reiner Lohnforderungen hinausgegangen sind; vielmehr haben sie sich für die großen Beschäftigungs- und Investitionsprobleme eingesetzt, wodurch sie Arbeitslose und Beschäftigte zu solidarischem Handeln veranlaßten und die Probleme der verschiedenen Regionen, vor allem die Süditaliens in einem allgemeinen Rahmen miteinander verknüpften.

Die Tatsache, daß diese Aspekte in den Vordergrund getreten sind, wirkt sich meiner Meinung nach in dem Maße real und politisch aus, wie die Lohnforderungen nicht aufgegeben werden. Denn wenn man diese Politik aufgegeben hätte, dann wäre auch die andere Strategie weitgehend eine Illusion gewesen, die ihre Rechtfertigung eher von Prinzipien als von der politischen und gesellschaftlichen Realität herleitet. Ich habe den Eindruck, daß zu einem gewissen Zeitpunkt die Unternehmer einen Schritt in diese Richtung getan haben, dem die Gewerkschaften jedoch aufgrund ihres starken Rückhalts in der Bewegung begegnen konnten; hier spielen vor allem einige ausschlaggebende Verträge, wie der für die Metallarbeiter eine Rolle. Denn wir dürfen nie vergessen, daß auch die Arbeiterklasse sich erst im Kampf zur Klasse zusammenschließt, zu Beginn jedoch in Fraktionen gespalten ist, wie übrigens auch ihr Gegner, die Bourgeoisie. Deshalb können wir hier von zwei Erfolgsmomenten sprechen, ohne jedoch zu vergessen, daß der Lohn ein wichtiger Faktor bleibt, allein schon deshalb, weil das Problem der Lohnstruktur an sich in allgemeiner Form den Klassengegensatz widerspiegelt. Man denke nur an die Lohnabzüge und Steuern oder an die Frage der Beiträge, die viele Wissenschaftler und Gewerkschaftler als echte Beschäftigungssteuer bezeichnen, etc.

Ich wollte an diese Dinge nur erinnern, um diejenigen Elemente, die ich als wichtige Erfolge betrache, nicht zu idealisieren, bzw. mit Idealvorstellungen zu vermengen. Meiner Meinung nach war beim Beitrag Giorgio Napolitanos bemerkenswert, daß er zwischen den tatsächlichen Erfolgen und dem, was prinzipiell möglich ist, eine Verbindung hergestellt hat. Napolitano sprach auch ganz richtig von den Grenzen und den momentanen, hauptsächlich negativen Einflußmöglichkeiten der Gewerkschaften; auf der anderen Seite betonte er jedoch die reelle Chance, die zu ihrer Überwindung besteht und wies auf die komplexe Problematik hin, mit der dabei zu rechnen ist. Ausgehend von der erkämpften Kontrollmöglichkeit (die natürlich umfassende und profunde Information voraussetzt) gelangt man zu ihrer konkreten Anwendung; wir werden dadurch befähigt, nicht nur in die Teil- oder Lokalentscheidungen, sondern auch in die Entscheidungen von weitreichender Bedeutung einzugreifen.

Das heißt jedoch, daß es gelingen muß, unseren Einflußbereich bis in die Machtstrukturen der Großbetriebe und Konzerne auszudehnen, seien sie in privater oder staatlicher Hand. Letztere wurden wohl nicht nur rein zufällig, auch auf dem erwähnten Kongreß von Florenz, aufgrund des tatsächlichen Charakters ihrer Leitung als staatliche Unternehmen unter privater Leitung bezeichnet. Hier, in diesem Punkte, d. h. im Gesamtzusammenhang, stellt sich meiner Meinung nach das Problem der Auseinandersetzung über die Programme in seiner ganzen politischen und gesellschaftlichen Tragweite, worauf schon Napolitano hinwies; und gerade auf dieser Ebene ist »Mitbestimmung« nicht einmal vorstellbar, wie Galgano in Florenz erörtert hat, sondern nur *politische* Beteiligung der Arbeitnehmer bei der Bestimmung der allgemeinen Grundlinien.

Offen gesagt, würde ich mir in der momentanen geschichtlichen Situation keine Gedanken darüber machen, daß es möglicherweise nicht zu Konflikten kommt. Es kann sein, daß die Geschichte eine solche Wende nimmt, daß dies zu einem großen Problem für die nationale Gesellschaft und eine große Klassenfrage werden kann, was in den politischen Termini einer Sozialdemokratisierung zum Ausdruck käme.

G. Napolitano. Es war nicht meine Absicht, Sorgen zu äußern, sondern ich wollte eine reelle Möglichkeit aufzeigen, die meiner Meinung nach zweifellos im Bereich der Bemühungen der Arbeiterklasse um die Führungsrolle liegt, bzw. im Kampfbereich der beiden grundsätzlichen Klassen um die Hegemonie, auch an den Produktionsstätten.

C. Luporini. Du bist mir zuvorgekommen, denn auch ich bin der Ansicht, daß man das Problem so betrachten muß.

Wenn keine Gefahr einer Sozialdemokratisierung, d. h. der Unterordnung der Klassen droht, so stellt sich offensichtlich das andere Problem, nämlich das der Hegemonie, der Leitung, was jedoch gewiß nicht die Abschaffung des Unternehmers oder der Unternehmensleitung bedeutet.

Anzeichen dafür lassen sich schon auf einigen Tagungen über Produktion erkennen, zumindest in bestimmten Konferenzen über die Produktion. Eine solche fand neulich bei »Galileo« in Florenz statt, um nur ein Beispiel zu nennen, auf der es nicht nur um die Fabrik und das dazugehörige Gebiet ging, sondern auch – und das ist der entscheidende Punkt – um den ganzen Konzern, zu dem die Fabrik gehört; hier stellen sich folglich allgemeinere Probleme, nicht nur bezüglich der volkswirtschaftlichen Entwicklung, sondern auch in bezug auf das Verhältnis der italienischen Wirtschaft zum Außenhandel, zu den Märkten der Entwicklungsländer etc. Eine ganze Reihe von ernsten Problemen, die zumindest den Beginn der Hegemonie bedeuten.

Wenn die Entwicklung in diese Richtung geht, so wird die Auseinandersetzung in ihrer letzten Phase, gerade als Klassenauseinandersetzung, um die Frage der Zentralisierung gehen, wie Du es nanntest, und was ich mit anderen Worten vielleicht Koordinierung der Produktion, konzertierte Planung und schließlich den allgemeinen Rahmen der Lenkung der gesamten Wirtschaft nennen möchte (was im Grunde genommen das gleiche ist). Ich möchte mit diesem Problem abschließen, doch will ich noch einige Bemerkungen machen zu der zweifachen Perspektive, die Galgano bezüglich der politischen Beteiligung des Arbeiters als Bürger und seiner Beteiligung als Mitglied der Gewerkschaften entwickelt hat.

Es ist klar, daß politische Betätigung ausschließlich im Rahmen der Parteien und nur dort stattfinden kann. Wenn man politische Beteiligung nur als individuelles Engagement begreift, nach Art des Liberalismus im 18. Jahrhundert, so fehlt der Bezug zur Wirklichkeit: dies wäre eine rein formalistische und begrenzte Auffassung. Sie wäre übrigens auch vom Standpunkt der Verfassung aus falsch, nicht nur bezüglich der Realität, denn Funktion und Bedeutung der politischen Parteien sind in der Verfassung festgelegt. Hier liegt die Aufgabe der großen Parteien der Klasse, und, wie man jetzt hinzufügt, auch die der Gewerkschaft.

Damit verband Galgano die Probleme des Staates und die Tatsache, daß der Staat heute die bestimmende Kraft in der Wirtschaft ist, die mittlerweile überall, nicht nur in Italien, in ihren verschiedenen Formen anerkannt wird als wesentlicher Bestandteil des modernen Kapitalismus, des organisierten Kapitalismus, oder wie immer man ihn nennen will.

Gleichzeitig hob Galgano ein anderes Problem hervor, nämlich parallel dazu das Festhalten des Staates an der Tradition, die immer noch ihre Bedeutung hat: der Staat in seiner Funktion als »Hüter«, als Garant, der in einer bestimmten Situation entstanden ist. In Italien entsprang er aus der gemäßigten Ausrichtung bürgerlichen Revolution im Sinne und mit dem Ergebnis, welches Gramsci hervorhebt. Dieser zentralisierte Staat weist heute in Italien vor allem die Symptome der Krise, ja beinahe des Zerfalls auf, die wir alle kennen. Dieser Klassenstaat im ursprünglichen Sinn des Marxismus existiert weiterhin neben dem Staat, der in die Wirtschaft eingreift und sie lenkt. Dies geschieht jedoch mit Hilfe von politischen Kräften, die – und das muß hinzugefügt werden – Ausdruck der Klassenkräfte selbst sind, die hier nur in einer anderen Aktionsform auftreten.

An dieser Stelle der Diskussion scheint meiner Meinung nach das Kernproblem aller unserer Fragen zu liegen, auf der Ebene, auf der wir sie gerade diskutieren: es muß uns gelingen, diese Trennung zu überwinden. Denn ich glaube, daß diese Trennung nicht nur ein zufälliges Resultat der Geschichte ist, auch wenn sie in vieler Hinsicht als das Ergebnis einer Kette von Zufällen erscheint: wie z. B. die Unternehmenspolitik, die private Leitung der staatlichen Beteiligungen, ihre scheinbare Autonomie, die jedoch, wie wir wissen, nicht Selbständigkeit gegenüber der politischen Macht ist, sondern eine Mischung aus politischer und wirtschaftlicher Macht und zum direkten oder indirekten Schützer der Verflechtung von Profitinteressen, Gewinnstreben und Klientelismus geworden ist, mit allen Symptomen der Degeneration behaftet, die in den vergangenen Jahren, noch verstärkt durch die Krise, zum Vorschein kamen. Dies alles spielte sich im Schatten jener Abgetrenntheit des institutionell-repräsentativen Staates ab, von der wir vorher sprachen.

Ich glaube, daß diese Abgetrenntheit selbst eine Folge des Klassensystems ist, d. h. eine Art und Weise, wie die herrschenden Klassen, besser gesagt, gewisse Fraktionen dieser Klassen (unsere Analyse müßte diesen Aspekt noch vertiefen) ihre Form der Leitung und Vereinheitlichung durchgesetzt haben, die heute durch die Krise und den gleichzeitigen Druck der Massen, der werktätigen Klassen in Schwierigkeiten geraten ist.

Es gibt nur eine einzige Lösung (auch weil man keine andere sieht): Kontrolle und insbesondere Leitung der Wirtschaft müssen den verschiedenen Ebenen der Volksvertretung und schließlich dem Parlament übertragen werden, welches als zentrales Organ die unterschiedlichen Bedürfnisse der Gesellschaft zusammenfaßt und koordiniert.

Diese Institutionen müssen auch die Richtlinien für die Umwälzung festsetzen, für das, was wir »Transformation des Entwicklungsmodells oder der Prämissen der Entwicklung« nennen, und die nicht mehr getrennt von der Strukturwandlung und der Änderung der Funktionen und realen Machtbefugnisse der Organe des repräsentativen Staates ablaufen darf.

Ich möchte jedoch abschließend bemerken, daß zwischen dem Vorschlag und seiner praktischen Verwirklichung der lange Weg der Überwindung des Klassensystems liegt; das bedeutet die tiefgreifende Veränderung des Kräfteverhältnisses zwischen den Klassen. Dieser Vorschlag darf nicht nur als hypothetische Lösung eines großen Problems betrachtet werden, sondern muß das Thema des Kampfes der Arbeiterklasse und ihrer Verbündeten werden, das heißt die Basis, auf der Bündnisse geschlossen werden und der neue gesellschaftliche Block gebildet werden kann, dessen Konstituierung wir uns nähern; die Basis also einer großen Verschiebung des gesellschaftlichen und politischen Kräfteverhältnisses, wodurch nicht nur eine Veränderung, sondern vor allem ihre Funktionalität erreicht werden soll. Technische oder technizistische Einwände kann man sehr leicht vorbringen, wie es schon auf dem Kongreß von Florenz geschah, daß beispielsweise das Parlament bequem betrogen werden kann, und daß dieses Organ nicht die technischen Mittel besitzen kann, um die Dynamik der sozio-ökonomischen Entwicklung tatsächlich oder wenigstens effektiv zu kontrollieren und zu steuern.

Diese Einwände sind nur dann gerechtfertigt, wenn es keine Massenbewegung und kein Massenbewußtsein gibt, die außer von den Parteien nur von den Gewerkschaften getragen werden können, welche ständig die Veränderung der Realität verkörpern; eine Veränderung, die an sich nicht über den Rahmen der Verfassung hinausgeht, jedoch einen großen Schritt in Richtung auf die fortschrittliche Demokratie, wie wir es einmal nannten, erlauben würde, und die, wenn sie noch nicht den Übergang zum

Sozialismus darstellt, so doch der Übergang zum Übergang, wie ich sagen würde, der erste wirkliche Schritt in diese Richtung ist.

Um dieses Ziel zu erreichen, ich wiederhole es noch einmal, müssen alle fortschrittlichen politischen und gesellschaftlichen Kräfte zusammenwirken und gemeinsam kämpfen.

Gewerkschaftliche Aktionen, Lenkung der Wirtschaft und fortschrittliche Demokratie. Die besondere Stellung des Unternehmens im kapitalistischen Modell Italiens.

S. Merlini. Ich stimme grundsätzlich mit der Unterscheidung der Formen der Arbeiterkontrolle überein, die Galgano am Beginn unserer Konferenz gemacht hat: politische Beteiligung, wenn es um Investitionsentscheidungen geht, und gewerkschaftliche Aktivität in den Betrieben im Bereich der Produktionsorganisation.

Mir scheint jedoch, wenn Galgano betont, wie notwendig der gleichzeitige Einsatz dieser beiden Kampfformen ist, so muß ebenso präzisiert werden, daß besonders in Italien diese beiden Aktionsformen, die politische und die gewerkschaftliche Aktivität, in Wirklichkeit auch begrifflich nicht voneinander zu trennen sind; man kann sie nicht unterscheiden, indem man beispielsweise die politische Aktion als eine Kampfform betrachtet, die der gewerkschaftlichen Aktion »folgt«, und die gewerkschaftliche Aktion als Kampfmoment zur Erreichung von Zielen, die erst später durch die politische Aktion, d. h. durch die politische Beteiligung der Arbeiter »als Bürger« entwickelt und vollendet werden können.

Nun, die Möglichkeit zur zeitlichen Trennung dieser beiden Kampfformen wäre dann gegeben, wenn das Unternehmen jenem »Ideal« des 18. Jahrhunderts entspräche, das in der Ideologie des Liberalismus vom Staat nur eine »Nachtwächterfunktion« verlangte. Es war das geradezu ideale Modell des selbstgenügsamen Unternehmens, das aufgrund seiner spezifischen Form, auch vom juristischen Standpunkt aus, in der Lage war, sich zu entwickeln und eine einflußreiche Position in Wirtschaft und Gesellschaft einzunehmen.

Besonders in Italien hat es diesen Unternehmenstypus nie gegeben, auch wenn Luporini mit seiner Behauptung recht hat, daß er in seiner reinsten Form überhaupt nie existiert hat und auch im Ausland nicht vorkommt, nicht einmal in den kapitalistischen Staaten, die sicherlich, sagen wir nicht fortgeschrittener, so doch zumindest leistungsfähiger sind als der italienische Staat. Ich will jedoch daran erinnern, daß der italienische Kapitalismus, so wie er sich besonders nach den dreißiger Jahren entwickelt hat, niemals das selbstgenügsame Unternehmen gekannt hat, außer im Bereich der kleinen und mittleren Unternehmen während des fünfjährigen »Wirtschaftswunders«.

Was bedeutet das alles? Wenn man beispielsweise von Kontrolle spricht, oder besser noch, wie Napolitano mit Recht betonte, von Konfrontation bei betrieblichen Investitionsentscheidungen, so führt die Ignorierung der Fragen, unter welchen Formen sich heute in Italien das Kapital eigentlich reproduziert (welches meiner Ansicht nach oft nicht einmal von den Gewerkschaften gestellt wird) zu schweren Verzerrungen, ja sogar zu einer unklaren Vorstellung über das heutige kapitalistische Unternehmen in Italien.

Hierzu ein Beispiel: vor einiger Zeit haben wir die bittere Erfahrung gemacht, daß einige berüchtigte Gesetze (464 und 1470), die den Klientelismus zwischen den Christdemokraten und den mittleren und großen Unternehmen begünstigen, bekanntlich mit hunderten Milliarden von Lire finanziert wurden. Wie reagieren, bzw. reagierten die Gewerkschaften auf dieses Problem? Ich befürchte sehr stark, daß über die tiefe Bedeutung dieser Art von Zuwendungen, die nur das letzte Glied in einer langen Kette darstellen, und die meiner Meinung nach das kapitalistische Unternehmen in Italien zu einem ganz besonderen Modell im westlichen Kapitalismus gemacht haben, keine genaue Vorstellung herrscht. In dieser Besonderheit liegt vielleicht auch ein Grund dafür, daß die Mitbestimmungsmodelle, die in Deutschland einen gewissen Erfolg verzeichnen konnten, die italienische Realität in keiner Weise beeinflussen können. Ich glaube jedoch, daß die italienischen Gewerkschaften und die italienische Klassenbewegung in ihrer Gesamtheit das, wenn auch verschwommene Bewußtsein haben, daß Unternehmertum und Politik nicht voneinander zu unterscheiden sind, denn Staat und Unternehmen sind auf Grundlage der Verfassung durch die »Maßnahme« zur Finanzierung, Förderung und Rettung der Wirtschaft aneinandergekettet. In anderen Worten, die »Politisierung« der italienischen Arbeiterbewegung bedeutet gleichzeitig ihre Fähigkeit, ihre Kämpfe unmittelbar auf das institutionelle Modell und die politische Ebene zu beziehen; diese Fähigkeit basiert auf dem Bewußtsein, daß der italienische Kapitalismus in manchen Bereichen gewissermaßen nur eine »Fiktion« des Kapitalismus ist; dieser Kapitalismus weist Entwicklungsphasen und -arten auf, die nicht so sehr von ihm selbst, sondern von der Fähigkeit des Staates, sein Wachstum zu fördern und zu lenken, bestimmt wird.

Angesichts dieser Merkmale scheint es mir möglich, die Aktionen der italienischen Gewerkschaften im Laufe der letzten Jahre eindeutig beurteilen zu können. Indem ich zur anfänglichen Unterscheidung Galganos zurückkehre, glaube ich eine weitgehende Übereinstimmung in der Überzeugung feststellen zu können, daß es den Gewerkschaften gelungen ist, innerhalb der Betriebe bedeutende Erfolge zu erzielen. Luporini hat ganz richtig daran erinnert, daß während der letzten Jahre in den Fabriken eine starke Tendenz zur Abschaffung des garantismo und zur Beseitigung der Grenzen des garantismo, die das ›Statuto dei lavoratori‹ selbst gezogen hat, beobachtet werden konnte. Während einer Diskussion über »Demokratie in der Industrie« wurde neulich daran erinnert, daß die Suche der Arbeiter nach Formen des garantismo, die sich auf den Betrieb beschränken, wahrscheinlich zu einer verstärkten Dezentralisierung der Produktion und Behinderung des Umstellungsprozesses führt. Auf diese Weise scheint das Problem der ›Unverrückbarkeitsrate‹ der Arbeit heute einerseits eng verbunden mit der Möglichkeit, neue Formen der gesellschaftlichen Unternehmenskontrolle einzuführen, und andererseits mit der Fähigkeit, die Formen der Unternehmenskontrolle mit der allgemeineren Kontrolle der Industriepolitik zu verbinden.

In Anerkennung des großen Fortschritts, der mit den letzten Verträgen über Formen der gesellschaftlichen Unternehmenskontrolle erzielt wurde, müssen wir jedoch auch sehen, daß die Gewerkschaften im Bereich der politischen Beteiligung, gerade weil die beiden Momente zu stark gegeneinander abgegrenzt wurden, nicht mit der gleichen Intensität und dem gleichen Problembewußtsein agiert haben. Hier möchte ich mich nicht nur auf die Ereignisse berufen, die den Kampf um Reformen, der nach dem heißen Herbst begann, begleiteten: da war das große Streitgespräch, das mit der Erklärung abgebrochen werden mußte, daß weder im Bereich des Wohnungsbaus, noch im Bereich des Transportwesens, noch bei der Reform des Gesundheitswesens irgendein positives Resultat erzielt werden konnte. Ich möchte auch an das Scheitern jener Sondergespräche erinnern, die in Rimini begannen; auch an jene Auseinandersetzungen auf Gebietsebene über die Staatsbeteiligungen und den »Mezzogiorno«, die Treu auf dem letzten Kongreß des »Zentrums für die Staatsreform« in Florenz erwähnte.

Worauf ist dieses Scheitern zurückzuführen? Ich glaube, einer der Gründe dafür war, daß man nicht in der Lage war, einen Kampf zu führen, der diese Auseinandersetzungen zu einer allgemeineren Strategie zu entwickeln vermocht hätte, die die gesamten Einrichtungen im Bereich der Wirtschaftslenkung betroffen hätte. Ich wiederhole noch einmal, vielleicht ist die Eigenart des italienischen Modells des Kapitalismus, auf welches Galgano und Luporini hingewiesen haben, nicht in seinem ganzen Umfang erfaßt worden; ein »Modell«, das nicht zufällig auf so besondere Weise das Moment der politischen Vertretung von dem der Leitung und Kontrolle der Wirtschaft trennt. Was die Kontrolle der Wirtschaft betrifft, so glaube ich, daß die Gewerkschaften sich nicht mit den Problemen der Gesamtlenkung und Kontrolle der Wirtschaft auseinandergesetzt haben (zum Beispiel mit den Problemen bezüglich des Staatsschatzes und der Banca d'Italia, die bei der Kontrolle des Wirtschaftssystems eine privilegierte und oft sogar die einzige Rolle spielen), geschweige denn mit wirtschaftlichen Teilproblemen, wie mit der brennenden Frage der Staatsbeteiligungen. Es ist kein Zufall, daß die Gewerkschaften sich weder zu dem, was im Namen der Leitung der Staatsbeteiligungen geschieht, noch zu den Problemen, die Chiarelli in seinem Bericht aufgedeckt hat, noch vorher zu dem Antrag zur Reform der Staatsbeteiligungen geäußert haben. Der Grund für eine solche Haltung liegt vielleicht in der illusionären Vorstellung, daß Verhandlungen zwischen den einzelnen Gruppen genügen, um die Vorstellungen der Gewerkschaften über Investitionsentscheidungen zu realisieren. Tatsache ist jedoch, daß es entweder gelingt, die Vertragsverhandlungen auf Gruppenbasis an eine allgemeine Reform der Beteiligung zu binden, – wobei man die Abgetrenntheit vor allem in bezug zum System der politischen Vertretung aufbricht – oder auch die Gespräche auf Gruppenebene führen nur zu unbefriedigenden Ergebnissen. Genauso wurde das Problem der Politik für den »Mezzogiorno« nur sehr bruchstückhaft behandelt, wobei man versäumte, die beträchtlichen Erfolge, die im Bereich der Großbetriebe bei der Mitsprache über Investitionsentscheidungen erzielt wurden, an das Thema einer allgemeinen Reform der außerordentlichen Eingriffe und der Verwaltung zu knüpfen, die den »Mezzogiorno« in den seit langem bekannten Formen regiert.

Ich möchte jedoch behaupten, daß nicht nur hinsichtlich dieser, vielleicht zu »allgemeinen« Probleme, sondern auch in bezug auf konkretere Probleme – nehmt zum Beispiel das Industrieministerium und die Beziehungen, die der Industrieminister mit der Privatindustrie herstellt (ich habe vorher diesbezüglich die Gesetze 464 und 1470 zitiert) – noch nicht das Bewußtsein vorhanden ist, daß diese Regierungsform, dieses Regierungsmodell, das auf dem Prinzip des Klientelismus beruht, der Machtteilung und -trennung begünstigt, aufgebrochen werden muß, um zu weniger enttäuschenden Ergebnissen bei der Umstellung der Industrie und der Planung der Wirtschaft im allgemeinen zu kommen.

Zusammenfassend möchte ich bemerken: auch wenn es den Gewerkschaften gelungen ist, eine Auseinandersetzung um die Wirtschaftslenkung durchzusetzen, hat sich diese Auseinandersetzung mit der Regierung so entwickelt, wie sie heute aufgefaßt wird: sie betrifft den allgemeinen Kampf um die oben erwähnten Reformen oder die heutigen Probleme der Verteidigung der Beschäftigung.

Es ist völlig klar, daß wenn beispielsweise Innocenti in eine Krise gerät, die Gewerkschaften wieder in Verhandlungen mit einer Regierung treten werden, die einen unglaublich »ministeriellen« Charakter hat.

Was bedeutet das im Endeffekt? Bedeutet das, daß die Arbeitsplätze nur dann gesichert werden können, wenn es gelingt, die perverse Politik der Wirtschaftsförderung, so wie sie heute ist zu stärken; nur in dem Maße, wie man das Modell Gepi finanzieren kann, so wie es heute ist? All das scheint mir falsch zu sein, denn es läuft darauf hinaus;..

G. Napolitano. Die Finanzierung einer Reihe von Instrumenten und Gesetzen, wovon einige wirklich unheilvoll sind, für die Gewährung billiger Kredite beruht auf der Tatsache, daß es nicht gelang, die Gründung eines Fonds für die Umstellung der Industrie durchzusetzen, was eine Folge der vorzeitigen Auflösung des Parlaments und der Unstimmigkeiten innerhalb des linken Lagers war. Die Annahme der letzten Regierungsvorlage setzt nach den Wahlen einen neuen politischen Rahmen angesichts völlig widersprüchlicher Gesetzesbestimmungen: das Gesetz über den Mezzogiorno sieht die Neuordnung des gesamten Förderungssystems vor, während gleichzeitig alte Gesetze über Förderungsprogramme neu finanziert wurden. Jedoch das Gesetz über den Mezzogiorno gibt uns die Möglichkeit, die Finanzierung der Gesetze 464 oder 1470 anzufechten; dies ist glücklicherweise keine Entscheidung, mit der wir fünfzehn Jahre lang kompromittiert werden. Außerdem war eine unserer Bedingungen für die Gesetzesänderung zur Einrichtung eines Fonds für die Umstellung der Industrie die gleichzeitige Abschaffung von Gesetzen, wie 464 oder 1470.

S. Merlini. Dieses Beispiel scheint mir sehr zutreffend. Meiner Meinung nach muß man jedoch auch mit aller Deutlichkeit betonen, daß einer der Gründe, warum die Gesetzesvorlage zur Umstellung der Industrie nicht zur Abstimmung gebracht werden konnte, darin lag, daß diese Gesetzesvorlage ausschließlich von den Parteien, die die Regierung stützten, und auf Ministerialebene ausgehandelt wurde. Wenn es gelungen wäre, diesen Kampf ins Parlament hineinzutragen, wie Ingrao betont hat, so wäre es vielleicht nicht zu einer Finanzierung der Gesetze 464 und 1470 gekommen und vielleicht auch nicht zur Regierungskrise und zu vorgezogenen Wahlen. Doch ich frage mich, was haben die Gewerkschaften konkret dafür getan, daß dem Parlament als ihrem großen Gesprächspartner gerade in jener Phase das Recht zugesprochen wurde, in diese entscheidende Frage einzugreifen.

Die Gewerkschaften haben in Wirklichkeit nichts oder zu wenig dafür getan; auf dem Höhepunkt des Kampfes für die Umstellung der Industrie haben sie keinen Gebrauch von ihrem Gewicht gemacht, um eine Änderung zu erreichen, die von großer Bedeutung wäre.

C. Luporini. Schreibst Du das nur dem fehlenden Bewußtsein zu? Hier bin ich nicht einverstanden, denn meiner Meinung nach haben zumindest Teile der Gewerkschaftsbewegung begonnen, auch im Rahmen theoretischer Analysen sich ein solches Bewußtsein zu verschaffen. Ich habe hier die Unterlagen eines Kongresses über die italienische Industrie vor mir, der, wenn ich mich nicht irre, vor ungefähr einem Jahr in Turin stattgefunden hat, und auf dem man solche Grundprobleme zu stellen begann; Fragen bezüglich der Position der italienischen Industrie im Rahmen der internationalen Arbeitsteilung, wobei man die Notwendigkeit des Kampfes gegen eine untergeordnete Stellung vor allem im Bereich der Technologie erkannte. Meinem Eindruck nach sind die Gewerkschaftsbewegung und ihre Führungskader noch nicht in ihrer Gesamtheit von dieser Auffassung überzeugt.

S. Merlini. Dieser Präzisierung stimme ich zu; dennoch ist meiner Meinung nach eine klare Vorstellung über die strukturellen Voraussetzungen der kapitalistischen Wirtschaft Italiens noch nicht bis zur politischen »Ebene« vorgedrungen, wobei ich unter politischer Ebene das Problem der Institutionen verstehe: nämlich das Problem, daß in Italien zwischen einem bestimmten System der politischen Institutionen und diesem Modell des italienischen Kapitalismus eine enge Bindung besteht. Ich glaube, daß dieses Problem auf Gewerkschaftsebene noch nicht völlig erkannt ist, denn die Verhandlungen über die umfassenden Strukturreformen und für die Beschäftigung (die heute mit der Umstellung der Industrie und folglich mit dem Problem einer neuen Wirtschaftsleitung zusammenfällt) laufen weiterhin mit den gleichen alten Gesprächspartnern und auf demselben institutionellen Wege ab; man muß jedoch auch zugestehen, daß in letzter Zeit versucht wurde, mit Parteien und Regierung gleichzeitig zu verhandeln, ohne jedoch deutlich die Notwendigkeit einer Änderung dieses institutionellen Modells gemäß der neuen Forderungen der Gewerkschaft zu betonen.

Im Grunde genommen glaube ich, daß die Ausarbeitung jenes Konzepts der fortschrittlichen Demokratie, zu der Luporini in seiner Rede Stellung genommen hat, nicht ausschließlich den politischen Parteien übertragen werden kann.

Zum Beispiel muß die Rückgabe der Leitung und Kontrolle der Wirtschaft an die verschiedenen Volksvertretungen gleichzeitig zu neuen Interaktionsformen zwischen Gewerkschaften und Unternehmen, und zwischen Gewerkschaften und politischen Organen führen; es ist jedoch klar, daß einerseits diese bedeutendste (und der Verfassung am meisten entsprechende) Rolle der Gewerkschaften gemeinsam mit den Gewerkschaften und von diesen selbst aufgebaut werden muß; andererseits kann dieser Aufbauprozeß nicht einer »zukünftigen Demokratie« überlassen werden, sondern es müssen sofort eine Strategie und Formen für eine fortschreitende Realisierung und Erprobung entwickelt werden.

Unternehmer, Arbeiter, Staat: die Macht in der Fabrik. Eigentum an Produktionsmitteln und Unternehmensfreiheit. Wirtschaftliche Privatinitiative in der Verfassung.

L. Berlinguer. An dieser Stelle ist es angebracht, das Problem der Freiheiten aus der Sicht der anderen Seite der Gesellschaft zu betrachten und gleichzeitig unter dem Gesichtspunkt der gesamtwirtschaftlichen Erfordernisse. Ich befasse mich mit dem Problem *Eigentum* und *Unternehmen*, immer unter dem Aspekt, der für diese Diskussion interessant ist, nämlich unter dem der Freiheitsrechte. Dieses Problem muß auf den Tisch gebracht werden, denn augenblicklich ist die Rolle des Unternehmens groß im Gespräch, und von seiten der Confindustria hört man Äußerungen des Selbstmitleids (dort wird sogar auf gewisse Weise mit Wählerstimmen spekuliert); dies ist ein Problem von allgemeiner Bedeutung, über das meiner Meinung nach vom politischen und vom theoretischen Standpunkt aus mehr als bisher gesagt werden muß.

Kann man überdies, wenn man vom Unternehmen spricht, auch von Freiheit sprechen? Welchen Sinn hat der Artikel 41 der Verfassung, der die Betonung auf die freie *Privatinitiative* in der Wirtschaft legt, jedoch im folgenden Artikel offensichtlich zwischen Gestaltung und Schutz des Eigentums unterscheidet? Meiner Meinung nach müssen diese unterschiedlichen Problemstellungen genau definiert werden, um den Sinn unseres »wirtschaftlichen Pluralismus« zu verstehen, seine echten (nicht mechanischen) Beziehungen zum politischen, institutionellen, gesellschaftlichen und ideellen Pluralismus, der das Merkmal unseres Vormarsches zum Sozialismus und unserer Auffassung vom Sozialismus selbst ist.

Konkret gesagt erscheint mir die Klärung der Frage unerläßlich, ob man in diesem Bereich von Freiheit im eigentlichen Sinn des Wortes sprechen kann; hier muß die Vereinbarkeit zwischen den Rechten und Privilegien des Unternehmers (und des Eigentums) einerseits und den demokratischen Grenzen andererseits geklärt werden; diese können mit Hilfe der beiden Faktoren, die ihr genannt habt – Arbeiterkontrolle und Eingriff der öffentlichen Gewalten durch eine Programmierung –, errichtet werden.

Die vorigen Beiträge haben deutlich gemacht, daß Arbeiter und Gewerkschaften, auch wenn sie von den Entscheidungsgremien und der Leitung des Betriebs ferngehalten werden, doch zweifellos auf die Richtlinien der Unternehmenspolitik Einfluß nehmen können. Wie aber »verletzt« eine Programmierung, die sich nicht darauf beschränkt, Träume zu sammeln oder nur Anregungen zu geben, sondern auf demokratischem Wege den Entwicklungsmechanismus beeinflussen will, »die Freiheit der Initiative und der Unternehmensleitung«? Das Problem stellt sich tatsächlich sowohl unter rechtlich-konstitutionellem, als auch unter politisch-wirtschaftlichem Aspekt, vorausgesetzt jedoch, daß man nicht nur die doktrinäre, sondern auch die unmittelbar funktionale und praktische Dimension miteinbezieht; denn zweifellos wirft dieses Problem auch Fragen bezüglich Einkommen und Profit, sowie im Hinblick auf die allgemeinen Vereinbarkeiten auf und verbindet sich mit der Suche nach einer angemessenen Beziehung zwischen kleinerem und großem Unternehmen einerseits und zwischen öffentlichem und privatem Sektor andererseits.

Ich glaube, daß der zweite Teil unserer Debatte von diesen Fragen und Betrachtungen ausgehen kann, wobei natürlich neben den Erfahrungen unseres eigenen Landes auch die der sozialistischen Länder und der übrigen kapitalistischen Welt berücksichtigt werden müssen. Cesare Salvi wird jedenfalls meine Bemerkungen integrieren, um den Themenkomplex, zu dessen Diskussion wir Euch nun auffordern, deutlicher zu umreißen.

C. Salvi. Zu diesem Zweck müssen wir uns meiner Ansicht nach zwei Bemerkungen von Napolitano und Galgano beim weiteren Verlauf der Diskussion besonders vergegenwärtigen. Napolitano sprach vom Kampf um die Hegemonie an den Produktionsstätten, wobei er feststellte, daß im heutigen Unternehmen drei Kräfte sich durchzusetzen versuchen: dies sind neben dem Unternehmen die Macht der organisierten Arbeiter und die Macht des Staates.

Die Macht der organisierten Arbeiter im Betrieb erhält dann eine qualitativ neue Bedeutung, wenn die Gewerkschaften die Phase des garantismo überwinden, um Formen der »Einflußnahme« – um mit den Worten

Napolitanos zu sprechen – auf die Entscheidungsbefugnisse des Unternehmers zu entwickeln. Das entscheidende Moment zwischen der Phase des garantismo im Betrieb und der Konsolidierung jener neuen Phase stellt zweifellos das ›Statuto dei lavoratori‹ dar. Seit 1970 hat die Gewerkschaftsbewegung mit aller Entschiedenheit jedes Modell der »Mitbestimmung« abgelehnt, und ist seit dieser Zeit dazu übergegangen, Formen des Eingriffs in die Leitung des Unternehmens, die durch Verträge rechtlich festgelegt wurden, zu entwickeln.

Außerdem gibt es heute im Betrieb noch eine andere bedeutende Macht, die des Staates. Wenn auch die christdemokratische Regierung zu einer klientelistischen und unsozialen Ausübung dieser Macht geführt hat, so sind allerdings auch die rechtlichen Mittel für eine entscheidende Einflußnahme des demokratischen Staates auf die Unternehmensleitung vorhanden: direkte Intervention auf dem öffentlichen Sektor, indirekte, jedoch nicht weniger wirkungsvolle Intervention – man denke hier nur an einige Instrumente, die die Gesetzgebung zur Wirtschaftsförderung vorsieht – auf dem Privatsektor.

Auf diese Wirklichkeit hat sich Galgano bezogen, als er von den beiden Möglichkeiten der Mitwirkung durch die Arbeiter an der Unternehmensführung gesprochen hat: als Bürger durch die aktive Beteiligung am öffentlichen Leben mit dem Ziel einer demokratischen Reformierung von Unternehmensstruktur und Wirtschaftsordnung im allgemeinen – zum anderen direkt als Arbeiter durch Formen der Beteiligung an den Unternehmensentscheidungen, die die Gefahr der »Mitbestimmung« vermeiden, indem sie nicht auf einer gemeinsamen, sondern kontroversen Auffassung vom Unternehmen basieren, entsprechend der Perspektive der Arbeiter- und Gewerkschaftsbewegung in Italien, wie sie auch im ›Statuto dei lavoratori‹ zum Ausdruck kommt.

Wie Galgano betont hat, ergänzen sich diese beiden Formen der Mitwirkung und schließen sich nicht gegenseitig aus. In diesem Sinne wird die immer wieder auftretende Gegenüberstellung von »Arbeiterdemokratie« (oder »Demokratie in der Industrie«) und der Stärkung der demokratischen Macht, die im Netz der Volksvertretung zum Ausdruck kommt und im Parlament zusammenläuft, zurückgewiesen. Dies bedeutet natürlich nicht, daß beim Aufbau einer Arbeitermacht an den Arbeitsstätten die fundamentale Notwendigkeit der Sozialisierung außer acht gelassen werden darf, die zur Überwindung der Trennung zwischen Arbeiter und »Besitz« der Produktionsmittel führt.

Zur Weiterführung der Diskussion können zwei verschiedene Überlegungen zu diesen Problemen angestellt werden.

In erster Linie berühren das Recht auf Information und die »Konfrontation« über Investitionsentscheidungen – die zwei wesentlichen Ausdrucksmomente der Forderung der Arbeiter nach Kontrolle – zentrale Elemente des kapitalistischen Unternehmens und seines »privaten Charakters«. Zwar scheinen die Kapitalisten nun nicht die Auffassung vom unbegrenzten und unteilbaren Machtanspruch der Unternehmen bis zum

Äußersten verteidigen zu wollen, was sich auch in den Äußerungen gewisser Unternehmerkreise über eine mögliche Mitbestimmung gezeigt hat. Außerdem wird die wesentliche Funktion der neuen »Interventionsrechte«, die die Arbeiter errungen haben, nur in der Praxis zum Tragen kommen. Mir scheint, daß es auch innerhalb der Gewerkschaftsbewegung unterschiedliche Standpunkte gibt: z. B., über die Frage, ob man jene Rechte im engen Sinn als Garantien verwenden soll, als Instrumente zur Verteidigung der Arbeitsplätze – auch unter dem Risiko des eventuellen Nachgebens in anderen Bereichen.

Bei der Bestimmung der wirklichen Bedeutung der Kontrollformen darf man auch die andere Seite nicht übersehen, nämlich Struktur und Konzeption des Unternehmens im Rahmen eines gesamtgesellschaftlichen Transformationsprogramms zu definieren: dieses Problem scheint meiner Meinung nach in der Rede Napolitanos deutlich zum Ausdruck gekommen zu sein.

Andererseits überschreitet das Recht auf Information als Instrument der Mitsprache und folglich als Instanz der Freiheit in hohem Maße den Rahmen der Beziehungen Arbeiter – Unternehmen, um sich mit der allgemeinen Forderung nach kollektiver Aneignung der technischen Daten zu verbinden, um am politischen Entscheidungsprozeß mitzuwirken.

Diese Beobachtung führt zu weiteren Überlegungen hinsichtlich der Beziehung zwischen Arbeiterkontrolle und Befugnissen der Volksvertretungen.

Die Beziehungen zwischen den betrieblich organisierten Arbeitern und den demokratischen Entscheidungszentren der Wirtschaftspolitik wickeln sich auf einer gemeinsamen Ebene der unternehmensspezifischen Produktionsentscheidungen ab; sie ergänzen sich vom dialektischen Standpunkt aus, da sie widersprüchliche Momente nicht ausschließen. Man denke hier nur an das Problem der Umstellung der Industrie, das heute dringender ist denn je und im Gegensatz dazu an die Tendenz der Arbeitskräfte zur Unverrückbarkeit, die Napolitano vor kurzem erwähnt hat. Man kann sich auch mit den Möglichkeiten auseinandersetzen, daß sich der Unterschied der *Mittel* zwischen den repräsentativen Institutionen und der betrieblichen Gewerkschaftsaktion, von der Galgano sprach, in bestimmten Fällen zu unterschiedlichen *Zielvorstellungen* entwickeln kann. Ich glaube, daß dies nur ein Teilaspekt eines viel umfassenderen Problems ist, nämlich des Verhältnisses zwischen Partei und Gewerkschaft. Außer der Anerkennung der gewerkschaftlichen Freiheit scheinen andere Möglichkeiten einer institutionellen Lösung des ob und wenn jeglicher Form des Eingriffs von seiten der Arbeiter in die Unternehmenslenkung ausgeschlossen zu sein. Aber gerade das ist eine institutionelle Lösung; es bleibt jedoch das politische Problem, die unterschiedlichen Interessen innerhalb der Arbeiterbewegung mit den einzelnen Entscheidungen im Produktionsbereich auf einen Nenner zu bringen, was eine klare Definition der Mitwirkung der Gewerkschaft bei den allgemeinen Entscheidungen im Bereich der Planung, gemäß der von Napolitano aufgezeigten Perspektive erfordert. Schließlich kann man, um das Bild abzurunden, noch darauf hinweisen, daß die Kontrolle der Arbeiter dahin tendiert, aus den Fabriken herauszugehen, um sich auf den Bereich der gesellschaftlichen Bedürfnisse auszudehnen (Erfahrung der Gebietsräte), wobei sie in direkten Kontakt mit den verschiedenen Strukturen der demokratischen Organe auf lokaler Ebene treten.

Ich möchte noch einige Bemerkungen machen zu den beiden anderen Problemen, die Luigi Berlinguer angeschnitten hat.

Das erste Problem bezog sich auf das Verhältnis zwischen »Unternehmen« bzw. »wirtschaftlicher Initiative« und »Eigentum« wie auch auf die Möglichkeit einer Einschätzung der ersten der beiden Faktoren, die von der Eigentumsform der im Unternehmen verwandten Güter abstrahiert.

Das Problem der Eigentumsform fällt nicht mit der Art des Besitzes zusammen – d. h., ob das Eigentum öffentlich oder privat ist –, sondern betrifft eher die Form der Aneignung. Wir haben es also einerseits mit dem Problem der Strukturierung des öffentlichen Eigentums und der Entscheidungsprozesse in diesem Bereich zu tun. Die Anwendung des Privatrechts auf die wirtschaftlichen Aktivitäten der öffentlichen Hand – der privatrechtlichen Strukturen des Eigentums als Grundlage für die Ausübung der staatlichen Wirtschaftsinitiative – hat übrigens zu den Entartungen im Bereich der Leitung des öffentlichen Wirtschaftsbereiches geführt.

Andererseits stellt sich im Rahmen des neuen Entwicklungsmodells auch das Problem, welche Rolle der Privatbesitz an Produktionsmitteln spielen und welche Art von Garantien man dafür gewähren soll.

Hierzu kommt noch ein anderer Aspekt, nämlich das juristische Problem bezüglich der unterschiedlichen Bewertung von wirtschaftlicher Privatinitiative zur Realisierung von Profiten einerseits, und von Privateigentum als Einkommensquelle andererseits.

Offensichtlich führen alle bisher angeführten Aspekte auf unterschiedlichem Wege zur Verfassung und zur Frage der Interpretation von Art. 41 zurück. Es wurden Stimmen laut, die behaupten, daß dieses Gesetz die wirtschaftliche Privatinitiative als Freiheit des Individuums anerkennt. Andererseits beweist dieses Gesetz vor allem im Zusammenhang mit den Grundrechten, daß diese Freiheit keinen absoluten Schutz genießt. Es handelt sich also um eine Freiheit, deren Gewährleistung sich qualitativ unterscheidet von der der bürgerlichen Freiheiten zum Beispiel.

In der Tat fordert die Interpretation der wirtschaftlichen Initiative als Freiheit nicht ihre Gleichsetzung mit den Freiheitsrechten gemäß der Theorie der subjektiven öffentlichen Rechte; sonst könnte sie wohl kaum zu etwas anderem führen, als dem Unternehmer eine zentrale und entscheidende Rolle bei den Entscheidungen über die Organisation der Produktionsfaktoren zuzuweisen. Unabhängig vom Inhalt der in der Verfassung verankerten Grundrechte und insbesondere unabhängig von Artikel 41 könnte das »Unternehmerrecht« vielleicht so verstanden werden, daß der Unternehmer die technische Leitung der Betriebs- und der Produktionsorganisation innehat, ausgestattet mit einem autonomen Spielraum, der von den Direktiven der politischen Organe nach einem festen Modus bestimmt wird, ohne die Frage des öffentlichen oder privaten Besitzes der Produktionsmittel zu berühren. Welchen Stellenwert hat nun die Garantie der Verfassung, und an welche Grenzen stößt der Gesetzgeber, wenn es um das Privatunternehmen geht? Diese Grenze könte auf die Respektierung der gesetzlich festgelegten Reserve zurückgeführt werden, wodurch dem Unternehmen ein fester Bezugsrahmen und Gewißheit bezüglich seiner rechtlichen Situation gegeben werden könnte. Es kann jedoch nicht verborgen werden, daß sowohl das Verfassungsgericht, als auch weite juristische Kreise eine andere, für die Privatinitiative günstigere Interpretation von Artikel 41 vorschlagen mit der Begründung, daß dieses Gesetz im Zusammenhang mit Artikel 42 für den Privatbesitz bestimmte Vermögenssituationen und die Möglichkeit der Profiterzielung garantiere, wobei sie sogar so weit gehen zu behaupten, daß die Entscheidung der Unternehmer im Bereich der Produktionsorganisation Vorrang habe. Es handelt sich um Interpretationen von großer Relevanz von dem Moment an, wo sie zur Abschaffung von Rechten durch den Verfassungsgerichtshof führen. Andererseits genügt es wohl nicht, die Frage der Garantien, die die Verfassung für die Privatinitiative vorsieht von den Garantien zu trennen, welche in der heutigen Situation Italiens einen Weg zur Transformation der Gesellschaft unter Führung der Arbeiterbewegung bieten können.

Eine Tatsache ist in diesem Zusammenhang festzuhalten, die als Ausgang für neue Überlegungen dienen kann. Die Verfassung sieht Prozeduren vor, wie ihre Normen revidiert werden: grundsätzlich scheint mir die Forderung, einige Passagen der Verfassung zu revidieren, nicht im Widerspruch zu einem Programm der gesellschaftlichen Transformation unter Berücksichtigung der Prinzipien des Grundgesetzes zu stehen.

Die Beziehung Staat-Unternehmen im Rahmen der Verfassung und in der Realität Italiens. Unternehmerfreiheit, gesellschaftliche Kontrolle und Aufgaben der Leitung der politischen Macht.

S. Merlini. Ich möchte die Ausführungen Salvis aufgreifen und Artikel 41 der Verfassung im Zusammenhang mit einigen Problemen, die uns in diesem zweiten Teil vorgestellt wurden, untersuchen.

Eine vielleicht etwas provokatorische Behauptung möchte ich voranstellen, die jedoch meiner Meinung nach grundsätzlich mit Geist und Buchstaben der Verfassung in Einklang steht. Ich stelle fest, daß nach Artikel 41 die freie wirtschaftliche Initiative eine der Freiheiten mit der geringsten Garantie ist, genauso wie das Unternehmen eine der konstitutionellen Formationen der Gesellschaft mit den wenigsten Garantien ist, vorausgesetzt, daß das Unternehmen im ursprünglichen Sinn des Wortes als »gesellschaftliche Formation« begriffen werden kann.

Wenn man Artikel 41 genau liest, so kann man feststellen, daß, wenn auch die freie Initiative in der Wirtschaft und das Unternehmertum als solches gewährleistet sind, sofern es sich um ihr allgemeines »Recht auf Unterstützung« handelt, so sagt die Verfassung doch nichts über das Problem der quantitativen Expansion des Privatunternehmens, d. h. über die Beziehung zwischen öffentlichem und privatem Unternehmen aus; diese Frage hat offensichtlich nichts mit Nationalisierung und Sozialisierung zu tun, für die Artikel 43 eine Lösung vorsieht.

So bietet uns die Verfassung hinsichtlich des Verhältnisses zwischen freier Initiative und freiem Unternehmertum einerseits, und den Zielen, die mit ihrer Hilfe erreicht werden können andererseits, eine ziemlich restriktive Interpretation dieser Freiheiten an, da sie deutlich feststellt, daß die Ziele des Unternehmens durch das Gesetz nicht nur festgelegt werden können, sondern sogar festgelegt werden müssen; dies kann mit Hilfe von Gesetzen geschehen, die den gesellschaftlichen Nutzen des Unternehmens näher bestimmen, oder mit Hilfe von Gesetzen über Planung, die die wirtschaftlichen Entscheidungen des Unternehmens bestimmen.

Die Verfassung gewährt nicht einmal für die innere Organisation des Unternehmens Garantien, was bedeutet, daß das Gesetz zwar einerseits nicht die Möglichkeit hat, die inneren Strukturen von politischen Parteien zu regeln, andererseits jedoch die inneren Organisationsformen des Betriebs festlegen kann.

Nun, diese Aussage, der ich eine »provokatorische« Wirkung zugeschrieben habe, die aber meiner Meinung nach in Wirklichkeit nur sehr bedingt provozierend ist, hat Predieri vor vielen Jahren in seinem Buch »Planung und Verfassung« in ihrer Substanz behandelt; ich möchte jedoch wiederholen, daß der Tenor dieser Abhandlung dahingeht, daß das Unternehmen die gesellschaftliche Formation ist, die von der Verfassung am wenigsten gewährleistet wird, vorausgesetzt, daß man hier von einer gesellschaftlichen Formation sprechen kann.

Wie sieht im Hinblick auf diese Verfassungsgrundlage die heutige Situation jedoch in groben Zügen aus? Wir können feststellen, daß das Unternehmen gegenwärtig ausschließlich durch die Präsenz und Aktion der Gewerkschaften in den Betrieben bestimmt wird; hier spielen einerseits die Vorschriften des ›Statuto dei lavoratori‹ eine Rolle, die im wesentlichen zwar Garantieformen sind, jedoch die absolute Freiheit des Unternehmens als solchem immerhin erheblich einschränken, und andererseits die letzten Erfolge der Gewerkschaftsbewegung, die die Information und die Auseinandersetzung über Investitionen usw. betreffen.

In welcher Situation befindet sich demgegenüber heute der Staat, der gemäß Artikel 41 der Verfassung eigentlich die notwendigen Grenzen ziehen, sowie die Initiative in der Wirtschaft und das Unternehmen lenken sollte? Er hat dieses Recht nicht ausgeübt; und nicht nur das, sondern wir befinden uns in der genau entgegengesetzten Situation zu Artikel 41, in dem Sinne, daß die Beziehung Staat-Unternehmen bis heute die der Unterstützung ohne Gegenleistung geblieben ist.

Durch die vorher genannten Mechanismen wurde den Unternehmen, vor allem den Oligopolen, eine Reihe von Hilfeleistungen in der Form von Investitionsförderung, Steuererleichterungen usw. gewährt, ohne irgendeine Gegenleistung zu fordern; ich glaube nämlich, daß niemand ernsthaft behaupten will, daß Gesetze der von mir zitierten Art solche wirtschaftlichen Förderungsmaßnahmen des Staates an die Forderung nach »sozialen« Leistungen von Unternehmensseite knüpfen.

Im Grunde genommen wird Hilfe gewährt, ohne etwas dafür zu verlangen. Dies ist eine Situation, die in starkem Kontrast zur Verfassung steht; denn falls der Staat theoretisch die Möglichkeit hätte, sich Beziehungen mit dem Unternehmen zu entziehen, so besteht im Augenblick der Aufnahme von stabilen und dauerhaften Beziehungen (welche ja schon in der Struktur von Unternehmen und Staat aufgrund der Voraussetzungen des italienischen Kapitalismus angelegt sind) die konstitutionelle Verpflichtung, die Bereitstellung von Geldern wie auch die Förderungsmaßnahmen an eine Planung der Wirtschaft zu binden, sowie Richtlinien und Ziele der Unternehmenstätigkeit festzulegen.

Dies alles scheint mir von großer Wichtigkeit, denn es trägt auch dazu bei, daß wir erkennen, welchen Charakter der Pluralismus in unserer Verfassung haben kann und muß. Ich erwähnte eingangs, daß die Verfassung keine quantitativen Regeln bezüglich des Pluralismus aufstellt, was bedeutet, daß neben der staatlichen Wirtschaftsinitiative die Möglichkeit und die Pflicht zur Aufrechterhaltung der Privatinitiative bestehen.

Welches Gleichgewicht muß zwischen diesen beiden Polen herrschen? Hierzu möchte ich mich auf die jüngste »Lektüre« von Mortari über das pluralistische Wirtschaftssystem beziehen; Mortari sagt, daß Pluralismus ausschließlich im Bereich der Beschäftigungspolitik gelten muß; das heißt, daß das Verhältnis zwischen öffentlicher und privater Wirtschaftsinitiative an den Fähigkeiten und Möglichkeiten der Privatinitiative gemessen werden muß, die diese zur Gewährleistung des Rechts auf Arbeit – eines der Grundprinzipien der Verfassung der italienischen Republik – einsetzt.

Wenn wir hingegen die Entwicklung des Verhältnisses zwischen Staat und Unternehmen in Italien in den letzten Jahren betrachten, dann wird uns klar, daß man in Wirklichkeit nicht fähig war, die Realisierung dieser Verfassungsnorm zur Bedingung für jenes Verhältnis und die Wahrung einer Gleichgewichtssituation zwischen öffentlichem und privatem Unternehmen zu machen.

Ausgehend von diesen Betrachtungen müssen wir die Frage nach den geeigneten Mitteln stellen, nicht um ein neues System des Pluralismus zu errichten, (was schon aus strukturellen Gründen sehr unwahrscheinlich wäre) sondern um die Aktionen des Staates gegenüber dem Unternehmen an den Zielen der Verfassung zu orientieren.

Das heißt mit anderen Worten, daß die Situation des italienischen Kapitalismus analysiert werden muß, damit jenes enge Verhältnis, das seit vielen Jahrzehnten und aller Voraussicht nach auch in der Zukunft vor allem mit der Großindustrie besteht, im Sinne der Verfassung ausgerichtet wird, – aber mit welchen Mitteln? Ich glaube, wir müssen wieder zur Diskussion über Wirtschaftsplanung und Wirtschaftsprogramme zurückkehren, die schon zu lange von den Kräften der Linken aufgegeben worden ist, wobei mit aller Deutlichkeit betont werden muß, daß Wirtschaftsplanung nicht einfach den Charakter von unverbindlichen Richtlinien haben darf, sondern imstande sein muß, das Unternehmenssystem tatsächlich zur Annahme der Ziele, die die politische Macht bestimmt, zu bewegen.

Mit welchen Mitteln? Mit allen Mitteln, die es bereits in der italienischen Gesetzgebung gibt und die nie ernsthaft in Frage gestellt wurden, die jedoch bis heute nur zum Teil angewandt worden sind. Man glaubte, nur auf dem Wege über Wirtschaftsprogramme und durch wirtschaftliche Förderungsmaßnahmen Einfluß auf die Unternehmenspolitik nehmen zu können, während ein ganz anderes Instrumentarium zur Verfügung steht, zum Teil mit imperativem Charakter, das von der Preiskontrolle über die Kontrolle des Außenhandels bis zur Verhandlungspflicht etc. reicht; all diese Instrumente müssen nicht unbedingt eingesetzt werden, aber unter bestimmten Voraussetzungen ist die Möglichkeit dazu gegeben; im Grunde genommen glaube ich, daß man eine Wirtschaftsplanung erreichen muß, bei der man sich im klaren ist, daß auf die Unternehmen eben nicht nur mittels einer Politik der Förderungsmaßnahmen eingewirkt werden kann. Diese Illusion beherrschte das Aushandeln der Programme für Süditalien; ich glaube, daß das Scheitern dieses Experiments so aufsehenerregend ist, daß es uns zum Nachdenken über die Wahl der Instrumente, wie auch über das Problem der Planungskapazitäten zwingen muß.

Neben diesem Problem muß die Notwendigkeit eines leistungsfähigeren Kontrollsystems nachdrücklich betont werden. Einige der Kontrollen müssen von der Öffentlichkeit, d. h. von Organen der politischen Macht ausgeübt werden, die jedoch, wie Galgano vor kurzem in einer Diskussion erwähnte, erst noch geschaffen werden müssen, auch nach der Einrichtung der Consob; überdies können und müssen diese Kontrollen umso strenger sein, je tiefer das Verhältnis zwischen Staat und Unternehmen ist, wie ich vorher schon sagte.

Außer diesen Kontrollen mit sozusagen politischem Charakter müssen wir jedoch fähig sein, gesellschaftliche Formen der Unternehmenskontrolle zu »erfinden«, die der Leitung von Gewerkschaftsvertretern zu unterstellen sind. Wie alle betont haben, scheinen die jüngsten Verträge einen Schritt in dieser Richtung darzustellen.

Es muß jedoch die Notwendigkeit unterstrichen werden, daß diese »gesellschaftlichen Kontrollen« sich nicht in Kontrollformen erschöpfen, die hinter den Mauern des einzelnen Betriebes ablaufen ohne Bezug zu den Instrumenten der politischen Einflußnahme und Kontrolle im Bereich der Wirtschaft und des Unternehmens. Die Aufgabe der neuen Programme muß ganz im Gegenteil darin bestehen, die konkreten Voraussetzungen für die Auseinandersetzung und Konsultationen zwischen der Gewerkschaft – begriffen auch als innerbetriebliche Bewegung –, den politischen

Vertretern und dem autonomen Unternehmertum zu schaffen.

Ich glaube, daß diese drei Elemente für die nächste oder weitere Zukunft ein Charakteristikum der italienischen Industrie bleiben werden. Ich glaube außerdem, daß man versuchen muß, sie gleichzeitig einzusetzen, wobei jedoch die Rolle der Hegemonie und Leitung der politischen Macht übertragen werden muß, die sie gemäß realistischer und funktionsfähiger Unternehmensplanung auszuüben hat.

Unternehmensfreiheit, demokratische Programmierung und Verfassung. Planung, Markt und Eigentumsformen der Produktionsmittel, Pluralismus in Politik und Gesellschaft, Wirtschaftsstruktur und Aufbau des Sozialismus.

G. Napolitano. Offenbar ist zwischen dem ersten und zweiten Teil unserer Diskussion eine gewisse Kontinuität festzustellen. Das Problem der Unternehmerfreiheit ist in letzter Zeit erneut aufgetaucht, nachdem die Arbeiterorganisationen im Laufe der vergangenen Jahre neue Garantien, von denen wir vorher gesprochen haben und neue Interventions-und Kontrollrechte bezüglich der Leitung der Unternehmen errungen hatten.

Gerade die Aneignung bzw. Forderung dieser neuen Rechte durch die Gewerkschaften hat das Problem einer möglichen Mißachtung der Unternehmerfreiheit aufgeworfen; die Frage der Garantie der umfassenden Unternehmerfreiheit wurde zur Frage der Gewährleistung der demokratischen Freiheiten im allgemeinen gemacht, wie Luigi Berlinguer es beschrieben hatte.

Mir scheint, daß dieses Problem auch von seiten der wichtigsten Vertreter des Unternehmertums deshalb so dramatisiert wurde, weil sich vielleicht zum ersten Mal im gegenwärtigen politischen Rahmen und nicht nur bezüglich der Forderungen und Erfolge der Gewerkschaften die Möglichkeit gezeigt hat, verfassungsmäßige Grundrechte wie jene im Bereich der Planung und Kontrolle, die die Privatwirtschaft zur Verfolgung bestimmter Ziele der Gesellschaft veranlassen können, zu realisieren.

Zum ersten Mal bot sich auf politischer und gesellschaftlicher Ebene die Möglichkeit zur demokratischen Erstellung von Programmen als Resultat eines langen Prozesses, der in den Entscheidungen der Volksvertretungen und des Parlaments gipfelt; sie sind ein Instrument zur wirksamen Lenkung der Privatinitiative und bieten außerdem die Möglichkeit zu echten Kontrollen, mit deren Hilfe die Entscheidungen des Privatunternehmens auf ihre Übereinstimmung mit den vorgegebenen gesellschaftlichen Zielen überprüft werden kann; diese Kontrollen – ich schließe mich der Meinung Galganos an – sind nicht ausschließlich als Kontrollen der öffentlichen Gewalten zu verstehen, sondern auch als Kontrollen von unten, von den Arbeitervertretern, zumindest innerhalb der Großunternehmen.

Ich halte also eine angemessene Reaktion auf die Dramatisierung von seiten der großen Unternehmerverbände für erforderlich, wie auch die Betonung der absoluten verfassungsmäßigen Legitimität, ja der Pflicht im Sinne der Verfassung, Programme und Kontrollen zu schaffen, um die Privatinitative mit Zielen, die von der Gesellschaft bestimmt werden, in Einklang zu bringen.

Das bedeutet keineswegs die Abschaffung der Unternehmensfreiheit, vorausgesetzt, daß sie als freie Initiative oder Entscheidungsfreiheit innerhalb der Grenzen eines bestimmten, jedoch sehr weiträumigen Gebietes mit verschiedenen Möglichkeiten, deren gesellschaftlicher Wert von den öffentlichen Gewalten sanktioniert wird, sowie als das Recht auf Gewinnstreben verstanden wird, wobei den Unternehmen zusätzlich das letzte Wort bei Programmentscheidungen vorbehalten wird und als Freiheit, einen Gewinn anzustreben.

Wie läßt sich nun diese Freiheit mit dem Eingriff von seiten der Arbeiter und der öffentlichen Gewalten im Sinne einer Lenkung und Kontrolle vereinbaren? Über vieles stimme ich mit Merlini überein. Die Verständigung findet im Rahmen einer demokratischen Planung statt, die weder ausschließlich richtungsweisenden, noch zwingenden, noch administrativen Charakter hat. Mir scheint, daß eine bestimmte Art von Planung, die nicht nur unverbindlichen bzw. zwingenden Charakter hat, möglich ist; denn in der Tat verfügt der Staat, und in besonderem Maße der italienische über sehr wirkungsvolle Maßnahmen zur Lenkung der Investitionen und wirtschaftlichen Initiativen der Privatunternehmer, und stärker noch der öffentlichen Unternehmer, zur Realisierung gesellschaftlich notwendiger Ziele, ohne deren fundamentale Freiheiten zu verletzen.

Ich würde nicht einmal so stark zwischen den Instrumenten der Wirtschaftsförderung und anderen Instrumenten unterscheiden, wie Merlini es getan hat, denn offensichtlich kann Wirtschaftsförderung unterschiedliche Bedeutung haben: es kann eine solche Förderungspolitik sein, wie sie bislang praktiziert wurde und die darin bestand, verschiedenartige Erleichterungen ohne entsprechende Gegenleistung zu gewähren, um so der Verpflichtung zur Realisierung bestimmter gesellschaftlicher Interessen nachzukommen; es können jedoch andererseits Förderungsmaßnahmen sein, die entsprechend zur Realisierung dieser Ziele eingesetzt werden.

Ich bin der Meinung – um es noch einmal klar zu sagen –, daß es nicht darum geht, den Privatunternehmer an der Durchführung bestimmter Entscheidungen zu hindern, sondern ihm ein ganzes Feld von Möglichkeiten vorzustellen, die für die Gesellschaft wertvoll sind; selbst wenn er sich für andere Wege entscheidet, die den gesellschaftlichen Interessen zuwiderlaufen, so würde man ihn nicht an der Durchführung hindern, sondern der Staat würde alle Mittel, über die er zur Ermutigung bzw. Entmutigung verfügt, einsetzen, um auch noch eine spätere Korrektur der Unternehmerentscheidung zu erzwingen.

Wir haben von wirtschaftlichen Förderungsmaßnahmen gesprochen; im Hinblick auf eine künftige Neugestaltung der Finanzverwaltung, die dieses Namens würdig ist, kann man auch steuerliche Maßnahmen und eine ganze Reihe anderer Maßnahmen nennen; es darf auch jenes wirksame Mittel der Intervention, Druckausübung und Steuerung, von dem wir vorher sprachen, nicht vergessen werden, nämlich das der gewerkschaftlichen Aktion.

Im Zusammenhang mit der verfassungsmäßigen Unternehmerfreiheit möchte ich noch einmal hervorheben, wie wichtig es für die öffentlichen Gewalten und auch die Arbeiterorganisation ist, über Daten verfügen zu können, die, wie Galgano vorschlägt, durch Demokratisierungsprozesse im Unternehmen Allgemeingut werden und in erster Linie über die Verwertung der Unternehmergewinne Klarheit verschaffen sollen. Ich will jedoch jetzt auf das Problem des Pluralismus zu sprechen kommen und untersuchen, welchen Stellenwert es in unserer Konzeption von Weg und Aufbau des Sozialismus einnimmt.

Wir übernahmen den Begriff des Pluralismus in der Absicht, unsere Position gegenüber den Erfahrungen anderer kommunistischer Parteien beim Aufbau sozialistischer Gesellschaftssysteme abzugrenzen. Wir wollten den eindeutig demokratischen Charakter unserer Perspektive für einen Weg zum Sozialismus und für den Aufbau der sozialistischen Gesellschaft nachdrücklich betonen, weshalb es uns wichtig schien, ihn durch einige Elemente näher zu bestimmen: wir wollen nicht nur Parteienvielfalt, sondern auch Vielfalt der politischen, sozialen und kulturellen Beiträge zum Entscheidungsprozeß, die auch außerhalb der Parteistrukturen liegen können: ein System mit autonomen Elementen, zu denen unter anderem die Autonomie der Gewerkschaften zählt, der ganz besondere Bedeutung zukommt; es bietet den gesellschaftlichen, politischen und kulturellen Aktivitäten eine möglichst breite Skala von Ausdrucksmöglichkeiten.

In diesem Rahmen wollten wir ohne Zweifel unsere Perspektive von anderen Erfahrungen unterscheiden, auch was die Art der Planung, Programmierung und Lenkung der Wirtschaft betrifft.

Ich glaube, daß wir gewisse Mechanismen vermeiden müssen; wir sind der Meinung, daß Parteienvielfalt und Vielfalt der politischen, gesellschaftlichen und kulturellen Beiträge auch in einer Gesellschaft möglich ist, in der grundsätzliche Klassenantagonismen allmählich abgebaut werden. Schon seit geraumer Zeit hat ein Parteienverständnis, nach dem die Parteien nur eine Nomenklatur der gesellschaftlichen Klassen darstellen, in unseren Augen keine Gültigkeit mehr; gleichzeitig jedoch müssen wir uns gewisser Zusammenhänge gewußt sein, ohne jedoch in Mechanismen zu verfallen.

Wir müssen jetzt versuchen, jene Probleme beim Namen zu nennen. Warum war uns daran gelegen, unsere Perspektive gegen andere Erfahrungen abzugrenzen, auch was die Art der Planung betrifft?

Ganz allgemein gesagt, vor allem deshalb, weil eine Planung mit administrativem Zwangscharakter unserem Demokratieverständnis widerspricht und in verschiedener Hinsicht zu negativen Folgen geführt hat: im Bereich der wirtschaftlichen Leistungsfähigkeit auch in bezug auf die optimale Ausnützung der vorhandenen Mittel, was auf die Lähmung der Einzelinitiative und Verantwortung der Einzelnen im Wirtschaftsprozeß, d. h. der einzelnen Individuen, aber vermutlich auch der Betriebskollektive zurückzuführen ist; das bedeutet, daß Reaktionen und Impulse des Marktes unterdrückt wurden, wobei unter Markt eine Vielzahl von Subjekten zu verstehen ist, die die Basis der Produktionsorganisation darstellen, und die von der Produktion erreicht werden sollen.

Wir dürfen jedoch hier nicht stehenbleiben, wobei wir uns bewußt sein müssen, daß solche Probleme der Beseitigung negativer Folgen eines Planungstyps mit administrativem Zwangscharakter ebenso in einem System mit vergesellschafteten Produktionsmitteln wie auch in einem beliebigen anderen System auftreten können.

Wir dürfen die jahrzehntelangen Diskussionen nicht vergessen, wie die, die von Mises in den zwanziger und dreißiger Jahren eröffnete; rufen wir uns die beiden Positionen, die sich im Laufe der Debatte herausgebildet hatten, in's Gedächtnis zurück: auf der einen Seite die Position, vertreten durch von Mises und Hajek und auf der anderen Seite die Position von Dickinson und Oskar Lange. Beide Seiten setzten ein System mit verstaatlichten Produktionsmitteln voraus. Während die einen verneinten, daß in einem solchen System eine rationelle Wirtschaftsplanung möglich sei, behaupteten die anderen, daß auch in einem solchen System, bzw. gerade in einem solchen System eine rationelle Wirtschaftsplanung möglich sei, und sie behaupteten außerdem, daß aufgrund seiner Struktur die Einrichtung einer Vielzahl von Entscheidungszentren möglich sei. Dickinson sprach von der Möglichkeit, Modelle eines dezentralisiertem Sozialismus zu entwerfen, wo die Entscheidungen auf Unternehmerebene getroffen werden, oder auch von einem System, in dem, wie er es nannte, »eine Art Trugbild« der kapitalistischen Wirtschaft oder der Marktwirtschaft im Inneren einer sozialistischen Gesellschaft existiert, die auf dem öffentlichen Besitz der Produktionsmittel basiert. In der Tat wurden dann seit Ende der fünfziger Jahre in den sozialistischen Ländern sehr widersprüchliche Erfahrungen mit den Wirtschaftsreformen gemacht, was zu einer neuen Kombination von Zentralisierung und Dezentralisierung, von Planwirtschaft und marktwirtschaftlichen Elementen geführt hat, um die Nachteile und negativen Aspekte einer stark zentralisierten Planung mit administrativem Zwangscharakter zu korrigieren.

Das ist ein Problem; das andere müssen wir uns jetzt stellen. Ich will damit sagen, daß die Frage des Verhältnisses zwischen Plan- und Marktwirtschaft unter verschiedenen Aspekten, in den verschiedensten Strukturen und in Systemen mit unterschiedlichen Besitzverhältnissen der Produktionsmittel in Erscheinung treten kann. Die Frage, die uns in diesem Zusammenhang interessiert ist die nach dem Verhältnis zwischen Plan und Markt, staatlicher Planung und Freiheit der Privatinative in einem System, das nicht auf dem öffentlichen Besitz aller Produktionsmittel beruht. Was unsere Auffassung vom Sozialismus anbelangt, so haben wir seit der Programmatischen Erklärung des VIII. Parteitags ausdrücklich

von der Notwendigkeit gesprochen, nur die *fundamentalen* Produktionsmittel in öffentliches Eigentum zu übernehmen; wir haben deutlich gemacht, daß unserer Meinung nach auch in einer sozialistischen Gesellschaft die Existenz eines Bereichs von Privatbesitz gewährleistet werden
muß (d. h. die Existenz von *zweitrangigen* Produktionsmitteln). Für mich
ist klar, daß man in dem Moment ganz eindeutig unsere positive Einstellung gegenüber der Erhaltung eines Privatsektors für die kleinen Unternehmen unterstreichen wollte.

In der jüngsten gemeinsamen Erklärung des PCI und der kommunistischen Partei Spaniens, die sich am eingehendsten mit diesem Problem
auseinandergesetzt hat, sprechen wir hingegen auch vom Überleben oder
besser von der Präsenz und Initiative der *Groß*unternehmen während eines mehr oder minder langen Weges zum Sozialismus. Ich glaube jedenfalls nicht, daß wir jemals gesagt haben, daß das Überleben nicht nur der
kleinen, sondern auch der großen Privatunternehmen eine Voraussetzung
für die tatsächliche Realisierung des gesellschaftlichen und politischen
Pluralismus sei, und wir müssen diesbezüglich auch sehr vorsichtig sein.
Ich glaube außerdem, daß wir dieses Thema nicht abstrakt diskutieren
und von einer Analyse der spezifischen Eigenschaften und Entwicklungs-
tendenzen des heutigen privaten Großunternehmens und seiner wachsenden Durchdringung mit dem öffentlichen Kapital und dem Staat abse-
hen können.

An dieser Stelle tauchen alle anfänglichen Fragen wieder auf: wie können diese großen Privatunternehmen, deren Existenzberechtigung und
deren Recht auf freie Initiative allgemein anerkannt sind, dazu gebracht
werden, die Ziele von politischen Programmen, die zwar keinen administrativen Zwangscharakter, doch auch nicht nur Vorschlagscharakter haben, zu realisieren. Hier stellt sich das Problem, wie sich die Arbeiterklasse auf der Ebene der nationalen Planung eine führende Stellung, eine
Hegemonie verschaffen kann; wir wissen aber auch, daß diese hegemoniale Rolle im Bereich der nationalen Entscheidungen der Wirtschaftspolitik und der politischen Planung auch die tatsächliche Führungsrolle der
Arbeiter an den Produktionsstätten erforderlich macht.

**Wirtschaftliche Privatinitiative als eingeschränkte Freiheit. »Freiheit«
des Eigentums und »Freiheit« der Bürger und Arbeiter im Rechtsstaat.**

F. Galgano. Die Debatte ging auf dieser Sitzung von der freien Wirtschaftsinitiative aus; dabei wurde insbesondere die Frage aufgeworfen, ob
diese wirklich zu den Freiheiten zählt. Ich meinerseits behaupte und glaube, daß man mit allem Nachdruck betonen muß, daß die ökonomische Initiative eine Freiheit ist, was übrigens auch von der Verfassung bestätigt
wird, und eines der Elemente der Freiheit des Menschen, eine der verfas-
sungsmäßig garantierten Möglichkeiten zur Verwirklichung der Persönlichkeit.

Ich wende mich hier gegen die Bestrebungen, die die private ökonomische Initiative funktionalisieren wollen und sie nicht als Ausdruck einer Freiheit betrachten, sondern als Ausübung einer Funktion. Früher war diese Auffassung in der Arbeitswelt begründet; sie diente, bevor es das Gesetz über Einzelentlassungen gab, zur Einschränkung der Unternehmerwillkür bei Entlassungen. Sie erneut aufzugreifen und zu verallgemeinern führt zu nichts. Ich sehe dabei nur Gefahren: insbesondere die Gefahr, den Unternehmer als eine Art Funktionär des gesellschaftlichen Nutzens zu betrachten und dadurch ein für allemal den Unternehmerprofit als Entschädigung für den Dienst an der Gesellschaft, den er geleistet hat, zu rechtfertigen. An zweiter Stelle besteht die Gefahr, daß eine solche Auffassung von Wirtschaftsinitiative die Machtposition des Unternehmers unantastbar macht, denn die Stellung einer Person, die mit einer gesellschaftlichen Funktion betraut ist, scheint von vornherein schwer angreifbar. Eine weitere Gefahr ist, daß eine solche Auffassung die Hoffnung auf Verwirklichung von gesellschaftlichen Zielen zunichte macht: man läßt den Dingen ihren Lauf und maßt sich an zu verkünden, daß die Privatinitiative in unserem Land dem Nutzen der Gesellschaft diene und daß es keine Privatinitiative ohne soziale Funktion und ohne Verwirklichung des gemeinnützigen Zwecks gebe.

Wir können also sagen, daß wirtschaftliche Privatinitiative der Ausdruck einer Freiheit ist und von der Verfassung legitimiert wird; aber daß diese Freiheit durch die gleichzeitige Anerkennung anderer Verfassungsrechte eingeschränkt wird, das ist der Kernpunkt; es gibt auch politische und gewerkschaftliche Freiheit. Und politische Freiheit bedeutet nicht nur Freiheit »von«, worauf Luigi Berlinguer anfangs hinwies, sondern auch Freiheit »zu«; sie ist das Recht des Bürgers, gemäß der Verfassung an der nationalen Politik mitzuwirken, insbesondere an der nationalen Wirtschaftspolitik. Die Freiheit der Wirtschaftsinitiative wird gerade durch dieses Freiheitsrecht des Bürgers, das die Freiheit und das Recht garantiert, in die Entscheidungsabläufe des Produktionsprozesses einzugreifen, begrenzt. Die Freiheit des Unternehmers drückt sich im Dialog mit anderen Freiheiten aus: im Dialog mit der politischen Freiheit, im Dialog mit der gewerkschaftlichen Freiheit.

Ich will nicht die Worte Merlinis und Napolitanos wiederholen, denen ich nur zustimmen kann. Ich ziehe es vor, die Perspektive der Debatte zu erweitern, auch um der Aufforderung Salvis nachzukommen, sich mit dem Thema des Eigentums zu beschäftigen. Eine Bemerkung drängt sich mir auf, seit Luporini von der inneren Spaltung des Staates gesprochen hat, der in den Rechtsstaat alter Prägung, der als rein politische Institution angesehen wird, und in den neuen Körper, der erst später entstand und die Funktionen einer Bank, Versicherung und eines Unternehmens ausübt, zerfallen ist. Mir scheint die Untersuchung der Frage angebracht, welche Rolle die beiden Staaten, der alte und der neue bei der Diskussion um die Freiheit spielen.

Es ist eigenartig, daß der Aufbau des Rechtsstaates, jenes Monuments der Garantien, der im vergangenen Jahrhundert begonnen wurde, in der Gegenwart noch nicht abgeschlossen ist; er ist ein Gebilde, das parallel zu seiner Entwicklung die Geburt und Entwicklung des neuen Staates betreibt. Man denke nur an die Einrichtung der zwei Instanzen in der Justizverwaltung, eine Garantieklausel, die auch augenblicklich eine sehr wichtige Rolle bei der Verteidigung des Eigentums gegenüber den Forderungen nach territorialer Planung der Regionen und Gebietskörperschaften spielt. Die Rechtswissenschaft fährt ihrerseits fort, das Bild der übermächtigen Verwaltung mit immer neuen Hypothesen soweit auszumalen, daß die Grenzen sachlich berechtigter Maßnahmenkontrolle übertroffen werden. Ein heutzutage vorherrschender Grundsatz der Rechtsprechung, der zur Abschaffung vieler Instrumente der Kommunen im Bereich der Urbanistik geführt hat, ist der, daß ein Verwaltungsakt, der in die Rechte von Privatpersonen eingreift, mit einem »außerordentlich wichtigen« Interesse der Allgemeinheit begründet werden muß.

Die alte Diskussion um die Garantien zugunsten des Besitzenden geht weiter. Sie war auch in dem Moment nicht zu Ende, als die andere Diskussion begann, die sich dieses Mal um die Begünstigung der Unternehmerklasse drehte. Auch die privatistische Leitung des öffentlichen Unternehmens – ein Phänomen, auf das Luporini hingewiesen hat – ist eine Garantiemaßnahme: der Staat greift als gleichberechtigter Partner und als Konkurrent der Privatunternehmer in die Wirtschaft ein. Auch was die Aneignung der Produktionsmittel durch den Staat betrifft, so werden in der Regel Instrumente der Privatwirtschaft verwendet; der Staat setzt sich nur dann an die Stelle der Privatunternehmer, wenn diese sich ersetzen lassen und ihre Aktien verkaufen. Das ist jedoch eine einseitige Garantie: der Staat als Unternehmer spielt die Rolle des Garanten gegenüber der Klasse der Privatunternehmer, er spielt sie jedoch nicht gegenüber der Allgemeinheit der Bürger. Er tendiert vielmehr dazu, sich gerade den Garantieformen zu entziehen, die das Zivilrecht zur Regelung des Verhältnisses zwischen Unternehmen und Konsumentenmasse vorsieht.

Auch das öffentliche Unternehmen verfügt wie das Privatunternehmen über allgemeine Vertragsbedingungen: nach dem Bürgerlichen Gesetzbuch müssen Klauseln mit einschränkendem Charakter, die im Vertrag enthalten sein können, ausdrücklich schriftlich akzeptiert werden; aber aufgrund einer einheitlichen Rechtsprechung gilt diese Regelung nicht für die allgemeinen Geschäftsbedingungen der öffentlichen Unternehmen, die auf diese Weise die Bürger nach Belieben schikanieren können. Und so zögert der Staat, der so gewissenhaft auf die Garantie der alten wie der neuen Freiheiten der besitzenden Klasse achtet, nicht, die Freiheiten der Bürger mit Füßen zu treten, wenn es um die Interessen des Volkes geht.

Unternehmensfreiheit und Hegemonie der Arbeiterklasse. Politischer Pluralismus, Freiheitssystem und Aufbau des Sozialismus.

C. Luporini. Der Beitrag Galganos erweitert wirklich die Grundlage der Diskussion und ich möchte sagen, gibt ihr sehr konkrete Umrisse, denn sie führt uns zur Frage des Klassensystems zurück, das in ursprünglichen oder verlängerten klassischen Formen des grantismo zum Ausdruck kommt; oder auch in neuen Formen des garantismo, die sich in der Praxis der öffentlichen Organe und der korrespondierenden Rechtsprechung gegenüber der besitzenden Klasse im allgemeinen und den Unternehmerverbänden im besonderen, jedoch zum Schaden der Gemeinschaft und der Masse der Bürger entwickeln.

Andererseits meine ich, können wir diese Tatsache, dieses äußerst präzise Bild der Situation, wie sie sich im Rahmen der Verfassung – wenn auch mit verfassungswidrigen Zügen entwickelt hat, an die uns anfangs Merlini erinnert hat, nicht von der Entwicklung des Kapitalismus in Italien, vor allem in den letzten Jahrzehnten, trennen und auch nicht von den Voraussetzungen für jene Hilfeleistungen, Förderungsmaßnahmen und Begünstigungen, die der Staat vor allem den öffentlichen und privaten Konzernen zukommen läßt.

Hier liegt die ganze Problematik, die wir augenblicklich nur streifen können, und die einige Ökonomen finanzielle Integration auf nationaler und internationaler Ebene nennen, und die die aktuelle Form der Herrschaft des Finanzkapitals und seiner Internationalisierung ist.

In der spezifischen Situation Italiens werden die Mittel für die Herrschaft des Finanzkapitals und für die finanzielle Integration hauptsächlich von der Masse der Bürger aufgebracht, die geopfert wird, oder zumindest zum gegenwärtigen Entwicklungsstand nicht über die sozialen und wirtschaftlichen Garantien verfügt, die den herrschenden Gruppen gewährt werden.

Mir scheint, daß wir hier einem der fundamentalen Widersprüche überhaupt begegnen, der aber für die italienische Situation charakteristisch ist: auf der einen Seite steht der Staat, der in die Wirtschaft eingreift und seine Mittel im wesentlichen aus dem Besitz der Allgemeinheit, aus der Masse der Besitztumsmoleküle der Mittelschichten und der werktätigen Klassen bezieht, wozu er unterschiedliche Instrumente einsetzt (vor allem die Erhebung von Steuern); auf der anderen Seite steht der Verteilungsmodus dieser Finanzmittel zugunsten der Privilegierten. Der Verteilungsmodus hat darüber hinaus zu einer Bankpolitik geführt, von der, ich glaube, Merlini gesprochen hat, die nur unter ganz bestimmten und begrenzten Voraussetzungen eine Expansion der kleinen und mittleren Unternehmen gefördert hat; im allgemeinen jedoch hat sie ganz typische Situationen herbeigeführt, in denen es zu einem gewissen Zeitpunkt den Großunternehmen angebracht schien (übrigens nicht nur diesen), das Kapital zu exportieren, während man für die Entwicklung der Produktion bzw. den Produktionsprozeß sich an Institute für Sonderkredit oder direkt an die Staatskasse wandte.

Hier zeigen sich die charakteristischen Merkmale einer entarteten Entwicklung. Ich glaube, daß die Problematik der Unternehmerfreiheit, mit der wir uns zuvor beschäftigt haben, auch auf diese Entwicklung zurückzuführen ist. Ich bin einer Meinung mit Galgano, daß die Freiheit, wie sie in der Verfassung definiert ist, Freiheit der Wirtschaftsinitiative bedeutet; einverstanden bin ich auch mit seiner Polemik gegen das funktionalistische Konzept und mit dem Hinweis auf die daraus resultierenden Gefahren, die in ihrer Substanz antidemokratisch sind.

Unsere einzige Perspektive ist der Dialog zwischen den Freiheiten. Dialog ist ein Wort, das in manchen Fällen euphemistische Bedeutung haben kann, nämlich dann, wenn es den Gegensatz von Kräften verwischt. Ich meine, daß dies dennoch die aktuelle Form des Pluralismus im Bereich der Wirtschaft ist, wo die progressiven und demokratischen Kräfte sowie die Arbeiterklasse ansetzen *können* und aufgrund der konkreten Voraussetzungen wirken *müssen*.

Nach dieser Feststellung glaube ich, daß schon eine solche Perspektive, wenn sie exakt genug ist, uns vor die Notwendigkeit stellt, zwischen den öffentlichen und privaten Großunternehmen einerseits, und den kleinen Unternehmen andererseits deutlich zu unterscheiden. Hinsichtlich der Entwicklung der freien Wirtschaftsinitiative im Rahmen der erwähnten Mechanismen glaube ich, mich der Feststellung anschließen zu können, daß die autonome Entwicklung der kleinen und mittleren Unternehmen in Italien extremen Beschränkungen unterliegt. Ihre Expansion war zum großen Teil nichts anderes als eine funktionale Entwicklung im Interesse der großen Oligopole. In vielen Fällen diente sie auch als Mittel, um den Folgen des Klassenkampfes zu entgehen, wozu man sich besonders einer gewissen Dezentralisierung der Produktion bediente. Die Verzögerung bei der Entwicklung unserer Technologien ist im Prinzip auf das Verhalten der italienischen Großunternehmer im internationalen Rahmen und auf die Duldung einer gewissen Unterordnung zurückzuführen. Auch heute noch, mitten in der Krise, sprechen die Agnelli (die Gebrüder Gianni und Umberto Agnelli sind die Mehrheitsaktionäre und Chefs von FIAT, d. Übers.) von der Politik der Automobilindustrie wie von einem Freiraum, der von den internationalen Firmen noch zu besetzen ist gemäß der Hypothese, daß Teile dieses Marktes von den entwickelteren kapitalistischen Ländern nicht beachtet worden seien.

Eine solche Politik bietet keine Gewähr für die autonome Entwicklung der kleinen und mittleren Unternehmen. Jetzt müssen wir erkennen, was die heutige Gesellschaft in ihrer Gesamtheit braucht, um sie aus der Krise führen zu können und den Anstoß für eine andere Entwicklung und ein anderes Entwicklungsmodell zu geben. Das muß im einzelnen bedeuten: Entwicklungsförderung ausgewählter Produktionen und Produktionsbereiche, einer bestimmten Produktionsweise in der chemischen Industrie und in der Elektroindustrie, etc; aber gleichzeitig muß eine Unternehmensform gefördert werden, die eine offensichtliche gesellschaftliche Nützlichkeit hat in dem Sinne, daß sie den Binnenmarkt stärkt, bzw. die

Entwicklung des nationalen Marktes im Hinblick auf gleichberechtigte Positionen auf dem internationalen Markt zum Ziel hat. Mir scheint, daß das ganz entscheidende und konkrete Probleme sind, mit denen sich auch die Parteien der Arbeiterklasse, sowie die Arbeiterklasse selbst auseinandersetzen müssen, wenn sie die Machtübernahme im Staate anstrebt.

Das Grundproblem dreht sich um die Frage, »wer« besitzt die Macht im Staate, und über welche Kräfte, über welchen gesellschaftlichen Block übt der Staat seine Macht aus. Wenn diese Analyse einigermaßen zutrifft, so muß es zweifellos im Interesse der Arbeiterklasse liegen, als hegemoniale Klasse für die Entwicklung der kleinen und mittleren Unternehmen (wenn auch nicht zum ersten Mal in der Geschichte, so doch im Anschluß an nur äußerst kurze Zeitabschnitte in der jüngeren Vergangenheit Italiens) wieder einen Raum zu schaffen, der nicht direkt von den Interessen, den internationalen Bindungen und Bedingungen der Oligopole abhängt, und der auch dem *Klein*unternehmen die Möglichkeit der Entwicklung zum *mittleren* Unternehmen bietet. Kurz und gut einen Raum, der von den sogenannten multinationalen Konzernen unabhängig sein muß, mag deren Ursprung oder Einflußbereich im Inland (hier ist FIAT der sichtbarste Fall) oder im Ausland liegen.

Das sind meiner Meinung nach die konkreten und unabdingbaren Elemente des ökonomischen Pluralismus, die zumindest für die jetzige Situation Gültigkeit besitzen und die gesamte Problematik der diskutierten »Freiheiten« beinhalten, für deren Verwirklichung ich nur dann eine Chance sehe, wenn die Arbeiterklasse das Ruder ergreift. Das ist die einzige Möglichkeit, um die Auswüchse jener Entwicklung, von der wir zuvor gesprochen haben, zu beseitigen; sie ist das Resultat einer bisher unentwirrbaren Verflechtung von Profit, Einkommen und Parasitentum mit allen politischen Konsequenzen, wie Klientelsystem, Machtkämpfen, Korruption etc.

Gewiß kann sich auch die Gelegenheit – oder vielleicht sogar die Notwendigkeit – ergeben, das private Großunternehmen für einen langen Zeitraum beizubehalten, wovon Napolitano gesprochen hat. In einem solchen Fall muß jedoch das Großunternehmen einer strikten demokratischen Programmierung untergeordnet und angepaßt werden, die die Voraussetzungen schafft für eine neue Entwicklung, die im großen und ganzen meinen Ausführungen entspricht.

In Anbetracht aller Fakten und Hypothesen sehe ich für die Zukunft keine Möglichkeit, einen solchen ökonomischen Pluralismus unmittelbar in einen sozialen, kulturellen und politischen Pluralismus umzuwandeln. Ich glaube, daß das Problem des Pluralismus in Gesellschaft, Kultur und Politik viel größere Dimensionen hat und noch sehr viel Zeit erfordert. Es besitzt eine permanente Dimension, während die Dinge, über die wir bisher gesprochen haben, eher Elemente eines Übergangs zum Übergang im Sozialismus sind, wie ich es nennen möchte; eines gewiß schwierigen Übergangs, der jedoch schon ein Element der Hegemonie in Verbindung mit der Entstehung eines neuen gesellschaftlichen Blocks darstellt.

Der gesellschaftliche und politische Pluralismus hingegen geht viel weiter; er betrifft den Aufbau des Sozialismus selbst und beschränkt sich nicht auf ein Vielparteiensystem, vor allem nicht in historisch bedeutenden Phasen, in denen sich die Tendenz zu einer starken, einheitlichen Politik abzeichnet, ohne jedoch die echte Vielfalt der organisierten politischen Kräfte einzuschränken.

Der Pluralismus bietet, wie ich glaube, die Voraussetzungen für den ständigen Kontakt und die demokratische Auseinandersetzung der einheitlichen politischen Führung, die auf der Parteienvielfalt beruht, mit ihrer eigenen Basis. Ich verstehe darunter eine gesellschaftliche Bewegung, die Tendenz zu Zusammenschlüssen und das Streben nach Autonomie nicht nur auf territorialer Ebene, sondern unter den unterschiedlichsten Antrieben aus der Gesellschaft und dem Kulturleben.

Im äußersten Fall könnte man von der Vorstellung sprechen, von der Marx ausgegangen war, und die dann für ihn zur Utopie wurde: die bürgerliche Gesellschaft, die sich selbst zum Staat entwickelt. Ich glaube, daß wir uns heute in einer geschichtlichen Situation befinden, in der diese Vorstellung weit weniger utopisch erscheint. In dieser Dimension und im Rahmen dieser spezifischen Bewegung müssen wir beim Aufbau der sozialistischen Gesellschaft den Pluralismus verwirklichen. Natürlich bin ich mir bewußt, daß dies nur eine ungefähre Darstellung sein kann, die noch ausführlicher behandelt werden muß, deren Kernpunkt jedoch die (politische) Beteiligung ist: Mitwirkung an den Kollektiventscheidungen in allen Bereichen des öffentlichen und staatlichen Lebens, einschließlichen der Wirtschaft.

Warum machen wir einen grundsätzlichen Unterschied zur Entwicklung der sozialistischen Länder? Ich glaube, wir alle sind uns einig in der Einschätzung, daß dort zu einem bestimmten Zeitpunkt die Grenze der wirtschaftlichen Entwicklung auf den Mangel an Beteiligung zurückzuführen ist. Wenn wir von Pluralismus sprechen, so meinen wir einen Pluralismus, in dem Planung der Wirtschaftsstrukturen und Planung des sogenannten Überbaus nicht mehr voneinander getrennt sind.

Ein solches Konzept könnte natürlich zu der Überlegung führen, daß die politische Partei ihre Funktion verliert.

Das glaube ich jedoch nicht. Ich bin der Meinung, daß auch in einer relativ fortgeschrittenen Gesellschaft, wo die Klassengegensätze auf einer anderen Ebene zutage treten, die durch die Errichtung der Hegemonie der Arbeiterklasse und die Bildung eines neuen gesellschaftlichen Blocks bestimmt wird, der Pluralismus immer noch empfänglich ist für sektorialistische, partikularistische und lokalistische Interessen, etc.; dazu kommt, daß die politischen Kräfte ihre Funktion bei der permanenten Überwindung dieser Grenzen und Einzelinteressen für eine lange Periode der Transformation der Gesellschaft und ihrer Individuen beibehalten.

Eine universale Funktion also, eine Funktion für die Auseinandersetzung im universalen Bereich. Bedingung dafür ist, daß Voraussetzungen geschaffen werden, unter denen die politischen Kräfte jeder Versuchung der Bevormundung der Gesellschaft widerstehen. Dieses Risiko wird immer ein Bestandteil der Widersprüche sein, in denen wir uns bewegen; und das berührt auch die fortschrittlichen politischen Kräfte.

C. Salvi. Die Diskussion über das Verhältnis zwischen Freiheiten des Individuums und Wirtschaftsstruktur hat die Notwendigkeit gezeigt, sich für die Verbindung von wirtschaftlichem und politischem Pluralismus einzusetzen, denn die Geschichte selbst hat uns gelehrt, die Frage der Vereinbarkeit der Wirtschaftsplanung mit dem Ausbau der individuellen Freiheiten und der Demokratie zu verbinden.

Es hat sich jedoch auch gezeigt, daß solche Ansichten im Endeffekt dazu tendieren, die traditionelle Alternative zwischen Freiheit und Gleichheit in neuer Form vorzustellen.

Im Rahmen also einer Betrachtung des Wertes der marxistischen Tradition, die die Relevanz der materiellen Existenzbedingungen bezüglich der Frage der Freiheiten betont, muß man sich fragen, welches der tatsächliche Zusammenhang zwischen dem System der politischen und bürgerlichen Freiheiten und der Wirtschaftsstruktur ist.

Deshalb wurde besonders unterschieden zwischen dem Problem, welche Funktion der Markt in der Übergangsgesellschaft zu erfüllen hat – und der Möglichkeit einer Lenkung der geplanten Wirtschaft nach sozialen Gesichtspunkten bei gleichzeitiger Existenz des großen Privatunternehmens – und dem Problem der Verbindung zwischen politischem und wirtschaftlichem Pluralismus.

Im Grunde genommen ist die Bezeichnung »wirtschaftlicher Pluralismus« zweideutig, solange man nicht die notwendigen Differenzierungen macht. Wenn einerseits die Schwierigkeit besteht, die mögliche Vergesellschaftung der Fabriken als langfristiges Ziel – und somit die Abwertung des privaten Großunternehmens – zur Diskussion zu stellen, so ist andererseits vielleicht ein neuer theoretischer Ansatz der Diskussion über das Kleinunternehmen unter der Voraussetzung möglich, daß das ›Statuto ...‹ nicht nur die ursprünglichen Dimensionen des Betriebs an und für sich, sondern auch die wirtschaftlichen Aktivitäten des Inhabers verbindlich regelt.

Für die Reform der öffentlichen Verwaltung*

Der nationale Koordinationsausschuß der kommunistischen abhängig Beschäftigten des öffentlichen Dienstes und die Sektion »Probleme der Arbeit« des ZKs des PCI haben die Entwicklung der gegenwärtigen Diskussion über die Probleme der öffentlichen Verwaltung analysiert. Diese Diskussion hat durch öffentliche Anklagen, durch Polemik in der Presse und Stellungnahmen der politischen Kräfte, der Gewerkschaften, der Regierung und anderer Staatsgewalten, die Aufmerksamkeit der öffentlichen Meinung und des Landes auf Phänomene der wachsenden Degradierung des öffentlichen Staatsapparates, auf das Unbehagen und die Frustration, in der sich die öffentlichen abhängig Beschäftigten befinden, auf Mißverhältnisse in den gesetzlichen Regelungen und in der Bezahlung in diesem Bereich gelenkt.

Es ist positiv anzumerken, daß in dieser Situation ein erstes Einvernehmen zwischen der Regierung und den Gewerkschaften – im Rahmen einer einheitlichen Einschätzung – über die Lohnforderungen der einzelnen Bereiche zustande gekommen ist, ja sogar über die Höhe der Renten und über die Verbesserung der Arbeitsbedingungen in der öffentlichen Verwaltung.

Aber noch andere Schritte müssen unternommen werden, um die tiefgreifende Krise der öffentlichen, halb-öffentlichen und der Dienstleistungsstrukturen zu überwinden. Der PCI, andere demokratische Parteien und die Gewerkschaften haben mehrmals und nachdrücklich auf diese Krise hingewiesen.

Eine Krise, die sich in immer stärker werdenden Erscheinungen radikaler Unzulänglichkeiten, Verschwendung, wahrer Korruption manifestiert, die in den staatlichen und halb-staatlichen Bereichen, denen die Verteilung der wesentlichen Dienstleistungen, nämlich der Verwaltung, der Finanzen, der Steuern, der Versicherung, der Fürsorge und der Sozialfürsorge zugesprochen wird, noch offensichtlicher ist. Das alles entspricht immer weniger den Interessen der Gemeinschaft und den Bedürfnissen

* Aus *Politica ed economia*, Heft 6, Rom 1975, S. 131ff. Anmerkung der Redaktion: Wir veröffentlichen hiermit das Dokument über die Reform der öffentlichen Verwaltung und einer neuen Personalpolitik, das vom Koordinierungsausschuß der kommunistischen Beschäftigten des öffentlichen Dienstes ausgearbeitet wurde. Übers. von Edith Zettel.

der Bürger, indem sie die Last der unerträglichen Mängel tragen müssen, und verhindert die Verwirklichung des Programms der wirtschaftlichen Sanierung des Landes in Richtung eines neuen Entwicklungsprozesses, in dem heute die Arbeiterbewegung und die demokratischen Kräfte engagiert sind.

Für diese Situation tragen die Regierungen unter Führung der Christdemokraten, die Wirtschafts- und Finanzbereiche die Verantwortung, die angesichts dieses Zustandes immer klarer erscheint. 30 Jahre lang haben sie die Strukturen und Verwaltungsmethoden der öffentlichen Verwaltung, die zu den gegenwärtigen Phönomenen der Auflösung und der Paralyse geführt haben, für ihre Wirtschafts- und Sozialpolitik und für ihre Interessen genützt. In der letzten Zeit ist man sich unter jenen Kräften – wenn auch mit Mühe und Not – der Gefahr der allgemeinen Folgen der Krise des Staatsapparates bewußt geworden. Aber dem wird noch nicht mir klaren Orientierungen und konkreten Aktivitäten, um jene Krise zu überwinden, begegnet.

Als entscheidendes Element für eine Wiederaufnahme der produktiven Investitionen, für die Sicherung und Ausweitung der Beschäftigung, ist eine Reform der öffentlichen Verwaltung und eine Umstrukturierung der Dienstleistungen zu sehen. Nur mit einer allgemeinen Einschätzung der Probleme der Sanierung und der Erneuerung der öffentlichen Strukturen können die tiefgreifenden Schäden der einzelnen Verwaltungsbereiche (Staat, Regionen, lokale Körperschaften, öffentliche Einrichtungen, Dienstleistungen), zusammen mit jenen, die sich auf den »Gehaltsdschungel« beziehen, behoben werden.

Die Arbeiterbewegung hat mit ihrem Kampf und ihrer positiven Initiative wesentlich zu einem Fortschritt in diese Richtung beigetragen. In dieses Programm zur Erneuerung ordnet sich, unter verschiedenen Gesichtspunkten, sowohl das Gesetz zur Neuordnung des halb-staatlichen Bereichs und zur Abschaffung der überflüssigen Einrichtungen ein, als auch das Abkommen für die Staatsbeschäftigten von 1973, durch das die Prinzipien der dreijährigen einheitlichen nationalen Tarifverträge, der funktionalen Qualifikation, sowie der Mobilität festgesetzt worden sind; nach diesen Prinzipien wurden auch der Tarifvertrag der Angestellten der lokalen Körperschaften abgeschlossen.

Die Regierungen sind dafür verantwortlich, die Anwendung dieser und anderer Gesetze und Abkommen, dieser und jener Übereinkunft verzögert zu haben. So haben sie einen bedenklichen Mangel an politischem Willen gezeigt, indem sie sogar im Widerspruch zu der erklärten Notwendigkeit einer Sanierung der öffentlichen Verwaltung gehandelt haben. Das beweisen die jüngsten zahlreichen Interventionen einzelner Minister, die darauf hinzielen, die Mißverhältnisse in der Entlohnung und die ungerechtfertigten Privilegien einzelner Gruppen und Bereiche nicht aufzuheben, sondern zu verstärken.

Die großen Massen der öffentlichen abhängig Beschäftigten und unter ihnen die kommunistischen Werktätigen engagieren sich ihrerseits für eine Reform der öffentlichen Verwaltung. Sie sind sich bewußt, daß diese Reform nur durch die Stärkung der Einheit mit den anderen Kräften der Arbeit und durch das entschiedene Zurückdrängen hinterhältiger Versuche der Spaltung der öffentlichen abhängig Beschäftigten von den anderen Werktätigen erreicht werden kann. Das ist die konkrete Form, mit der sie sich an der großen Bewegung für die Vollbeschäftigung, für die Entwicklung und für die Stärkung des demokratischen Systems im ganzen Land beteiligen können.

Gleichzeitig sind die Arbeiterbewegung und die demokratischen Kräfte bestrebt, eine konsequente Aktion für die Reform der öffentlichen Verwaltung – jenseits der Massen der öffentlichen abhängig Beschäftigten, auch wenn ihr Beitrag wesentlich ist, und jenseits der, wenn auch wichtigen, Berücksichtigung ihrer legitimen Interessen – zu entwickeln, weil sie sich der Tatsache bewußt sind, daß auf diesem Gebiet allgemeine entscheidende Interessen für die Zukunft der Demokratie und der italienischen Gesellschaft auf dem Spiel stehen.

Dieser bedeutenden Aufgabe müssen das Wirken der Staatsorgane, die Tätigkeit und das Engagement all derer gewidmet werden, die ihren Beruf im Dienste der Nation ausüben. Es ist notwendig, die Verbindungen zwischen staatlichen Einrichtungen und partikularistischen, reaktionären Interessen der großen Finanzkonzerne, der von ihnen hervorgerufenen parasitären Einkommen und der Klientelwirtschaft endgültig zu zerbrechen. Diese erdrückende Verflechtung erzeugt auch die Ineffizienz der öffentlichen Verwaltung und die unerträglichen Phänomene des Parasitismus, der Verschwendung, der Korruption und des Disengagements. Ein starker moralischer Druck, ein Engagement der Bürger und ein neues Bewußtsein gegenüber dem Staat auf allen Ebenen – von der politischen und administrativen Leitung bis hin zu allen öffentlichen abhängig Beschäftigten – sind die Bedingungen, um jene Kräfte innerhalb des öffentlichen Systems freizusetzen, die fähig sind, mit ihrer Intelligenz, ihrer beruflichen Kapazität und ihrer Loyalität zur Verfassung der Republik an der gemeinsamen Anstrengung für die Erneuerung des Landes teilzuhaben.

Das System der Selbstverwaltungen muß im Rahmen des organischen Reformvorschlags vervollständigt werden, indem in erster Linie die volle Machtausübung der Regionen, die in der Verfassung garantiert ist, realisiert und eine weitere Dezentralisierung der Funktionen und der beschließenden und ausführenden Gewalt zugunsten der Gemeinden und ihrer dezentralen Organe ermöglicht wird.

Mit der Perspektive einer weitergehenden Dezentralisierung der Verwaltung müssen im Mittelpunkt der staatlichen Befugnis allgemeine und koordinierende Aufgaben stehen, die als politische und nicht administrative Funktionen und somit hauptsächlich als Prärogative des Parlaments verstanden werden müssen. In diesem Sinne hält es der PCI für notwendig, daß an erster Stelle die Regelung des Präsidiums des Ministerrats, die Anzahl, die Kompetenzen und die Organisation der Ministerien definiert werden. Für eine Planungspolitik, die den Regionen und der örtlichen

Selbstverwaltung eine entscheidende Funktion zusichert, muß die Befugnis des Ministerpräsidenten über die Beförderung und die Koordination vollständig anerkannt werden, und gleichzeitig muß die Struktur der Ministerien erneuert werden. Es soll Aufgabe der Ministerien sein, über die hohe Verwaltung, über Lehre und Forschung so zu entscheiden, daß eine Intervention für große homogene wirtschaftliche und soziale Bereiche organisiert werden kann. Währenddessen müssen die technisch-administrativen Organe, die hauptsächlich eine Vollstreckungsfunktion innehaben, in Beziehung zu den klar bestimmten wirtschaftlichen und sozialen Zielsetzungen nach den Prinzipien der Intersektorialität und der Flexibilität strukturiert werden, um eine gesteigerte Produktivität der öffentlichen Ausgaben zu ermöglichen. Gleichzeitg muß das erreichte Ergebnis im Verhältnis zur Zielsetzung eingeschätzt werden. Das erfordert auch geeignete Veränderungen der staatlichen Buchhaltung und des Kontrollsystems, das auf der Basis der Anerkennung der effektiven und wachsenden Rolle des Parlaments neugeordnet werden muß.

Der Aufbau von großen Abteilungen, die ein koordiniertes und effektives Eingreifen der Verwaltung gewährleisten, soll nicht nur für die lokalen Körperschaften und für die Regionen gültig sein, sondern auch und hauptsächlich für die zentrale Verwaltung. Das soll durch Maßnahmen der Zusammenfassung verschiedener Ministerien, der Beseitigung überflüssiger Organisationsformen der Verwaltung, Restrukturierung der gegenwärtigen staatlichen Unternehmen, die Zuteilung einer einzigen Funktion für alle Institutionen erreicht werden.

Diese Maßnahmen müssen von einer entschiedenen Aktion zur Vereinfachung der Verfahren, der Beseitigung von Doppelverantwortungen und der damit verbundenen Konflikte, hauptsächlich in Bereichen, die produktiven Anstellungen und den Beziehungen zu den Bürgern zugeteilt sind, begleitet werden.

Im allgemeinen stellt sich in allen Bereichen der öffentlichen Verwaltung das Problem der Entwicklung von Demokratie und Beteiligungsformen an operativen Enscheidungen, die – wie es schon im Gesetz zur Neuregelung des halbstaatlichen Bereiches dort, wo es einen Aufbau von dazu geeigneten »Arbeitsgruppen« vorsieht, festgelegt ist – dem Personal ermöglichen, zur Vereinfachung der Verfahren, zur Reduktion der Dienstleistungskosten, zur Meinungsbildung der mitwirkenden Werktätigen teilzuhaben. Die Lösung dieses Problems erfordert immer stärker werdende neue demokratische Verhältnisse zwischen den abhängig Beschäftigten des öffentlichen Dienstes und den Bürgern, was schon mit dem Aufbau der Stadtteilräte und der Delegierten für die Schulverwaltung positiv erprobt wurde.

Zur Verwirklichung dieser Ziele kann der Aufbau von einheitlichen regionalen Räten mit der Beteiligung der Regionen und der lokalen Körperschaften dienlich sein, um die Unzulänglichkeiten der öffentlichen Ämter, der Dienstleistungen festzustellen und dafür Lösungsmöglichkeiten zu finden.

Die aktive Beteiligung der abhängig Beschäftigten des öffentlichen Dienstes ist ein wesentlicher Bestandteil, um eine Reform der öffentlichen Verwaltung konkret voranzutreiben. Das Bewußtsein, daß es bei einer aktiven Beteiligung an einem Prozeß der Erneuerung und bei der Rolle, die sie in diesem Prozeß einnehmen werden, um die Vertretung ihrer eigengen Interessen geht, ist in den letzten Jahren unter den abhängig Beschäftigten gewachsen. Das beweist die Stärkung der Gewerkschaftsorganisationen und die stärkere Anwesenheit der Kommunisten und anderer demokratischer Kräfte. Dieser neue Grad der Beteiligung und des demokratischen Bewußtseins wurde durch den Linksdruck und das Voranschreiten der Kommunisten am 15. Juni demonstriert, zu denen die abhängig Beschäftigten des öffentlichen Dienstes einen wesentlichen Beitrag geleistet haben, indem sie sich für eine erneuerte, leistungsfähige, ehrliche öffentliche Verwaltung und gegen die Schludrigkeit, gegen die Klientelwirtschaft, gegen die Mißverhältnisse und gegen die berufliche Demütigung eingesetzt haben.

Der PCI weist deshalb auf die Notwendigkeit von politischen und legislativen Interventionen für eine neue Personalpolitik hin, die die folgenden Punkte beinhaltet.

Es ist unmittelbar notwendig, die Stellenpläne und die Einstellungen in jede öffentliche Einrichtung und in jeden öffentlichen Verwaltungsbereich für kurze Zeit zu sperren. Dafür soll ein System der Ermittlung des Personalmangels und des -überschusses entwickelt werden, das neben dem Präsidium des Ministerrats eingerichtet wird, um die vorhandene Unausgeglichenheit durch Maßnahmen der sektorialen und territorialen Mobilisierung zu überwinden. Eine Ausnahme soll bei der spezifischen und nachgewiesenen Notwendigkeit von neuen Einstellungen gemacht werden, die jedoch durch Mitwirkung und Mitsprache der Gewerkschaften vollzogen werden.

Die Mobilität des Personals als fundamentales Mittel zur Neuordnung der öffentlichen Ämter beinhaltet die kurzfristige Bestimmung über die funktionale Qualifikation und ihre abgestufte Anwendung mit der gleichzeitigen Neuordnung der Ministerien, der anderen Ämter und der Unternehmen. Der Widerstand von Teilen der Bürokratie und die Verzögerungstaktik der Regierung, die gegenüber den Forderungen der Gewerkschaften der Staatsbeschäftigten nach einer Verwirklichung des wesentlichen Prinzips der funktionalen Qualifikation auftraten, sind schwerwiegend. Die Verhandlungen, die aufgrund des Verhaltens der Regierung schlagartig unterbrochen wurden, müssen wieder aufgenommen werden.

Die Bestimmung der funktionalen Qualifikation ermöglicht eine Vereinheitlichung der Entlohnung für dieselben Berufszweige, indem die beruflichen Unterschiede in der Arbeit gewahrt und verwertet werden. Die funktionale Qualifikation führt das Prinzip der »Verantwortlichkeit« und der »klaren Bestimmung der Aufgabe« jedes abhängig Beschäftigten ein; dadurch wird das absurde hierarchische System der Funktionen und das darausfolgende erniedrigende Fehlen an Verantwortlichkeit der Werktätigen überwunden. Somit ist es möglich, die leistungsunfähigen Bereiche drastisch zu reduzieren. In diesem Rahmen wird eine Revision der Regelung der staatlichen Leitung notwendig sein. Diese Neuerung soll nicht nur durch die Verwirklichung einer einzigen Funktion (wie es durch ein Gesetz vor kurzem festgelegt wurde) erreicht werden, sondern im Rahmen einer Restrukturierung der Funktion, die es ermöglicht, daß, direkt von außerhalb der Verwaltung unter bestimmten Bedingungen mit einem Auftrag auf Widerruf eingegriffen werden kann; dadurch bedeutet die Führungsfunktion keine Stufe in der beruflichen Karriere mit der daraus resultierenden Unabsetzbarkeit, sondern sie ist eine widerrufbare Aufgabe, die durch demokratische Kontrolle und eine parlamentarische Intervention garantiert ist.

Diese tiefgreifenden Erneuerungen werden es außerdem ermöglichen, die Phänomene des Desinteresses, des Absentismus und der geringen Produktivität besser einzuschätzen und somit zu beheben: Diese Phänomene sind größten Teils durch objektive Faktoren, durch schwerwiegende Mängel in der Organisation der Arbeit bedingt, durch zwecklose Verdoppelungen, durch technische Rückständigkeiten und durch verzweifelte Versuche, die Verwaltung anzukurbeln; aber diese Phönomene sind auch auf subjektive Faktoren zurückzuführen, die bis zu Fällen von wahrer Korruption gehen, denen allerdings keine korrekte Anwendung der vorhandenen Gesetze entspricht.

Die Realisierung dieser Erneuerung und Sanierung ist nur unter der Bedingung eines entschiedenen politischen Kampfes möglich. Es ist notwendig, spezifische Initiativen ins Leben zu rufen, Momente der demokratischen Auseinandersetzung und des kollektiven Engagements zu fördern, wie z. B. die Produktionsversammlungen, die in jedem industriellen Bereich und in jedem Unternehmen organisiert werden müssen, um die autonome und aktive Rolle der abhängig Beschäftigten des öffentlichen Dienstes im Kampf um eine neue, leistungsfähige öffentliche Verwaltung für eine Politik eines wahrhaft demokratischen und gesellschaftlichen Fortschritts zu unterstützen.

Die verblüffende und zum Teil eigenartige Entwicklung der Polemik über den sogenannten »Gehaltsdschungel« läuft Gefahr, die Aufmerksamkeit der Öffentlichkeit von den wahren Ursachen abzulenken, die eine Situation bestimmt haben, die das Land mit Recht nicht mehr duldet. Es ist deshalb notwendig, nicht nur Untersuchungen über den gesamten öffentlichen Bereich vorzunehmen, sondern den Prozeß der Erneuerung und Sanierung auf nationaler und lokaler Ebene einzuleiten sowie das Leistungsvermögen der einzelnen Bereiche und des Personals zu kontrollieren.

Man muß sich in diesem Prozeß darüber im klaren sein, daß man die gleiche Arbeit nicht unterschiedlich bezahlen kann. In diesem Bereich muß die durch jahrzehntelange Praxis verfestigte Tendenz eindeutig revidiert werden und von einer neuen Gehaltspolitik ersetzt werden.

Die Frage, die bei den Verhandlungen zwischen Regierung und Gewerkschaft diskutiert worden ist, hat allgemeine politische Bedeutung und muß die demokratischen Kräfte auf nationaler und lokaler Ebene in Anspruch nehmen. Deshalb ist das unentschiedene Verhalten der Christdemokraten in der Diskussion unzulässig. Der PCI schätzt den Entschluß, eine parlamentarische Untersuchung durchzuführen, als positiv ein und sichert den Einsatz eigener Vertreter für die Arbeit innerhalb der festgesetzten Frist zu. Weiter zeigt der PCI einige wesentliche Punkte auf, die notwendig sind, um stufenweise den »Gehaltsdschungel« zu überwinden.

Man muß das richtige Verhältnis zwischen den Funktionen, der ausgeführten Arbeit und der Bezahlung im gesamten Bereich der öffentlichen Verwaltung wiederherstellen. Das wird sowohl auffallende und nicht gerechtfertigte Ungleichheiten in den Gehältern eliminieren, als auch eine korrekte Einschätzung der gesamten Leistungsfähigkeit der Arbeit in den öffentlichen Ämtern ermöglichen.

Es ist außerdem notwendig, das Mißverhältnis zwischen Nominal- und Realgehalt zu beseitigen, indem das Prinzip der alles umfassenden Bezahlung bestätigt wird. Das wird eine Beseitigung der zusätzlichen Formen der Entlohnung und eine Neuregelung der Überstundenbezahlung beinhalten, indem die Formen des Akkordlohnes, die nicht der Ist-Zeit und den Erfordernissen der Arbeit entsprechen, aufgehoben werden.

Ein Grund für die Unausgewogenheit ist durch die unterschiedlichen Regelungen (Arbeitszeit, Anzahl der Monatsgehälter, Dienstalterstufe, Formen der Abrechnung, Pensionen, usw.) innerhalb der öffentlichen Verwaltung, der öffentlichen Einrichtungen, der unabhängigen Unternehmen und der Dienstleistungen gegeben. Außerdem gibt es Formen der indirekten Bezahlung (durch tarifliche Vergünstigungen, Zuschüsse, Rückzahlungen und weitere Erleichterungen), die das Gleichgewicht und die Gerechtigkeit der Entlohnung im ganzen Land schwerwiegend verändern.

Diese Ungleichheiten werden durch die Praxis der integrativen Tarifverhandlungen ergänzt, die in vielen Fällen die Bedeutung und den Inhalt der nationalen Tarifverhandlungen verkennt, was die Bezahlung anbelangt.

Diese Situation verlangt nach einer entschiedenen Intervention, die eine Vereinheitlichung der Entlohnung durch die nationale Tarifverhandlung, eine bedeutende Errungenschaft der abhängig Beschäftigten des öffentlichen Dienstes, durchsetzt.

Aus diesem Grund wird es sinnvoll sein, durch gesetzliche Bestimmungen das Prinzip der präventiven Mitteilung durch ein Organ, das mit dem Präsidium des Ministerrats verbunden ist, festzulegen. Weiterhin wird man Schemata für alle gewerkschaftlichen Tarifverhandlungen – allgemeiner und besonderer Art – für die staatlichen, halb-staatlichen abhängigen Werktätigen, die der Gemeindeverbände, der staatlichen und der Kommunal-Unternehmen bestimmen, um somit ein Urteil des Ministerrats darüber und eine angemessene Beratung der zuständigen Ausschüsse der Kammer und des Senats zu ermöglichen.

So wie man auch Koordinationsorgane für den Kostenvoranschlag der öffentlichen Ausgaben – bei Beachtung der Sonderrechte und der Befugnisse der Regionen und der lokalen Körperschaften – bei der endgültigen Bestätigung der gewerkschaftlichen Abschlüsse, die den gesamten öffentlichen Bereich und somit auch den Personalbereich der Regionen und der lokalen Körperschaften betreffen, einrichten muß.

Die verfügbaren Gelder müssen der Realisierung dieser Ziele dienen. Man muß berücksichtigen, daß eine weitere Ausweitung der laufenden Kosten mit einer Entwicklung der öffentlichen Ausgaben für Investitionen, wie sie von der Arbeiterbewegung gefordert werden, nicht vereinbar ist. Das würde sogar die inflationären Tendenzen verschärfen, was sich zu Ungunsten der werktätigen Massen, der öffentlichen abhängig Beschäftigten und des ganzen Landes auswirken würde. Man darf nicht verschweigen, daß das Problem der Inflation noch tiefer geht. Die immense Verschwendung der öffentlichen Gelder, die nicht den Personalkosten entspricht, leistet dazu ihren Beitrag. Das Mißverhältnis zwischen der Höhe der Einnahmen und den laufenden Kosten deckt einen anderen Faktor der Ineffizienz der öffentlichen Verwaltung auf: er betrifft die Steuerabgaben, die ein wesentliches Element des geringen Gesamteinkommens sind und somit Grund für wesentliche soziale Ungerechtigkeiten. Also scheint eine politische Linie nötig zu sein, die eine chaotische Handhabung der Entlohnung, die mit ungerechten Mechanismen durchgesetzt wird, verhindert. Eine Linie, die einen allmählichen Prozeß der Sanierung einleitet, die sich durch die Erneuerung der Tarifverträge und der Gewerkschaftsabschlüsse auszeichnet und die eine Verbesserung der niedrigsten Gehaltsstufen vornimmt, und die die Forderungen der Gruppen und Berufszweige einschränkt, die im Verhältnis zur gesamten Bewegung privilegierte Positionen errungen haben.

Diese Orientierungen und diese Vorschläge – die Ausdruck der schwierigen wirtschaftlichen Lage sind – erfordern nicht nur eine konstruktivere Auseinandersetzung, sondern einen klaren politischen Willen zur Erneuerung des Landes und hauptsächlich ein kohärentes Verhalten der Regierung.

Die Kommunisten wollen über diese Punkte eine ehrliche Diskussion eröffnen, die schnell zu positiven Ergebnissen führt. Gleichzeitig setzen sie sich dafür ein, daß diese Orientierungen im Bewußtsein des Landes, unter den Abhängigen des öffentlichen Dienstes, unter den Werktätigen, im Parlament, in den regionalen Versammlungen, in den lokalen Selbstverwaltungsorganen und in den öffentlichen Einrichtungen verankert wird. Die Kommunisten sind davon überzeugt, daß ein Prozeß der Moralisierung und der Sanierung der gesamten öffentlichen Strukturen die einzige Möglichkeit bietet, um der öffentlichen Verwaltung ihre Handlungsfähigkeit wiederzugeben und die Bedingung ist, festere demokratische Institutionen aufzubauen.

Vorschläge des PCI zur Reform von Polizei und Armee

Zur Reform der Polizei*

Zwei Jahre sind vergangen, seit die Unteroffiziersschüler von Nettuno sich in Ariccia gemeinsam mit den Vertretern der demokratischen Parteien und der einheitlichen Gewerkschaftsföderation CGIL-CISL-UIL versammelt und die Kette der Versammlungen und Treffen für die Reformierung, Entmilitarisierung und die Gewerkschaft der Polizei in Gang gesetzt hatten. Verschiedene Teilnehmer dieser leidenschaftlichen Versammlungen wie auch andere führende Persönlichkeiten der zahlreichen Treffen, auf denen Werktätige aus dem Bereich der öffentlichen Sicherheit ihre demokratische Überzeugung Seite an Seite mit Arbeitern und Bürgern zum Ausdruck brachten, waren den entfesselten Repressionen von seiten der Ministerialbehörden ausgesetzt. Doch die Bewegung für die Demokratisierung war nicht mehr aufzuhalten, denn die nicht zu unterdrückende Forderung nach menschlicher und beruflicher Würde der Werktätigen bei der Polizei kann nur durch die volle Anwendung der Prinzipien der Verfassung der Republik und die solidarische Unterstützung durch die anderen Werktätigen erfüllt werden.

Die Ergebnisse, die erzielt wurden, sind nicht zu leugnen, denn die Reform der Polizei ist in das Programm der neuen Regierung aufgenommen worden; der Innenminister mußte vor kurzem allen Kräften der öffentlichen Sicherheit das Recht auf Versammlung während ihrer Freizeit auch innerhalb der Kasernen und Polizeireviere zugestehen, um Reformprobleme zu diskutieren. Leider wird dieses Recht in der Praxis unter Beachtung der Prinzipien der Freiheit und des Pluralismus noch nicht verwirklicht, was im Gegensatz zum Inhalt der genannten Ministerialverordnung steht; zum einen wird bei Parlamentssitzungen den Abgeordneten die Redeerlaubnis verweigert – auch wenn sie einen Antrag gestellt haben –, die Gesetzesvorschläge zu Reformen einbringen wollen; dasselbe geschieht im Fall von Gewerkschaftsvertretern der CGIL-CISL-UIL; zum anderen versuchen die hohen Behörden unter Mißbrauch ihrer hierarchischen Macht auf mehr oder weniger listige Art die Versammlungen so zu

* Auszug aus: *Unità* vom 4. 11. 1976. Übers. von Angela Thaller.

beeinflussen, daß »comitati corporativi« (korporative Komitees, d. Übers.) entstehen, die einen gewerkschaftsähnlichen, autonomen Verband konstituieren sollen, um, wie mit den verrufenen und gescheiterten »Comitati di rappresentanza« (Repräsentativkomitees, d. Übers.) ein Gegengewicht zu der einheitlichen Gewerkschaftsbewegung zu schaffen, ein Versuch, die Werktätigen bei der Polizei und die anderen Werktätigen weiterhin getrennt zu halten.

Die erzielten Erfolge und die demokratischen Freiräume, die im Inneren des Polizeiapparats erkämpft wurden, sind das Ergebnis einer einheitlichen und konsequenten Politik, die abenteuerliche und sektiererische Kampfformen aus ihren Aktionen verbannt hat; diese Politik hat versucht und versucht auch weiterhin, die inneren Spannungen zu beseitigen, die spalterischen Gegensätze zwischen Offizieren und Beamten, Offizieren und der Masse der Truppen und Unteroffiziere, zwischen der Polizei und den anderen bewaffneten Sicherheitskräften, nicht zu vergessen die Trennung und das Mißtrauen zwischen Polizei und Bürgern, abzuschaffen.

Gerade weil die italienische Polizei in der Vergangenheit als eigenständiges Instrument aufgebaut und eingesetzt wurde, ist heute eine Politik der Einheit erforderlich, um sie zu sanieren; diese Politik ist Voraussetzung für eine Zusammenarbeit der Polizei mit den Bürgern, um die demokratische Ordnung und das friedliche Zusammenleben zu gewährleisten. Vor allem auch um der beruflichen Würde willen brauchen die Werktätigen bei der Polizei eine enge Verbindung mit der Arbeitswelt und den zivilen und demokratischen Institutionen, denn der Kampf gegen die Formen der Kriminalität erfordert langfristige Präventivmaßnahmen.

Die Methode, die unsere Partei bei der Ausarbeitung des Gesetzesvorschlags zur Reform der Polizei verfolgt, steht im Einklang mit der Politik der demokratischen Einheit. Der Vorschlag, der in der vergangenen Legislaturperiode von den kommunistischen Abgeordneten unterbreitet wurde, hatte nicht den Anspruch, frei von allen Mängeln zu sein, auch wenn er das Ergebnis der Zusammenarbeit mit den Abgeordneten der demokratischen Parteien, Justizbehörden und Gewerkschaftsführern war. Sein Ziel war, innerhalb und außerhalb des Polizeiapparats eine Diskussion in Gang zu setzen, um die Einsicht für die Dringlichkeit der Reform zu vergrößern. Aus diesem Grunde wollte man besonders die Kräfte der öffentlichen Sicherheit auffordern, ihre Kritik und ihre Vorschläge zum Ausdruck zu bringen, um die Auseinandersetzung mit den anderen politischen Kräften und der Regierung ernsthafter und verantwortungsbewußter zu gestalten. Eine solche Auseinandersetzung war in der vergangenen Legislaturperiode aufgrund der Unzulänglichkeiten der Regierung unmöglich gemacht worden; sie wird jedoch in dieser Legislaturperiode für den kommenden Februar erwartet.

Beamte, Offiziere, Unteroffiziere, Gefreite und Sicherheitskräfte sowie die Versammlungen von Arbeitern und anderen Werktätigen haben mit ihren Vorschlägen einen reichen Beitrag geleistet, der die Kommunisten befähigt, mit einem verbesserten Gesetzesvorschlag aufzutreten, der den Reforminhalten, die in der Vergangenheit gemeinsam abgestimmt wurden, besser entspricht.

Eines der Probleme, das größtes Interesse und größte Anteilnahme hervorrief, betraf die Koordinierung aller Polizeikräfte und die Forderung, diese Problem nicht nur im Hinblick auf die Abschaffung des schädlichen Konkurrenzverhaltens zu lösen und den Dienst leistungsfähiger zu gestalten, sondern um auch der enormen Verschwendung von Mitteln zu begegnen, die darauf beruht, daß viele Dienste doppelt ausgeführt werden oder die Spezialisierung übertrieben wird. Hinzu kam die allgemeine Forderung nach größerem Verantwortungsbewußtsein beim Einsatz von Personal, Mitteln und staatlichen Einrichtungen.

Die Polizeikräfte erwarten mit Spannung den Inhalt der Gesetzesvorschriften, die die Regierung dem Parlament vorlegen muß, um ihrer Verpflichtung zur Neuordnung des Bereichs der öffentlichen Sicherheit nachzukommen. Bis zur Stunde hat die Regierung angekündigt, daß sie bis zum 15. Februar einen globalen und organischen Plan zur Reform der Polizei vorlegen will. Unserer Meinung nach muß das Parlament aufgefordert werden, auf der Basis einer Gesetzesvorlage, die erst im Anschluß daran in Gesetzesvorschriften umgewandelt wird, und nicht auf der Basis eines Dokuments, das einen Plan enthält, zu diskutieren. Man darf nicht zulassen, daß noch längere Verzögerungen eintreten, als es bis jetzt schon der Fall war. Man kann kostbare Zeit gewinnen, wenn der Innenminister sein Versprechen, das er vor der Parlamentskommission gegeben hat, einhält, die politischen Kräfte, die sich zur Verfassung bekennen, während der Reformvorbereitungen zu konsultieren.

Wenn uns die Zeit, die die Regierung sich bis Februar zur Vervollständigung ihrer Studien und der Vorbereitung der Reformmaßnahmen vorbehalten hat, übermäßig lang erscheint, so deshalb, weil uns *lange Zeitspannen* nicht mehr vertretbar erscheinen zu einem Zeitpunkt, wo die Krise der Polizei so weit fortgeschritten ist, daß über 10 500 leere Stellen im Beamtenregister verzeichnet werden, was zu großen Dienstausfällen führt, während man gleichzeitig zusieht, wie sich auf eindrucksvolle Weise zahllose und wenig orthodoxe private Polizeiorganisationen bilden.

Die kommunistischen Abgeordneten haben vorgeschlagen, bis Februar nutzbringende Arbeit zu leisten; sie wollen eine Teilverordnung über die Rekrutierung des Personals und die Polizeischulen, die das Fundament der neuen Organisation darstellen müssen, diskutieren und annehmen. Es fällt auf, daß weder in den verschiedenen und gegensätzlichen Vorschlägen, die unter dem Personal in Umlauf gebracht wurden, noch in den Erklärungen, die von hohen Ministerialbeamten abgegeben wurden, dem Problem der Rekrutierung und der Schulen überhaupt keine Aufmerksamkeit geschenkt wird.

Die Polizeireform ist in erster Linie ein menschliches und kulturelles Problem, das Problem einer demokratischen und fachlichen Ausbildung und das Problem der Überwindung einer alten Mentalität. Erst in zweiter

Linie ist sie ein technisches Problem der Einrichtungen, Mittel, und Strukturen. Ohne solide Grundmauern kann das modernen Gebäude der neuen Polizei nicht errichtet werden.

Gesetzentwurf zur öffentlichen Sicherheit*

Entmilitarisierung der Polizei (corpo)

Art. 2 – Die Polizeiverwaltung und die Polizeikräfte (Corpo delle guardie di pubblica sicurezza) sind im »Corpo di polizia della Repubblica italiana«... zusammengefaßt...; er ist dem Innenminister unterstellt, besitzt Zivilcharakter, sein Aufbau und seine Ordnung entsprechen den institutionellen Aufgaben. Für die Beamten des »Corpo di polizia della Repubblica italiana« gelten die Vorschriften der Zivilbeamten des Staates, mit Ausnahme der in diesem Gesetz aufgeführten Sondervorschriften...

Polizeidirektion

Art. 4 – An der Spitze des Polizeikörpers der italienischen Republik steht der Polizeipräsident..., der vom Ministerrat auf Vorschlag des Innenministers, dem er direkt untersteht, ernannt wird. Im Auftrag des Ministers koordiniert er die Organisation aller Polizeiabteilungen, sowie den Einsatz der Polizeieinheiten und der entsprechenden Mittel einschließlich der übrigen Polizeikräfte.

Art. 5 – Die Polizei verfügt über folgende Organe: 1) die Polizeipräsidien, denen die Leitung und Verantwortung der Dienstbehörden im Bereich jeder Provinz übertragen ist. 2) Die Polizeikommissariate, die den Polizeipräsidien unterstehen und denen die Leitung und Verantwortung der Dienstbehörden in ihrem Zuständigkeitsbereich übertragen ist. 3) Die Polizeireviere der Stadtteile, die den Polizeipräsidien oder den städtischen Polizeikommissariaten des Bezirks unterstellt sind, in dem sie... mittels der Organisation eines feinmaschigen Kontrollnetzes durch den Einsatz der Polizeibeamten des Stadtteils, Spezialeinheiten und modern ausgestattete Patrouillen operieren. Die Polizeistationen der Stadtteile unterhalten laufende Verbindungen zu den Volksvertretungen des Stadtteils... zum Zweck des Austauschs von Informationen und Vorschlägen...

* Zusammenfassung des »Entwurfs« der Gesetzesvorlage zur Neuordnung und Reform der Polizei, die von der Fraktion des PCI im Abgeordnetenhaus erläutert wurde. Auszug aus: *Unità* vom 4. 11. 1976. Übers. von Angela Thaller.

Befugnisse der Gemeinden

Art. 11 – Alle Befugnisse der Verwaltungspolizei – näheres dazu in der einheitlichen Fassung der Gesetze zur öffentlichen Sicherheit – im Zusammenhang mit der Ausstellung von Unbedenklichkeitserklärungen oder der Gewährung von Lizenzen werden den Gemeinden übertragen und der Machtbefugnis des Bürgermeisters unterstellt, mit Ausnahme der Rechtsvorschriften über Ausländer, Waffen, Sprengstoff und Brandbomben. In den Zuständigkeitsbereich des Bürgermeisters fallen außerdem religiöse Zeremonien, Pförtner und Wächter, Hausierer, Geisteskranke und Bettler. Die Befugnisse des Außenministeriums bei der Ausstellung, Verlängerung oder Rückgabe von Pässen, womit schon die Polizeipräsidenten bevollmächtigt sind... werden vom Bürgermeister der Wohngemeinde des Antragstellers im Auftrag ausgeführt. Der Polizeipräsident bleibt ermächtigt zum Einzug des Passes...

Polizei und Region

Art. 13 – Um die Aufrechterhaltung der öffentlichen Ordnung und Sicherheit zu gewährleisten, ruft der Präsident der Region zweimal im Jahr eine Versammlung ein, wozu er den Präsidenten des Regionalrats, die Präsidenten der Provinzen, die Bürgermeister der Gemeinden mit mehr als 10 000 Einwohnern, den Regierungskommissar der Region und die Polizeipräsidenten, die Kommandanten der Polizeieinheiten mit territorialer, regionaler und provinzialer Befugnis, oder bei Abwesenheit mit der nächst niedrigen Befugnis einlädt. Auf der Versammlung werden Informationen ausgetauscht, Vorschläge formuliert und die Ergebnisse eventueller Umfragen der Volksvertretungen untersucht, wobei das Hauptaugenmerk auf die öffentliche Sicherheit gerichtet wird...

Gewerkschaftliche Organisationsfreiheit

Art. 29 – Jeder Polizeibeamte hat das Recht auf gewerkschaftliche Organisierung. In Anbetracht seiner besonderen Eigenschaften, über die er allein und ausschließlich in seiner Funktion als nationaler Dienstbeamter der Polizei verfügt, der mit wesentlichen Aufgaben betraut ist zur Wahrung der verfassungsmäßigen Rechte, zur Aufrechterhaltung der öffentlichen Ordnung, zum Schutz der körperlichen Unversehrtheit und der Sicherheit der Bürger, dürfen Polizeibeamte das Streikrecht nicht ausüben. Alle anderen Rechte der Verfassung werden ihnen garantiert.

Dienststellung, Versetzungen, Gehälter, Sonderzulagen, Ausbildung und Disziplinarprobleme werden in anderen Artikeln des Gesetzesvorschlags geregelt...

Demokratische Vertretung innerhalb der Streitkräfte*

Die Diskussion, die seit geraumer Zeit über Wege und Formen einer möglichen demokratischen Vertretung innerhalb der Streitkräfte und Polizei
im Gange ist, scheint zu einigen bedeutsamen Ergebnissen gekommen zu
sein. Positiv kann in erster Linie bewertet werden, daß dieses Problem
nunmehr als ein Aspekt des allgemeineren Erneuerungsprozesses der Institutionen betrachtet wird, besonders, was die Leitung dieser Organe und
ihre Beziehungen zu den Volksvertretungen und den Regionen betrifft,
wie auch die Rekrutierung und Ausbildung des Personals. Gewiß liegt
noch ein weiter Weg vor uns, nicht nur um die unterschiedlichen Vorschläge zur Umstrukturierung näher konkretisieren zu können, sondern
auch im Hinblick auf einige politische und konstitutionelle Grundsatzent-
scheidungen. Man denke hier nur daran, wie bisher die Kammern an der
Ausübung der ihnen zustehenden Funktion gehindert wurden, die Politik
im Bereich der öffentlichen Ordnung zu bestimmen und die Organe, die
diesen Aufgaben überstellt sind, zu kontrollieren; oder man stelle sich nur
vor, wie die Personalordnung gehandhabt wird: man beharrt auf der mittlerweile anachronistisch gewordenen Auffassung, die die Polizisten den
Soldaten, und letztere den Zivilbeamten der Staatsverwaltung gleichstel-
len will.

Es ist von größter Bedeutung, daß die rückständigen und korporativen
Argumente, die die Regierung als Alternative zur Polizeigewerkschaft
vertritt, starke Abnutzungserscheinungen zeigen. Wenn die Regierung
die Polizeigewerkschaft und die damit verbundene zivile Umstrukturierung des Polizeiapparats ablehnt und statt dessen eine differenzierte und
begrenzte Vertretung einführen will, so stellt das in unseren Augen eine in
ihrer Substanz überholte Lösung dar. Sie ist auch nach Ansicht eines großen Teils der Polizeibediensteten überholt, die mit großem Bewußtsein
die Organisation der Gewerkschaft immer wieder vorschlagen, jedoch in
Regierungskreisen selbst immer weniger Unterstützung finden; diese Regierung war gezwungen, das Modell, das bei den Kräften der öffentlichen
Sicherheit Anwendung fand, hinsichtlich der Militärvertretungen fallen
zu lassen.

Es wurden außerdem die wesentlichen Unterschiede der Probleman-
sätze geklärt, je nachdem, ob es sich um die Streitkräfte oder die Polizei
handelt – vorgeschlagen ist eine Umstrukturierung der Polizei auf der
Grundlage der zivilen Umstellung des Polizeiapparats –, oder um die
»carabinieri« (italienische Gendarmen, der Übers.) und die »guardia di
finanza« (Militäreinheit zum Schutz der Finanzinteressen des Staates, der
Übers.), deren Neuordnung nicht zu einer Aufgabe des militärischen
Charakters dieser Organe führen darf. Die Diskussion ist schon über die

* Dokument einer Studie, erstellt im Januar 1976 von den Vertretern des PCI in den Verteidigungskommissionen des Parlaments. (Aus: *La politica militare dei comunisti*, Editori
Riuniti, Rom 1976). Übers. von Angela Thaller.

in jeder Hinsicht gerechtfertigten prinzipiellen Forderungen (zum Beispiel gewerkschaftliche Organisationsfreiheit für alle) hinausgegangen, um die politischen Aspekte mehr in den Vordergrund zu rücken. Auf diese Weise begannen die Soldaten – unserer Meinung nach kann man hier auch die Unteroffiziere der Luftwaffe nennen –, das Thema der Vertretung mit neuem Interesse zu verfolgen. Die Forderung, die innerhalb der Streitkräfte nach einer Gewerkschaft besteht, tendiert zur Suche nach einer Lösung, die die Herausbildung differenzierter Gruppierungen oder von Organisationen unterschiedlicher politischer Prägung vermeidet; dies geschieht im Hinblick auf die nationale Funktion dieser Institutionen und im Hinblick darauf, daß gewisse Kampfmittel ausscheiden, die, wenn auch nur für einen Augenblick, die verfassungsmäßigen Ziele dieser Organe und ihr Verhältnis zur Nation gefährden können. In anderen Worten, es setzt sich eine Auffassung durch, die wir bisher auf das entschiedenste befürwortet haben und auch weiterhin befürworten werden, nach der die demokratische Entwicklung und die wachsende Beteiligung in den Militärorganen ihr wesentliches und unersetzliches Ausdrucksmittel in dieser Form der institutionalisierten und gewählten Vertretung finden können.

Unter der Voraussetzung, daß den Soldaten die Ausübung der verfassungsmäßigen Rechte garantiert wird (innerhalb der von Gesetz und Reglement gezogenen Grenzen, um die technische Leistungsfähigkeit und die demokratische Haltung der Streitkräfte zu gewährleisten), eröffnet diese Lösung zum Teil noch unerforschte Perspektiven für die Position der Soldaten, die diese gegenüber den Volksvertretungen, der Staatsverwaltung und der Nation einnehmen. Mit anderen Worten, wir schlagen nicht einen Gewerkschaftsersatz vor, sondern eine Form der Demokratie, in der unter Berücksichtigung der besonderen Lage der Streitkräfte der Wille der wehrdienstleistenden Bürger und ihr sinnvoller Beitrag zur Erneuerung der Institutionen einen gültigen Ausdruck finden kann. Der Kernpunkt unseres Vorschlags ist also nicht das Verfahren zur Bestimmung der Repräsentanten, die nur in demokratischer und gleicher Wahl erfolgen kann, sondern die Funktion der Vertretung.

Wenn diese nicht, wie wir schon gesagt haben, im Sinne eines Gewerkschaftsersatzes aufzufassen ist, so ist sie genausowenig als verkleidete politische Bewegung der Streitkräfte zu verstehen. Der Handlungsraum der Repräsentanten beschränkt sich auf den Willensbildungsprozeß der Staatsorgane in den Bereichen, wo spezifische Interessen des Personals der Streitkräfte im Spiel sind (Rechtslage, Besoldung, Moral etc.); ihre Aufgabe ist, die die aufgezeigten Probleme betreffenden Entscheidungsabläufe der Regierung, der öffentlichen Verwaltung und des Parlaments zu integrieren. Die Verteidigungskommissionen der Abgeordnetenkammer und des Senats haben schon einige Neuerungen erprobt und sind auch auf der Suche nach neuen Eingriffsmöglichkeiten (zum Beispiel jedes Jahr eine gemeinsame Sitzung von Senat und Kammer, auf der ein von den Repräsentanten vorgelegter Bericht zu Themen der Ordnung und Behandlung des Personals geprüft wird; die Zuweisung eines Berichts über eben diese Materie von der Regierung an das Parlament; eine Anhörung der Verwaltung des Verteidigungssektors mit dem Ziel, Erkenntnisse zu gewinnen; eine solche Anhörung ist schon im Laufe des Jahres mit positivem Ergebnis durchgeführt worden. Für die Arbeiten der Kommissionen soll ein jährliches Gesetzgebungsprogramm definiert werden; auf Sondertreffen soll von den Meinungen und Vorschlägen der Vertretung hinsichtlich der einzelnen Gesetzgebungsverfahren Kenntnis genommen werden etc.). Aus unseren Ausführungen müßte klar hervorgegangen sein, daß wir die Vertretung nicht als Gegenstück zum Parlament verstehen, sondern als Teil eines Auswahl- und Entscheidungsprozesses, der gegenwärtig fast ausschließlich der Exekutivgewalt und den Spitzengremien der Streitkräfte vorbehalten ist. Dieses System haben wir kritisiert und wir betrachten es als überholt, da es nicht nur von den Vorstellungen und Prinzipien der republikanischen Verfassung abweicht, sondern zu enormen Schäden geführt hat. Der bruchstückhafte Charakter der Gesetzgebung, der von allen beklagt wird und die von Einzelinteressen bestimmten Maßnahmen, die zu gefährlichen Gegensätzen innerhalb des Personals selbst führten, haben im Endeffekt die Moral der Streitkräfte untergraben, sie gehindert, bewußt an der Lösung ihrer Probleme mitzuarbeiten, und die finanziellen Belastungen, die nicht immer gerechtfertigt und oft den Charakter echter Verschwendung hatten, um ein Vielfaches vergrößert. Die von uns kurz umrissene Vertretung hingegen ist gegen äußere Einflüsse geschützt und die Freiheit ihrer Mitglieder ist absolut garantiert. Sie besitzt genauso einheitliche Merkmale und einen genauso großen Wirkungsgrad wie jede beliebige Gewerkschaft. Außerdem leitet sie einen Prozeß kritischer Überprüfung der Positionen ein, die in der NATO vertreten werden und vom SINAM nach Italien übertragen wurden, welche den korporativen Zusammenschluß der Soldaten anstreben und eine vertragliche Regelung der Probleme des Personals unter Ausschluß der wehrpflichtigen Soldaten erreichen wollen.

Solche Positionen halten wir für vollkommen verfehlt, und wir meinen, daß sie überwunden werden müssen. Der Aufbau der Vertretung selbst weist uns den richtigen Weg zu einer einheitlichen und positiven Lösung des Problems bezüglich der Beteiligung der wehrdienstpflichtigen Jugendlichen. Auch wenn die Zeitsoldaten sich nicht mit den Berufssoldaten, die ganz andere Probleme haben, identifizieren können, so darf das natürlich nicht zu einer Spaltung der Angehörigen der Streitkräfte führen. Es handelt sich vielmehr darum, die Bildung von Abteilungs- oder Ausschußvertretungen zu erreichen, die in ein System von Beziehungen zur Militärverwaltung und den Volksvertretungen selbst einzugliedern sind. In diesem Zusammenhang müssen natürlich die unterschiedlichen Dienstvorschriften über die Dauer der Militärzeit (12 Monate, für die Marine 18 Monate) gebührend berücksichtigt werden, und es ist zu beachten, daß die zu vertretenden Interessen vorwiegend im Rahmen der Abteilungen und Gebietsverbände gelöst werden können (Freizeit, Schutz der Gesundheit, Rolle des Soldaten, Besoldung etc.).

Die demokratische Neuordnung der militärischen Institutionen, ihre feste Moral, ihr Einsatz für die Verteidigung des Vaterlandes und der Freiheiten des Volkes können in dieser neuen Form der Demokratie, die sich abzuzeichnen beginnt, ein funktionsfähiges Moment der Einheit und der Kraft finden. Jeder andere Weg, auch wenn er von den positivsten Absichten begleitet wird, ist unserer Meinung nach ungenügend und falsch, um so mehr, als durch die Schaffung von Parteigruppierungen oder von parapolitischen Militärorganen innerhalb der Streitkräfte der Zerfall und die Auflösung unaufhörlich neue Impulse erhalten, was gerade die reaktionären und faschistischen Positionen fördert, die es hingegen wirkungsvoll zurückzuschlagen gilt.

Diese institutionelle Form der Demokratie, die übrigens unter den Vertretungen der Unteroffiziere der Luftwaffe im Unterschied zu den Koordinationsausschüssen angekündigt wurde, gewährt in unseren Augen den Soldaten die beste Möglichkeit zu einer umfassenden und bewußten Beteiligung und erlaubt den Streitkräften, sich positiv in den allgemeinen Erneuerungsprozeß einzugliedern, für den die italienische Gesellschaft kämpft.

Kapitel 5
Mit den Massen die Umgestaltung planen!

Enrico Berlinguer
Austerität – Gelegenheit zur revolutionären Erneuerung Italiens. *

Ich möchte die Genugtuung der Parteileitung zum Ausdruck bringen über die Zustimmung, die unsere Initiative bei den kommunistischen Intellektuellen, den Intellektuellen und politischen Vertretern unterschiedlicher politischer Überzeugung und anderer politischer Strömungen gefunden hat. Die Beteiligung und das Interesse, auf die unser Kongreß gestoßen ist, beweisen, daß die Zeit dafür reif war; wir waren schon davon überzeugt, als wir den Vorschlag machten, »an die Arbeit zu gehen« (ich werde später auf die Bedeutung dieses Wortes zurückkommen), um einen Plan für die Erneuerung der italienischen Gesellschaft zu entwerfen.

Die Arbeitsmethode der Kommunisten ist nicht die der Mitte-Links-Regierungen

Das war und ist das Hauptthema, der Grund und das Ziel unserer Zusammenkunft. Unsere Absicht war nicht, Probleme hinsichtlich der Beziehungen zwischen Politik und Kultur, zwischen Partei und Intellektuellen zu vertiefen (über die ich jedoch am Schluß meiner Betrachtungen noch etwas sagen möchte), sondern um eine neue Debatte über ein spezifisches Problem zu eröffnen, das übrigens schon in der Einladung zu diesem Kongreß angekündigt wurde: Welchen Beitrag kann die Kultur bei der Erarbeitung eines Projekts für die Erneuerung der italienischen Gesellschaft leisten?

* in: Enrico Berlinguer, *Austerità – occasione per trasformare l'Italia,* Editori Riuniti, Rom 1977. Übers. von Helmut Drüke und Thomas Schmid.

Dieser Kongreß wollte ein Schritt zur Arbeit an einem solchen Projekt sein, und ich glaube, er ist es auch gewesen. In diesem Sinne kann er meiner Meinung nach keinen Anlaß für Enttäuschungen geben, weder auf unserer noch auf eurer Seite. Nur der könnte enttäuscht sein, der vielleicht dachte, daß der Genosse Tortorella, oder der Genosse Napolitano oder ich selbst hierherkommen und euch sozusagen einen schon vorbereiteten Teller präsentieren würden, zu dem ihr nur die Gewürze hinzuzufügen hättet, oder nur zu sagen hättet, ob er euch gefällt oder nicht. Wenn jemand dieser Meinung ist, so hat er nicht nur die Bedeutung unseres Vorschlags mißverstanden, sondern ihm fehlt auch die allgemeine Kenntnis von den Methoden, mit denen wir Kommunisten arbeiten. Wir hingegen wollten diesen Kongreß einberufen, noch bevor wir innerhalb der Partei einen Plan in allen Einzelheiten ausgearbeitet hatten; aus dem einfachen Grund, weil ein solches Projekt das Ergebnis einer gemeinsamen Suche und Arbeit sein muß, die über das hinausgehen muß, was die führende Gruppe unserer Partei macht und machen wird. Allein, um die negativen Erfahrungen der Mitte-Links-Regierungen zu vermeiden, mußten und müssen wir uns vor dem Fehler hüten, einen Plan nur am grünen Tisch zu entwerfen.

Der Genosse Napolitano hat euch informiert, daß die Parteileitung eine Kommission eingesetzt hat, die schon mit der Arbeit an dem Projekt beschäftigt ist; er hat aber auch gesagt, daß wir, noch bevor diese Kommission ihre Vorschläge der Parteileitung und dem Zentralkommitee vorlegt, die Massen befragen wollen, welche Vorschläge zu machen sind; wir wollen alle, die bereit sind, sich aktiv für eine Änderung dieser Gesellschaft einzusetzen, zu einem Beitrag auffordern; kurz und gut, wir wollen etwas machen, was in Italien im Hinblick auf Inhalt und Methode noch nie gemacht worden ist: Wir wollen zu einem Projekt der Umgestaltung gelangen, das von den Leuten und unter den Leuten diskutiert ist. Wir können unsere Gesellschaft nur dann verändern, wenn wir, wie schon oft gesagt, keine Doktrinen oder Schemata anwenden und keine schon existierenden Modelle von anderen kopieren, sondern nur, wenn wir noch unerforschte Wege gehen. Wir müssen etwas Neues erfinden, das unter der Haut der Geschichte jedoch vorhanden ist, das also reif, notwendig und daher machbar ist.Deshalb ist es klar, daß das Treffen mit den kreativen Kräften, oder denen, die es per definitionem sein müßten, mit den Intellektuellen und den Kräften der Kultur, der erste Schritt zu dieser Arbeit gewesen ist und sein muß.

Dies allein kann die Art und Weise des Vorgehens der für die Arbeiterklasse repräsentativsten Partei sein, das heisst derjenigen Formation, die ständig danach strebt, eine Synthese herzustellen zwischen Spontaneität und Reflexion, zwischen Unmittelbarkeit und Perspektive, daher auch zwischen Arbeiterklasse und Intellektuellen, zwischen derjenigen gesellschaftlichen Macht, die heute die Haupttriebkraft der Geschichte ist, und denjenigen Schichten, die Träger des Denkens sind, insoweit sie die Akkumulation und die Entwicklung von Bildung und Kultur ausdrücken.

Dieser Kongreß ist ein erstes positives Resultat unserer Bemühungen, die von den Intellektuellen und im kulturellen Bereich weitergetragen und intensiviert werden müssen; das kann durch eine Aufteilung unserer Arbeit nach Materie und Bereich geschehen, wie der Genosse Asor Rosa vorschlug, oder durch Initiativen, von denen der Genosse Tortorella sprach (besonders eine der Initiativen, die er hier vorgeschlagen hat, verdient unsere höchste Aufmerksamkeit: die Einrichtung von Konferenzen in Bildungsinstitutionen, die, mit gewissen Unterschieden natürlich, den Produktionskonferenzen, die wir in den Fabriken eingerichtet haben und einrichten müssen, entsprechen), durch andere Initiativen, die die Arbeiter, Bauern, Betriebsleitungen, die Masse der Jugendlichen und ihre Organisationen, die Frauen und ihre Vereinigungen zu eigenen Beiträgen anspornen.

Wir müssen der Politik der Austerität Sinn und Ziel geben: aber wie sieht die Austerität aus?

Woraus ergab es sich, woraus ergibt sich das Erfordernis, „sich an die Arbeit zu machen", über einen Plan zur Umgestaltung der Gesellschaft nachzudenken, der Ziele und Linien angibt, die in den nächsten drei, vier Jahren verfolgt und erreicht werden können und müssen, die aber in Taten, Vorkehrungen und Maßnahmen übersetzt werden, die sofort die Marschrichtung aufzeigen?

Dieses Erfordernis resultiert aus der Einsicht, daß man der Austeritätspolitik einen Sinn und ein Ziel geben muß; einer Politik, die notgedrungen und auf lange Sicht gewählt wurde, die aber, wie ich glaube, gleichzeitig eine Voraussetzung für die Rettung der Völker des Westens im allgemeinen, und für das italienische Volk im besonderen ist.

Die Austerität ist heute nicht mehr ausschließlich ein Instrument der Wirtschaftspolitik, zu dem man greift, um eine vorübergehende Konjunkturkrise zu bewältigen sowie einen neuen Aufschwung und die Wiederherstellung der alten wirtschaftlichen und sozialen Mechanismen zu ermöglichen. So wird die Austerität von den herrschenden Gruppen und den konservativen politischen Kräften begriffen und vorgestellt, jedoch nicht von uns. Für uns ist die Austerität ein Mittel, um die Wurzeln des Übels anzugehen und die Voraussetzungen zu schaffen für die Beseitigung eines Systems, das nicht in eine konjunkturelle, sondern in eine tiefe strukturelle Krise geraten ist. Die Hauptmerkmale dieses Systems sind Verschwendung und Vergeudung, es stellt die höchste Stufe von entfesseltem Partikularismus, Individualismus und des sinnlosesten Konsumgebarens dar. Austerität hingegen bedeutet Strenge, Leistung, Ernsthaftigkeit und in erster Linie Gerechtigkeit; genau das Gegenteil von dem, was wir bisher kennengelernt und wofür wir bezahlt haben und was uns in die schlimmste Krise gestürzt hat, deren negative Folgen sich seit Jahren vermehren und die sich heute in Italien in ihrer vollen Tragik zeigt.

Auf der Grundlage dieses Urteils kann die Arbeiterbewegung die Austerität zu ihrem Ziel machen.

Für die Kommunisten bedeutet Austerität echter Kampf gegen die bestehende Lage und den naturwüchsigen Gang der Dinge; gleichzeitig ist sie Voraussetzung und materielle Bedingung für den Beginn einer Veränderung. So verstanden kann die Austerität als moderne und aktualisierte Waffe gegen die Verteidiger der bestehenden Wirtschafts- und Sozialordnung eingesetzt werden, wie auch gegen solche, die die Austerität als einzige Regelung für eine Gesellschaft betrachten, die aufgrund ihres organischen Gefüges zur Rückständigkeit und Unterentwicklung verurteilt ist, und infolgedessen immer mehr aus dem Gleichgewicht gerät, immer größere Ungerechtigkeiten, Widersprüche und Benachteiligungen in sich birgt.

Weit davon entfernt, den Interessen der herrschenden Gruppen oder den Bedingungen für ein Überleben des Kapitalismus Vorschub zu leisten, kann die Austerität eine Entscheidung mit fortentwickeltem, konkretem Klassengehalt sein; sie kann und muß eine Möglichkeit für die Arbeiterbewegung sein, ihre Forderungen nach einem anderen sozialen Leben zu artikulieren und in der gegenwärtigen gesellschaftlichen Situation für ihre alten und immer gültigen Befreiungsideale zu kämpfen. In der Tat glaube ich, daß wir heutzutage nur dann wirklich und effektiv für eine höhere Gesellschaft kämpfen können, wenn wir die dringende Notwendigkeit der Austerität erkennen.

Aber die Austerität kann aufgrund ihrer Inhalte und durch die Kräfte, die ihre Verwirklichung bestimmen, entweder zur wirtschaftlichen Depression, politischen Repression und zur Aufrechterhaltung der sozialen Ungerechtigkeiten eingesetzt werden, oder Gelegenheit geben für eine neue wirtschaftliche und gesellschaftliche Entwicklung, für eine gründliche Sanierung des Staates, für eine tiefgreifende Umwälzung des Gesellschaftssystems, für die Verteidigung und Erweiterung der Demokratie: kurz, sie kann der Gerechtigkeit und der Freiheit des Menschen dienen, sowie all seine gelähmten, verstreuten und verschwendeten Energien befreien.

Die Folgen des Vormarsches der Befreiungsbewegungen in der Dritten Welt für die kapitalistischen Länder

Wir haben schon zu anderen Gelegenheiten und auch vor kurzem wieder auf die tiefen historischen (sicherlich nicht rein italienischen) Ursachen hingewiesen, die eine nicht konjunkturelle Austeritätspolitik notwendig machen. Es gibt viele Gründe dafür, doch muß man immer wieder betonen, daß das wichtigste Ereignis, dessen Auswirkungen nicht mehr rückgängig zu machen sind, der Auftritt der ehemaligen Kolonievölker und -länder auf der Weltbühne ist und bleiben wird. Diese Völker befinden sich auf dem Weg der Befreiung von der Unterjochung und Unterentwicklung, wozu sie durch die Herrschaft der Imperialisten verdammt waren. Es handelt sich um zwei Drittel der Weltbevölkerung, die nicht mehr in Hunger, Elend, Ausgeschlossenheit und Unterlegenheit gegenüber den Völkern und Ländern, die bis jetzt die Welt beherrscht haben, leben wollen.

Natürlich ist diese Bewegung sehr vielschichtig und komplex. Die historischen, ökonomischen, sozialen, kulturellen und politischen Unterschiede sowohl innerhalb der sogenannten Dritten Welt, als auch in ihren äußeren Beziehungen, sind sehr groß. Besonders in letzter Zeit konnte eine Tendenz zu Bündnissen zwischen den herrschenden Gruppen der hochentwickelten kapitalistischen Länder und denen gewisser Entwicklungsländer beobachtet werden. Solche Bündnisse schädigen die anderen Länder, die noch ärmer und schwächer sind, und sind gegen jede fortschrittliche Volksbewegung gerichtet. Es waren und sind nicht nur die Kissingers, sondern auch die Jamanis (ihr habt sicherlich seine jüngsten Erklärungen gehört), die gegenüber den Staaten und politischen Kräften, die für eine Erneuerung des eigenen Landes kämpfen, einschließlich der fortgeschrittenen Kräfte der Arbeiterbewegung des Westens, eine feindliche Politik verfolgten und verfolgen.

Während wir diese Unterschiede innerhalb der Dritten Welt erkennen und mit einkalkulieren müssen, dürfen wir jedoch niemals die allgemeine Bedeutung dieser grandiosen Bewegung, die von diesen Völkern getragen wurde und getragen wird, aus den Augen verlieren: eine Bewegung, die der Weltgeschichte eine neue Wende gibt, die alle alten und neuen Gleichgewichte schrittweise zerstört: nicht nur das Gleichgewicht der Kräfte auf internationaler Ebene, sondern auch das Gleichgewicht im Innern der einzelnen kapitalistischen Länder. Diese Bewegung ist es, oder zumindest in erster Linie diese Bewegung, die durch ihr tiefgreifendes Wirken die Gegensätze der gesamten Nachkriegsentwicklung des Kapitalismus hervorbrechen läßt und in einigen Ländern zu Krisensituationen von nie gekannten Ausmaßen führt. Und wenn, wie es auch geschehen ist, einige der stärksten Wirtschaftssysteme der kapitalistischen Welt von der Krise profitieren und ihre dominierenden Positionen noch ausbauen können, dann bedeutet die Krise für die anderen wirtschaftlich schwächeren Länder, wie Italien, ein mehr oder weniger langsames Gleiten in den Abgrund.

Vor dem Hintergrund dieser akuten Konfliktsituation zwischen den kapitalistischen Ländern und Gruppen, die hinter brüchiger Solidarität nur schlecht verborgen werden kann, laufen Prozesse der Auflösung und des Zerfalls ab, die die Existenzbedingungen großer Teile der Bevölkerung immer unerträglicher gestalten und nicht nur die Fundamente der Wirtschaft, sondern die unserer Kultur (civiltà) und ihrer Entwicklung bedrohen.

Es ist nicht nötig, die tausend Zeichen zu nennen, in denen diese Tendenz, die auch das kulturelle Leben in Mitleidenschaft zieht und erschüttert, zum Vorschein kommt. Wer die Beweggründe und Ziele unserer Politik verstehen will, der muß sich darüber im klaren sein, daß sie sich im Innern des Landes wie in ihren Beziehungen zu den fortschrittlichen Kräften der anderen Länder ganz auf die Anstrengung zurückführen läßt, alle Kräfte zu mobilisieren und zu versuchen, diese Entwicklung zu stoppen und umzukehren.

Zwei wesentliche Voraussetzungen für »eine revolutionäre Umgestaltung der Gesellschaft«

Ich glaube, wir erleben einen jener Augenblicke, in dem – wie das *Kommunistische Manifest* sagt – es sich entscheidet, ob einige Länder, und in jedem Fall auch wir, eine »revolutionäre Umgestaltung der Gesellschaft« einleiten, oder möglicherweise »dem gemeinsamen Ruin der kämpfenden Klassen« entgegengehen, d. h. uns dem Untergang einer Kultur, dem Ruin eines Landes nähern.

Aber eine revolutionäre Umwälzung der Gesellschaft kann unter den gegenwärtigen Voraussetzungen nur dann stattfinden, wenn man die neuen Probleme, die die Befreiungsbewegung der Völker der Dritten Welt für die westlichen Länder gebracht hat, zu bewältigen imstande ist. Hieraus ergeben sich nach Meinung der Kommunisten für die westlichen Länder und vor allem für Italien zwei grundsätzliche Konsequenzen: wir müssen den Ursachen der Entwicklung und den berechtigten Ansprüchen dieser Länder volles Verständnis entgegenbringen und mit ihnen eine Politik der Zusammenarbeit auf der Basis der Gleichberechtigung aufnehmen; wir müssen die Illusion aufgeben, daß es möglich ist, eine Entwicklung aufrechtzuerhalten, die auf der künstlichen Expansion des individuellen Konsums basiert, der die Ursache für Vergeudung, Parasitentum, Privilegien, Verschwendung der Ressourcen und finanzielle Mißwirtschaft ist.

Gerade deshalb ist eine strenge Politik der Austerität, die der Vergeudung den Krieg erklärt, eine für alle unabweisbare Notwendigkeit geworden, die den Hebel für den Kampf zur Umwälzung der gesellschaftlichen Strukturen und Prinzipien darstellt.

Eine Politik der Austerität ist keine Politik der tendenziellen Nivellierung hin zur Bedürftigkeit, noch darf sie eingesetzt werden mit dem Ziel, das einfache Überleben eines wirtschaftlichen und sozialen Systems, das in die Krise geraten ist, zu sichern. Sie muß hingegen die Wiederherstellung der Gerechtigkeit, Leistungsfähigkeit, Ordnung, und ich füge hinzu, auch eine neue Moral zum Ziel haben; deshalb kann und muß die Arbeiterbewegung sich diese Politik zu eigen machen.

Wenn die Austeritätspolitik auf diese Weise verstanden wird, so erwirbt sie – auch wenn sie gewisse Verzichte und Opfer fordert (was sie aufgrund ihrer Natur notwendig machen muß) – gleichzeitig eine erneuernde Bedeutung und wird in der Tat zu einem Befreiungsakt der breiten Massen, die alten Staatszwängen und unerträglichen Erniedrigungen ausgeliefert sind. Sie führt zu neuer Solidarität und wird infolge der wachsenden Zustimmung zu einer breiten, demokratischen Bewegung, sie dient somit der gesellschaftlichen Umgestaltung.

Aufgrund dieser Vorstellung müssen wir meiner Meinung nach erkennen, daß die Austeritätspolitik noch nicht in einem solchen Geist der Einsicht und der Zuversicht – und nicht der Resignation – unserem Lande vorgestellt, geschweige denn, verwirklicht worden ist. Auch wenn wir zugeben können, wir müssen es sogar tun, daß sich in diesem Zusammenhang Unzulänglichkeiten und Unentschlossenheit in der Arbeiterbewegung und auch unserer Partei gezeigt haben, so sind aber die Hauptfehler den Kräften vorzuwerfen, die sich an der Regierung befinden.

Ich will hier weder die verschiedenen Maßnahmen der Wirtschaftspolitik, die die Regierung in der Vergangenheit ergriffen hat, oder die in Vorbereitung sind, einer näheren Betrachtung unterziehen, noch unsere Meinung dazu wiederholen. Die teilweise positiven, teilweise kritischen Stellungnahmen unserer Partei gegenüber den verschiedenen Aspekten der wirtschaftspolitischen Entscheidungen sind bekannt. Zum anderen haben vor einigen Tagen in diesem selben Saal, wie ihr wißt, unsere bewährten Genossen in einem positiven Meinungsaustausch mit den Vertretern anderer Parteien und bekannten Ökonomen in Gegenwart von Regierungsvertretern ein zusammenfassendes Bild der gesamtwirtschaftlichen Lage sowie der Maßnahmen, die Regierung und Parteien ergreifen müssen, gegeben.

Mangel an Tatkraft und Mut, geringe Perspektiven in der Austeritätspolitik der Regierung

Ich möchte jedoch eine allgemeine Kritik äußern, die wir Kommunisten weiterhin gegen die Regierung vorbringen und vorbringen müssen. Die Austeritätspolitik ist tatsächlich durch Mangel an Tatkraft, Mut und Ausdauer unwirksam. Beispielsweise war man bis jetzt nicht imstande, die notwendige öffentliche Meinung und die notwendige Massenbewegung gegen die Verschwendung zu erreichen. Gegen die direkte Verschwendung, die immer noch enorm ist (man nehme nur den Energiebereich oder die Organisation des Gesundheitswesens), und gegen die indirekte Verschwendung auf breiter Basis, die auf die Nachlässigkeit der Betriebe, der Schulen und der öffentlichen Verwaltung zurückzuführen ist; oder Verschwendungen, wie sie hier mit besonderem Nachdruck von den Professoren Carapezza Nebbia, Maldonado und anderen aufgezeigt wurden und die auf mangelnder Umsicht und enormen Fehlern beruhen, die bei der Verwaltung von Boden und Grundbesitz, sowie beim Umweltschutz begangen wurden und deren Gewicht wir heute voll zu spüren bekommen; oder solche, die auf Nachlässigkeit in der Forschung beruhen. Es gibt eine ganze Skala, wie man gegen die Verschwendungen vorgehen und für Sparmaßnahmen in allen Bereichen eintreten kann, was jedoch den Impuls, die Leitung und das dauernde Engagement einer Regierung erfordert, die tatsächlich in der Lage ist, das heutzutage unerläßliche politische und moralische Ansehen zu verkörpern.

Es ist sicherlich kein Zufall, daß das alles verfehlt oder übergangen wurde; denn eine ähnlich Aktion läßt sich nicht ausschließlich durch Propaganda organisieren, die zwar auch dazu gehört, und nicht genügend gemacht wird, sondern sie verlangt, daß ganz bestimmte Interessen, die sich herausgebildet haben, erkannt und getroffen werden; ein großer Teil dieser Interessen stellt die Basis für die Aufrechterhaltung des Machtsystems der Democrazia cristiana dar.

Vor allem die fehlenden Perspektiven einer Austeritätspolitik, die die Regierung bisher gefordert und realisiert hatte, sind offensichtlich und von großem Nachteil. In diesem Punkt unterscheiden wir uns am stärksten von den Vertretern der Regierung und den herrschenden Gruppen in der Wirtschaft. Sie alle haben im Grunde genommen resigniert, d. h. ihr Bewußtsein steht genau im Gegensatz zu dem, was nötig wäre, um die Überzeugende Zustimmung des Volkes zu gewissen notwendigen Opfern zu erhalten. Um entsprechende Anstrengungen zu vollbringen müßte das Land ein Ziel vor Augen haben, oder wenigstens die Grundelemente einer neuen Perspektive erkennen. Stattdessen wissen die Exponenten der alten herrschenden Klassen und viele Mitglieder der Regierung an diesem Punkt nichts besseres zu tun, als Italien in die gleichen Gleise zu lenken, in denen die wirtschaftliche Entwicklung vor der Krise verlief; als ob *jene* Wege und *jene* Entwicklungsarten auch heute noch ein Vorbild für die Gesellschaft sein könnten, und als ob die Krise der vergangenen Jahre und die heutige Krise nicht genau die Krise *jenes* Gesellschaftsmodells wäre (eine Krise, die nicht nur in Italien, sondern auch in anderen europäischen Staaten anzutreffen ist, wenn auch in unterschiedlichen Formen).

Für uns ist der Grund für den Mangel an Tatkraft, Mut, Ausdauer und Perspektiven in der Austeritätspolitik, wovon ich zuvor gesprochen habe, eindeutig. In diesem Mangel wird für uns ein historischer Prozeß sichtbar, der gekennzeichnet ist vom unwiderruflichen Abbau der Führungsrolle der Burgeoisie und von der Bestätigung, daß diese Führungsfunktion schon auf die Arbeiterbewegung und die vereinten Volkskräfte überzugehen beginnt: natürlich auf eine Arbeiterklasse und auf Volksmassen, die die erforderliche Reife zeigen, um dem ganzen Land zu beweisen, daß sie eine Kraft sind, die auf demokratischem Wege die gesamte Gesellschaft zur Rettung und Erneuerung führt. Hierzu ist erforderlich, daß in den Reihen der Arbeiterbewegung und in ihren wirtschaftlichen und politischen Organisationen auf breiterer Basis und mit größerer Verantwortung Selbstkritik geübt wird, die zur Überwindung der negativen und fehlgeleiteten Verhaltensweisen der Unterordnung bzw. des Extremismus führen; diese stellen immer noch eine nicht übersehbare Belastung dar und im konkreten Falle verhindern sie die positive Lösung brennender und aktueller Probleme, wie z. B. die Sanierung von Wirtschaft, Produktion und Finanzen der Gesellschaft und des Staates.

Wir können nicht warten, bis wir an der Regierung sind, um einen Plan zur Erneuerung der Gesellschaft vorzulegen: Wir müssen sofort handeln

Um einen Plan zur Erneuerung der Gesellschaft zu entwerfen und um den Vorschlag zu machen, mit seiner Erarbeitung zu beginnen, konnten wir nicht warten, bis in den Parteien die Bedingungen für unseren Eintritt in die Regierung reif sind. Diese Forderung, wir wiederholen es, bleibt mehr als zuvor offen. Aber in der Zwischenzeit, und zwar sofort, haben wir die Pflicht, angemessene Initiativen zu ergreifen, die den unmittelbaren Erfordernissen des Kampfes der Arbeiterklasse entsprechen und dem allgemeinen Interesse des Landes, die nicht mehr aufzuschieben sind; das muß auch im aktuellen politischen Rahmen geschehen, der trotz all seiner Mängel von den positiven Auswirkungen des Vormarsches des Volkes und der Kommunisten in den vergangenen Jahren und vor allem am 20. Juni (bei den Parlamentswahlen erreichte der PCI 34,4 % der Stimmen, d. Übers.) tief beeinflußt worden ist.

Der Vorschlag diese Planes resultiert auch aus der inneren Notwendigkeit der Arbeiterbewegung: Man muß vermeiden, daß die objektiven Gründe und die Pflicht einer Politik der Austerität nicht verstanden werden, oder man läuft Gefahr, sich in der Alltäglichkeit einzurichten und sich an die tagtäglich gleiche Mahlzeit zu gewöhnen. Aber er resultiert in erster Linie aus der allgemeinen Forderung der ganzen Nation, endlich einen anderen Ausblick und konkrete Anhaltspunkte zu bekommen.

Die gegenwärtige Situation Italiens birgt zweifellos schwere Risiken in sich, aber sie bietet uns allen Gelegenheit zu einer Erneuerung. Diese Gelegenheit darf man nicht versäumen: Sie ist vielleicht die größte Gelegenheit, – was ich nicht nur rhetorisch meine – die sich dem italienischen Volk und seinen ernsthaftesten politischen Kräften seit dem Entstehen unserer demokratischen Republik bietet.

Hier liegt eine der Eigenarten Italiens, diese unseres Landes – dem Bankrott nahe und in Unordnung, ja, aber lebendig, energiegeladen, stark durch einen großartigen demokratischen Geist; eine Eigenart unseres Italiens, das vielleicht die Nation ist, die härter als andere Teile der kapitalistischen Welt von der Krise betroffen ist (und nicht nur in wirtschaftlicher, sondern auch in politischer Hinsicht, denn die demokratischen Institutionen sind bedroht), wo aber auch die Möglichkeiten größer sind als in vielen anderen Ländern, um im Inneren der Krise zu wirken und sie so zum Instrument für eine allgemeine Veränderung der Gesellschaft zu machen.

Unsere Initiative ist also kein Akt der Propaganda und des Exhibitionismus unserer Partei. Sie soll eine Initiative des Vertrauens sein; ein neuer Akt der Einheit, der die anderen Parteien zu einem eigenen Beitrag anspornen will und sie zur Zusammenarbeit und zu gemeinsamem Engagement mit allen demokratischen und Volkskräfte aufruft. Auch aufgrund seines einheitlichen Charakters und Ziels will und darf unser Plan, wie ich glaube, kein Programm des Übergangs zu einer sozialistischen Gesellschaft sein: Seine bescheidenere Absicht muß konkret der Entwurf einer wirtschaftlichen und gesellschaftlichen Entwicklung sein, deren Inhalt und neue Funktionsweisen so beschaffen sind, daß sie die Unterstützung und Zustimmung auch jener Italiener zu erwerben imstande sind, die zwar keine Kommunisten oder Sozialisten sind, aber doch das akute Bedürfnis verspüren, sich selbst und die Nation von ihren Auswüchsen, Absurditäten, und ihrer Zerrissenheit zu befreien, zu denen uns in der Zwischenzeit das gegenwärtige Gefüge der Gesellschaft gebracht hat.

Wer diesen Ansporn verspürt und dieses ehrliche Bedürfnis hat, muß erkennen, daß es für einen sicheren Ausweg aus dem Triebsand, in dem die heutige Gesellschaft zu ersticken droht, unumgänglich ist, einige Elemente, Werte und Kriterien des sozialistischen Ideals in die Gesellschaft einzuführen.

Wenn unser Ziel die Planung einer Entwicklung ist, die zu einer höheren Daseinsbestimmung des Menschen in seinem Wesen als Mensch und Mitglied der Gesellschaft und nicht als reines Individuum im Gegensatz zu seinesgleichen führen soll; wenn unser Ziel die Abschaffung von Modellen, wie das der Konsumgesellschaft, und von Verhaltensweisen ist, die von einem exzessiven Individualismus geprägt sind; wenn es unser Ziel ist, über die Befriedigung künstlich geschaffener materieller Bedürfnisse hinauszugehen und auch über die gegenwärtige irrationale, teure, entfremdende und folglich sozial diskriminierende Art der Befriedigung wesentlicher Bedürfnisse; wenn unser Ziel die Realisierung der vollen Gleichberechtigung und der tatsächlichen Befreiung der Frau ist, augenblicklich eines der wichtigsten Themen nicht nur in Italien; wenn unser Ziel die Beteiligung der Arbeiter und Bürger an der Kontrolle der Betriebe, der Wirtschaft und des Staates ist; wenn unser Ziel die internationale Solidarität und Zusammenarbeit ist, die zu einer weltweiten Umverteilung der Reichtümer führen soll; wenn wir uns solche Ziele setzen, was machen wir dann anderes, als neue Lebensformen und neue Formen der Beziehungen zwischen den Menschen und den Staaten vorzuschlagen? Formen, die solidarischer, sozialer und menschlicher sind, und infolgedessen den Rahmen der Logik des Kapitalismus sprengen.

Der Ausbruch aus der Logik des Kapitalismus ist eine Forderung, die weder alleine von der Arbeiterklasse noch alleine von den Kommunisten aufgestellt wird.

Diese Kriterien, Werte, und Zielvorstellungen, die zweifellos dem Sozialismus angehören, drücken ein Bestreben aus, das nicht ausschließlich in der Arbeiterklasse und den Arbeiterparteien, unter Kommunisten und Sozialisten existiert, sondern sie sind auch der Ausdruck einer Forderung, die heute von Bürgern, Volksschichten und Werktätigen mit anderer Weltanschauung und anderer politischer Orientierung, in erster Linie christlicher Art kommen kann, und auch schon kommt. Es handelt sich hier um eine Forderung, die aus weiten sozialen Kreisen, die sich bei weitem nicht auf die Arbeiterklasse beschränken, kommen kann, und in wachsendem Maße kommt.

Der Hauptgrund, warum wir in der Krise eine Chance sehen, liegt in der Tatsache, daß Ziele der Veränderung und Erneuerung wie die erwähnten nicht nur mit einer Politik der Austerität vereinbar sein können, sondern sie müssen und können in einer solchen Politik organisch enthalten sein; das ist unabdingbare Voraussetzung für die Überwindung der Krise, wenn man vorwärts – und nicht rückwärts – gehen will. In der Tat scheint eindeutig erkennbar zu sein, daß diese Ziele zur Gestaltung einer sozialen Ordnung und einer Wirtschafts- und Finanzpolitik beitragen, die aufgrund ihres organischen Inhalts gegen Verschwendungen, Privilegien, Parasitentum und Vergeudung der Ressourcen gerichtet sind; sie realisieren das, was die Essenz einer nach Inhalt und Definition echten Politik der Austerität sein sollte. Man könnte sogar die Behauptung aufstellen, daß, wie so oft in den untergehenden Gesellschaften, Ungerechtigkeit und Verschwendung gemeinsam aufgetreten sind, auftreten und herrschen, während in den emporkommenden Gesellschaften Gerechtigkeit und Sparsamkeit gemeinsam anzutreffen sind.

Natürlich läßt uns diese Überzeugung die Augen nicht verschließen, sondern verpflichtet uns, die unmittelbaren Probleme in ihrer Konkretheit zu bewältigen, die notwendigen Entscheidungen zu treffen und in jedem Bereich der Wirtschafts-, Finanz-, Steuer- und Bildungspolitik Prioritäten zu setzen mit dem Ziel, die Risiken eines unvorhersehbaren Zusammenbruchs oder abrupten Stillstands zu vermeiden; stattdessen müssen wir gewährleisten, daß wir uns Schritt für Schritt dem Ziel der Leistungsfähigkeit und Gerechtigkeit, der Produktivität und sozialen Verhaltens nähern. Die Suche nach den Verknüpfungen, die die Sofortmaßnahmen an die Einleitung dieser Erneuerungslinie binden müssen, wird sicher eine der Klippen sein, die zu meistern unseren stärksten Einsatz erfordern – ebenso wie den der anderen, die zu einem Projekt beitragen und an seiner fertigen Ausarbeitung teilnehmen wollen, das den Merkmalen und Erfordernissen entspricht, die wir in groben Zügen aufzuzeigen versuchten.

Wir machen den Vorschlag, im Laufe weniger Monate ein Papier auszuarbeiten, das eine erste Grundlage für Debatten und Auseinandersetzungen darstellen soll; außerdem wollen wir vor und nach der Veröffentlichung dieses Papiers Impulse für ein breites und kontinuierliches Engagement geben, das sich in Initiative und Kampfbereitschaft äußert. Auch, und gerade weil wir die ganze Schwierigkeit dieses Vorhabens kennen, aber gleichzeitig von seiner Notwendigkeit und Suggestionskraft überzeugt sind, haben wir uns an Euch gewandt und wenden uns an alle intellektuellen Kräfte mit dem Appell, Hauptakteure – wie Tortorella sagte, als er zutreffend und eindrucksvoll dieses Thema behandelte – bei denjenigen Vorschlägen und Initiativen zu sein, die darauf gerichtet sind, die Bildungseinrichtungen (angefangen von der Schule, über die Universitäten, bis zu den Forschungszentren) wieder mit Leben zu erfüllen und zu erneuern, und gleichzeitig ihren Beitrag zu leisten bei der Ausarbeitung der Gesamtvorstellungen, die nicht nur für einen Sektor gelten, sondern die Grundlage des Projekts sein müssen.

Ein so direkter und ausdrücklicher Appell, eine solche Aufforderung an den italienischen Kultur- und Bildungsbereich hat heute einen ganz triftigen Grund: tatsächlich haben heute, wie allgemein bekannt, die intellektuellen Kräfte in Italien, wie übrigens auch in beinahe allen hochentwickelten Industrienationen ein soziales Gewicht, wie sie es noch niemals in der Vergangenheit hatten; außerdem gehören sie in Italien zum größten Teil dem demokratischen und linken politischen Lager an. Aber neben dieser positiven Tatsache (Giulio Einaudi hat diesen Widerspruch deutlich gemacht) gibt es noch eine negative: die Krise, der Zerfall und die Demütigung, in die unsere kulturellen Einrichtungen nach dreißig Jahren christdemokratischer Herrschaft und einer verkehrten und gestörten sozialen Entwicklung gestürzt worden sind. Und es ist einsichtig, daß keine Aktion zur umfassenden Rettung und Erneuerung des Landes Erfolg haben kann ohne diese Krise zu überwinden, diesen Widerspruch aufzulösen; auch nicht ohne wachsendes Wissen, den wachsenden Wunsch nach Wissen und ohne Erneuerung der Instrumente des Wissens: All das ist Voraussetzung, daß die Kultur- und Bildungsproduktion und somit deren Einrichtungen an der Sanierung und Erneuerung der ganzen Gesellschaft selbst mitwirken.

Die italienischen Kommunisten unterstützen die autonome und freie Funktion der Kultur: Sie verlangen von niemandem Gehorsam.

Wenn wir heute die Funktion der Kultur für eine Umwälzung Italiens auf diese Art definieren, so entspricht das der Tradition und Eigenart der Kommunistischen Partei Italiens als Partei der Arbeiterklasse, als demokratischer und nationaler Partei, als großem Organismus, der selbst Kultur schafft. Wir haben immer für den Fortschritt und die Entwicklung des italienischen Kulturlebens gekämpft, und wir werden auch in Zukunft dafür kämpfen. Aber bei diesem Einsatz müssen wir uns immer vor Eingriffen hüten, die, wenn auch nur in geringstem Maße die Eigenständigkeit der theoretischen Forschung, der kulturellen Aktivitäten, der künstlerischen Kreativität verletzen könnten; denn deren vitale Entwicklungsbedingungen sind nicht Gehorsam gegenüber einer Partei, einem Staat, oder einer Ideologie, sondern die Möglichkeit für vollkommen freie Entfaltung und volle Kritikausübung.

Diese Forderung, die Teil unserer allgemeineren Vorstellung vom Verhältnis zwischen Demokratie und Sozialismus ist, unterscheidet sich von der Vorstellung einiger Parteien, die in sozialistischen Ländern an der Macht sind; Attitüden und Verhaltensweisen der politischen Macht wie jene, von denen man Kenntnis hat, (beispielsweise in der Tschechoslowakei, wo wir sogar die Anwendung von Repressionen beobachten) sind für uns grundsätzlich nicht akzeptabel; einige unserer intellektuellen Genossen haben im Sinne einer Interpretation dieser allgemeinen Stellungnahme der Partei die Initiative ergriffen und eine öffentliche Erklärung abgegeben, die wir für richtig und angemessen halten.

Eine unabdingbarer Teil unseres Vermächtnisses ist eine Auffassung, welche folgendes als Aufgabe der kommunistischen Partei, der anderen demokratischen Parteien und der öffentlichen Gewalt, insofern auch sie auf dem Boden der Demokratie steht, ansieht: auf der einen Seite das politische und moralische Klima zu gestalten und andererseits die materiellen, praktischen und organisatorischen Voraussetzungen zu schaffen für eine positive und freie Entwicklung der Forschung, der Initiative und der kulturellen Diskussion. Es ist weder Aufgabe des Staates noch der Parteien, Gehorsam zu verlangen, Weltanschauungen vorzuschreiben und auf irgend eine Art die geistige Freiheit einzuschränken.

Ich, liebe Genossen und Freunde, möchte Euch allen und insbesondere dem Genossen Argan, der als Vertreter der Stadt Rom und der neuen, römischen Volksverwaltung zu uns gekommen ist, meinen Dank aussprechen und meinen Beitrag abschließen mit der festen Bestätigung eben dieser Auffassung; niemals dürfen wir von ihr abweichen!

Berlinguer/Gramsci/Longo/Togliatti
Der historische Kompromiß

Mit weiteren Beiträgen von Amendola, Chiaromonte, Gruppi, Ingrao, Lama, Lombardo-Radice, Napolitano, Natta, Trivelli. Herausgegeben von Pietro Valenza. 203 Seiten; Paperback; DM 14,–

Wie ist die Politik der italienischen Kommunisten einzuschätzen? Ist ihre Öffnung und ihre kritische Haltung zu den sozialistischen Ländern „bloße Taktik"? Oder sind sie inzwischen gar zu einer sozialdemokratischen, reformistischen Partei degeneriert?

Dieses Buch enthält authentische Antworten: Enrico Berlinguer erläutert die kommunistischen Vorschläge für eine demokratische Erneuerung Italiens und den italienischen Weg zum Sozialismus; andere führende Parteimitglieder (unter ihnen der neue Parlamentspräsident P. Ingrao) analysieren das politische Kräfteverhältnis in der italienischen Gesellschaft.

Helga Koppel
P.C.I.
(partito Comunista italiano)

Die Entwicklung der italienischen KP zur Massenpartei; 160 Seiten; Paperback; DM 12,–

Helga Koppel zeichnet den Weg nach, den die italienischen Kommunisten seit den zwanziger Jahren gegangen sind: die politische Linie Gramscis, die Kontinuität und die Korrekturen in der Politik des großen Führers der italienischen und internationalen Arbeiterbewegung Togliatti, die Abkehr vom Stalinismus. Sie vertritt die These, daß ein wesentliches Moment der Erfolge der Partei in der Fähigkeit besteht, die bestehenden sozialen, politischen und ideologischen Strömungen in der italienischen Arbeiterbewegung aufzugreifen und so die trennenden Schranken in der Arbeiterklasse in den Hintergrund zu drängen.

Luciano Gruppi

GRAMSCI

Philosophie der Praxis
und die Hegemonie des Proletariats

VSA

Luciano Gruppi, GRAMSCI — Philosophie der Praxis
und die Hegemonie des Proletariats, 176 Seiten, DM 14,80

Kapitalismus

in der Bundesrepublik Deutschland

Ökonomie	**Projekt Klassenanalyse** **Gesamtreproduktionsprozeß der BRD** **1950 – 1970** Kritik der volkswirtschaftlichen Gesamtrechnung; 320 Seiten; Paperback; DM 16,–
Klassen	**Joachim Bischoff (Hrsg.)** **Die Klassenstruktur der Bundesrepublik Deutschland** Ein Handbuch zum sozialen System der BRD; 173 Seiten; Paperback; DM 9,80
	Projekt Klassenanalyse **Materialien zur Klassenstruktur der BRD; Zweiter Teil** Grundriss der Klassenverhältnisse 1950 – 1970; 592 Seiten; Paperback; DM 25,-
Staat	**Projekt Klassenanalyse** **Der Staat in der BRD** Ökonomische Basis und Entwicklungstendenzen 1950 – 1976; 176 Seiten; Paperback; DM 16,–
Soziale Sicherung	**H. Reiners/V. Volkholz (Hrsg.)** **Das Gesundheitssystem in der BRD** Eine Einführung; 168 Seiten; Paperback; DM 12,80
Bewußtsein	Beiträge zum wissenschaftlichen Sozialismus, Sonderheft „TENDENZ–WENDE ? Bundesrepublik 1976"; 160 Seiten; DM 8,– (enthält u.a. „Bewußtseinsstruktur der Lohnabhängigen 1976")
Ausbildung	**Margit Frackmann** **Das Elend der Berufsausbildung** Lehrstellenabbau und berufliche Bildung; 140 Seiten; Paperback; DM 9,80

VSA, Eiffestr. 598, 2000 Hamburg 26, Vertrieb: Erkelenzdamm 7, 1000 Berlin 36